# WTO下的兩岸經貿 1990-2023

鍾守宏——著

# 編按語

本書由二〇〇七年出版的《搞懂規則，賺遍大陸——WTO下的兩岸經貿》修訂而成，書中主要論述一九九〇至二〇〇〇年代的兩岸經貿關係，並於第四章增補二節，補充二〇〇〇年至二〇二三年間對於兩岸經貿關係新趨勢的觀察，方便讀者掌握其演變脈絡。

# 推薦序

曾建元　教授

世界貿易組織（World Trade Organization, WTO）是當前世上最重要之國際經濟貿易組織，迄今共擁有一百四十九個會員，另有三十二個觀察員。世貿會員係以共識決或多數決之方式，決定世貿各協定規範之內容及各會員之權利義務，將多邊貿易體系予以法制化及組織化，各會員並據此制定與執行其國內之貿易法規。此外，世貿為會員間討論如何建置經貿規範之論壇，監督會員執行及遵守相關協定之規範，並協助會員進行執行協定之技術合作。

自烏拉圭回合談判完成以來，世貿所規範之領域除傳統之貨品貿易議題外，尚包括服務業與智慧財產權等議題。自一九九六年新加坡世貿第一屆部長會議後，世貿更進一步對經濟發展、競爭政策、投資、政府採購透明化與資訊科技等議題進行討論，並將繼續就農業、服務業等議題展開新回合談判。此外，世貿各會員可將任何與世貿協定相關之貿易爭端訴諸具準司法性質之爭端解決機制，且其裁決對於各會員具有拘束力，故世貿實質上，可稱為「經貿聯合國」。而世貿透過與聯合國及各個專業性國際組織如國際貨幣基金會、世界銀行、世界關務組織、世界智慧財產權組織等之密切合作，實際上已成為國際經貿體系之總樞紐。

回顧我國申請入會歷史，自始即面臨中華人民共和國的干擾。一九九九年年底，中華人民共和國即企圖施壓世貿，在我國之「台灣澎湖金門馬祖個別關稅領域」（Separate Customs Territory of Taiwan, Penghu, Kinmen and Matsu）名稱上加入「中國的」三字，二〇〇〇年七月間更要求世貿秘書處，在中華人民共和國入會工作小組報告中加上「台灣、香港、澳門係中國的個別關稅領域」文字，意欲將我國地位貶同香港、澳門以作為其所屬個別關稅領域。此舉導致以美國為首的國家的強烈反對，該一企圖乃未得逞。但此後中華人民共和國則改採「先中後台」的入會程序策略，用以自我標榜中華人民共和國是中國的母體，台灣澎湖金門馬祖個別關稅領域只是中國之子體，而事實上，中華人民共和國也確實於二〇〇二年一月一日，在國際的安排和諒解下，稍早於我國入世。

對於中華人民共和國欲將我地位貶同港、澳的企圖，吾人必須瞭解：世貿前身關稅暨貿易總協定（General Agreement on Tariffs and Trade, GATT）的加入主體，為「政府」或「代表個別關稅領域的政府」，我國當年如同絕大多數締約方，係依〈關稅暨貿易總協定〉第三十三條規定自行申請加入；而港、澳則係依據〈關稅暨貿易總協定〉第二十六條第五項C款規定在其宗主國宣示支持（upon sponsorship through a declaration）下加入，故我國與港、澳入會的依據，自始即為不同。一九九二年九月關稅暨貿易總協定為我國入會成立審查工作小組時，理事會在印度籍主席舒其（B. K. Zutshi）的主持下，發表了主席聲明（Statement by the Chairman），此則於後來列入C/M/259號會議紀錄的一部分，其中的關鍵文字為：「作為諒解之一部分，中華台北在關稅暨貿易總協定作為觀察員及事後成為締約方的過程中，其代表機構將循香港、澳門模式，代表機構人員之職銜，不應具有主權意涵。」。明顯地，當時的關稅暨貿易總協定理事會主席在中華人民共和國的壓力下，縱使瞭解我國擁有等同於一般會員的地位，並且在入會程序上適用於一般國家會員之規定，但仍做出一些小動作，在形式上矮化我國，有意使我國常駐代表團的名稱及官員頭銜和港、澳同一，藉以混淆視聽，滿足中華人民共和國對台灣的淫念。儘管中華人民共和國小動作不斷，諸如以上該主席聲明施壓世貿秘書處在二○○六年出版的通訊錄上更改我國駐世貿使節之記載，畢竟主席聲明並非法律文件，世貿終究無法據此取消我國常駐代表團和常任代表的職銜，矧且世貿本係非政治性的組織，在在強調各會員以公平地位參與國際經貿規範的制定，故我國加入後的地位與其他會員完全平等，洵非中華人民共和國可以任意橫加阻撓者。

本書作者鐘守宏為行政院金融監督管理委員會保險局副研究員，前在稻江科技暨管理學院財經法律學系兼任講師，在國立台灣大學國家發展研究所就讀期間，即受業於國際經濟法學者王泰銓教授。他之所以對於世貿法律有相當之注意與關切，除了追隨王教授從事有關世貿和兩岸三地經濟貿易法律的研究之外，作為國內極富潛力的一位青年財經法律學者，他更深感到世貿法對於以對外貿易為經濟發展導向的我國的重要性，而認為需要有更多人的參與與瞭解，才能使我國法律與世貿法順利接軌，使世貿法的精神深植到我國整個法制當中，而使我國的對外貿易能在世貿法的架構內獲得最大的發揮，除此之外，特別是在兩岸經濟貿易關係中，世貿法對於同是會員的兩岸的規範效力，更可以使我國的法律地位及人民權益獲得最大的保障。本書原為鐘副研究員一九九七年即完成的法學碩士論文而經增訂者，而我國於二○○二年始加入世貿，可見得作者負有遠見，很早就看到時代的趨勢，並且做好了準備。本書就世貿法有一詳實的解析，除了可以對於學者的教學與研究有所幫助之外，並對於政府部門關於兩岸經濟貿易之「積極管理」必當有所參考之價值，更相信是在中國的台資企業經營者最佳的法律指南。茲於該書新版付梓之際，樂而為之推薦並序。

二○○六年四月二十二日中午於台北

# 目次

# 第一章　兩岸經貿交流之現況與展望

當前國際經濟情勢急遽變化，區域經濟整合的趨勢日益明顯，歐洲經濟區域協定已於一九九四年開始運作[1]，北美自由貿易協定亦於一九九四年開始生效，亞太地區各國雖然在政治及經濟發展階段上仍有差異，但彼此間的經濟關係日益密切，使得全球經濟逐漸形成歐洲、北美及東亞三足鼎立的局面。再者，隨著交通與資訊科技的快速發展及貿易與投資自由化趨勢的推動，企業對外直接投資活動更加蓬勃，在企業因應全球化的趨勢下，跨國企業迅速興起，因而當前的國際經濟情勢就在區域化、自由化與全球化的趨勢發展下，呈現多樣且急遽變化的趨勢。

一九九三年十二月十五日世所矚目的烏拉圭回合多邊貿易談判結束，除進一步促使全球貿易與投資自由化、降低各種關稅及非關稅貿易障礙，使全球經貿朝向單一化與規則化趨勢發展外，「世界貿易組織」（World Trade Organization，以下簡稱WTO）之成立呈現全球經貿體系與秩序進入一個新的紀元，顯示當今國際社會已將經貿事務視為國際關係中重要的一環，世界各國更期待WTO及其所建立的多邊貿易體制，能公平、開放且成為全球抗拒保護主義的中心機制。WTO規範的適用範圍不再限於工業產品，更逐步擴及服務貿易、智慧財產權保護及跨國投資等層面；WTO組織的職能不但具有管理及監督世界貿易運行，對在WTO架構下進行的各種雙邊或多邊貿易談

---

[1] 歐洲經濟區域之形成與發展，參見王泰銓，《歐洲共同體法總論》，三民書局（台北），一九九七年，第四一－七四頁。

判及其結果更擁有高度執行權利。WTO成立揭示未來世界各國將面臨一個更為開放的貿易自由化時代，同時意指各會員國政府在對外經貿關係上，必須服膺於如WTO等國際組織及多邊規範，無論是否為WTO的會員國，均難以避免此一趨勢與要求。

反觀國內經濟情勢，台灣在一九八〇年代中期以後，國內經濟環境亦經歷前所未有的變動與挑戰。一方面對外貿易的大量順差導致新台幣巨幅升值，加上工資不斷上揚，促使勞力密集產業陸續移往東南亞國家及中國；另一方面，在勞動與土地成本偏高、基礎設施不足與法律規範陳舊過時等諸多因素影響下，國內投資意願漸趨低落，外來投資更自一九八九年創高峰後即逐年滑落；再加上東南亞國家及中國極力吸引外資的推波助瀾下，台商對東南亞及中國地區的投資日益擴大，並引起台灣「產業空洞化」的疑慮。如何改善國內投資環境，使對外直接投資的廠商能「根留台灣」，避免「產業空洞化」的危機，成為政府當局首要的任務與挑戰。

為了因應當前國際與國內經濟情勢的急遽變化，政府於一九九三年起公布實施「振興經濟方案」，並將「發展台灣成為亞太營運中心」列為經濟發展的長期目標，以進一步提升台灣經貿自由化、國際化的程度，促使國內外人員、貨品、勞務、資金及資訊能夠便捷流通，發揮台灣在亞太地區以及兩岸間的經濟戰略地位，吸引跨國企業並鼓勵本土企業以台灣做為投資及經營東亞市場，尤其是中國市場的根據地。亞太營運中心計畫一度成為台灣未來經濟發展的重要政策方針，是所謂「跨世紀的大行動」，然而，兩岸經貿關係的穩健發展，對推動台灣成為亞太營運中心計畫的成敗，具有不可忽視的影響力。尤其是跨國企業在營運中心的區位選擇上，極為重視兩岸關係的可能變化，缺乏中國做為經濟腹地，雖然不代表台灣就無法發展營運中心，但會導致營運中心的規模大為縮小，效果也會大打折扣。由於中國目前已是全球經濟發展最快速的地區，台灣近水樓台，當然不宜自外於此一重要市場，兩岸關係對台灣亞太營運中心計畫，乃至於整體經貿的持續發展與擴張，均具有關鍵的影響力。

自一九八七年十一月政府開放民眾赴中國探親以來，兩岸交流隨著探親、觀光及考察等活動浪潮湧起，至今未曾稍歇。回顧過去這十多年的期間，兩岸經貿交流由地下的、無規範的，漸漸調整為合法的、有秩序的經濟行為。目前基本上每種經貿行為都已有法可循，雖然各項立法規範可說都是在廠商投資或貿易衍生問題以後，政府才追趕補訂出各項法令，執法的時間落差雖令人不盡滿意，但過程及結果可說差強人意。另一方面，由於意識型態的考量，舊政府對兩岸關係的發展以國統綱領為主軸，為突破兩岸不能直接通航所形成的障礙，不得不採取變通作法，在中國產品「不通關、不入境」的前提下，規劃高雄港做為「境外航運中心」，試圖以「兩岸轉運」代替「兩岸直航」，迴避國統綱領近程階段兩岸不得直航的禁忌，面對香港九七後兩岸經貿關係發展趨勢，促進兩岸產業分工體系形成並配合台灣亞太營運中心的發展。這樣的運行架構，是否符合兩岸加入WTO後的作業方式，仍有待探討。新政府將來在WTO架構下，能否妥善安排兩岸面臨的新的經貿關係，值得我們注意。

在全球經貿與投資自由化及國際化的潮流趨勢中，兩岸政府均無法置身事外而仍以傳統的雙邊貿易與投資關係為對外經貿政策的基礎。本章既為探討兩岸經貿交流活動的現況與展望，首先即應針對兩岸經貿交流的現況與問題加以說明，並分析其交流熱絡的因素及其所面臨的發展瓶頸；其次，針對台灣發展亞太營運中心計畫的內容及其關鍵基礎，分別探討其對兩岸經貿關係及產業互動的影響，尤其是境外航運中心對兩岸分工體系形成的效益與需求；最後，說明兩岸政府在面對WTO所形成的國際經貿新秩序時，加入WTO所具有的實質意義及其對兩岸經貿關係的可能影響。當然，瞭解WTO的歷史發展及其組織與規範架構，是分析兩岸在WTO架構下經貿互動與調整的前提，本章亦將說明WTO的歷史發展及組織架構，至於其規範體系與內容，則留待次章探討兩岸入會進程與影響時併予說明，以顯現其關聯性。

## 第一節　兩岸經貿交流現況與問題

### 一、兩岸經貿交流現況

#### （一）以香港為中介的轉口貿易

台灣政府於一九九二年公布「台灣地區與大陸地區人民關係條例」（以下簡稱「兩岸人民關係條例」）及其「施行細則」後，將兩岸關係做了相當程度的定位；一九九三年更頒布了「台灣地區與中國地區貿易許可辦法」，台灣地區人民、法人、團體或其他機構從事台灣地區與中國地區貿易，原則上應以間接方式進行，其買方或賣方應為中國地區以外得直接貿易之第三地區業者，其貨品之運輸亦應經由第三地區為之。由於台灣當局對兩岸「直接」貿易的政策與規範限制，更由於香港優異的地理位置與政治環境，在兩岸間接經貿交流活動中，香港始終扮演著積極的中介第三地角色[2]。

台灣與中國地區間的雙邊貿易，在一九八〇年代以前基本上是

---

[2] 香港中介地位之形成因素及其特質，請參見周雅慧，〈兩岸三邊之經貿互動——簡論香港中介地位之今昔日遞嬗〉，《台灣經濟研究月刊》，一九九四年十二月第一七卷第一二期，第二二頁。

微不足道，且幾乎完全是經由香港轉口。自一九八〇年代初期開始，一方面由於中國實施對外開放及經濟改革政策；另一方面，海峽兩岸緊張對峙的政治關係日趨緩和，台灣與中國地區間的貿易規模日益擴大。值得注意的是，在上述發展過程中，經由香港轉口不再是兩岸間唯一的貿易渠道，其他如新加坡、日本、韓國及關島等地，也都是重要的轉口港；再者，經由第三地轉運及非法直航等方式進行的貿易也愈來愈普遍[3]，尤其是在一九八〇年代末期後更趨明顯。根據香港海關統計，一九七〇至一九七八年間，兩岸經香港轉口的貿易金額累計僅約9.4億港元，其中大部分是台灣間接自中國進口，台灣對中國轉口輸出金額僅52萬港元，這種規模占台灣地區對外貿易總額的比重，可說是微不足道。不過，進入一九八〇年代以後，台灣與中國的雙邊貿易規模迅速擴張，經香港轉口的貿易總額從一九九〇年的49.3億美元，逐年快速成長，至一九九九年時已達257.4億美元（即使一九九六年受到中國軍事演習及兩岸關係緊張的影響，兩岸經香港轉口貿易總額仍有221.9億美元），其中台灣轉口輸往中國地區金額達212.2億美元，經香港轉口自中國輸入台灣地區金額則有45.2億美元[4]。隨著兩岸經貿交流活動的熱烈開展，台港貿易中對中國轉口比例快速提高且逐年增

[3] 一般說來，兩岸非正式「直接」貿易的運輸途徑，主要有轉運、過境貨物及非法直航等三種。轉運與過境貨物雖然沒有通過海關，但仍須經過第三地水域；非法直航則完全無須經過第三地水域，雖可節省更多時間及費用，但風險較大。轉運貨物需要在第三地轉換運輸工具，如由輪船轉換到另一輪船，或由輪船轉換到火車、貨車運往目的地；過境貨物則不須轉換運輸工具，因此可節省卸貨及轉換工具的費用。轉運又比轉口（真正的間接貿易）節省了費用及手續，因轉運毋須清關，更可節省報關稅項。詳細討論請參見宋恩榮，〈海峽兩岸之「直接」及間接貿易〉，《亞洲研究》，一九九四年第一〇期，第一三〇－一三五頁。

[4] 資料來源：《兩岸經貿》，八九年四月，第一〇〇期，第四一頁。

加的趨勢，使香港居於無可取代的重要中介地位。

大體而言，自一九七九年以來台灣及中國經香港轉口的雙邊貿易，具有以下幾項特點：(1)兩岸經由香港轉口的雙邊貿易成長，主要來自台灣對中國地區的轉口輸出，台灣從中國的間接輸入雖然每年都維持成長，唯其幅度不及前者，因此台灣對中國的間接貿易額每年均呈現順差；(2)兩岸的間接貿易，在過去近20年間出現了3次大起大落的波動，此種現象主要是受中國總體經濟改革及對台經貿政策轉變的影響；(3)兩岸雙邊貿易的相互依存度逐漸提高，其中出口依賴度上升的趨勢較進口依賴度更為明顯，同樣的中國產品外銷對台灣市場的依賴以及中國進口品由台灣供應的依賴程度也都不斷提高；(4)兩岸間接貿易的產品結構，近年來也有相當大變化。大致上，台灣對中國地區間接輸出的產品結構，主要為工業原料、半成品、機械設備及零組件等；中國對台灣地區間接輸出的產品，則以農工原料等初級產品為主，惟製造業半成品所占比重有逐年增加的趨勢，這種現象顯然與台商在中國投資及台灣開放中國半成品進口政策逐漸放寬相關，且未來台商在中國地區投資生產的產品，間接回銷台灣的情形可能將更趨普遍[5]。

值得注意的是，由於台灣政府不允許台商「直接」赴中國投資，故香港亦為多數台商進軍中國內地市場的「橋頭堡」。直到二十

5 基本上，兩岸雙向貿易並不違背理論上的比較利益法則，其型態一方面反映兩岸資源稟賦的差異，另一方面亦反應兩岸經濟發展階段和產業結構的不同。由於兩岸經濟結構所存在的差距，可能將隨著中國未來經濟快速成長，工業化的腳步加快而逐漸縮小，因此，未來兩岸間接貿易商品結構將進一步發生變化，產業內貿易在兩岸貿易中的重要性將逐漸加強。詳細討論請參見蔡宏明，〈兩岸雙邊貿易何去何從——兩岸經港轉口與「直接」貿易現況分析〉，《貿易週刊》，一九九四年九月二十八日第一六〇五期，第五一六頁。

世紀末期，在香港經營兩岸貿易投資及相關業務的台商，據估計有3,000多家，總投資金額約40億美元。根據台灣工業總會的調查，赴中國內地投資在100萬美元以上的企業，90%都以香港作為中介地。香港不僅是兩岸貿易的中介地，也是台商投資中國市場的跳板，且隨著兩岸轉口貿易及台商赴中國投資活動的快速成長，台商所需的金融服務與航運需求也與日俱增，更加凸顯出香港中介地位的重要性。

### （二）台商間接赴中國投資

除了兩岸間接貿易往來不斷成長外，兩岸的間接投資關係亦顯見成長的趨勢。事實上，自一九八七年台灣政府准許人民赴中國探親以來，許多台商便藉此機會從事對中國地區的投資。根據經濟部投資審議委員會統計，一九九九年一至十二月台商對中國地區經核准間接投資件數共488件，總核准金額為12.5億美元；累計自一九九一年至二〇〇〇年五月底止，台商對中國投資總核准件數為22,390件，總核准金額達152.9億美元[6]；如依中國地區的統計，已近40,000家的投資，其金額將近400億美元。台商對中國的投資，可視為台商生產能量的擴充，在中國尚未建立起上、中、下游完整的產業體系以前，他們所需的機器設備及原料大多自台灣進口。由於台商赴中國投資型態，在兩岸經貿之間另形成互補性的垂直關係，故當台灣赴中國投資金額愈大，對台灣中、下游機器設備、零配件與原材料等需求愈殷切，自然會擴大兩岸間的產業內貿易。

台商赴中國投資考量的因素包括中國具有豐沛的勞力資源、相對便宜的土地租金成本、租稅等優惠措施、內需市場潛力及語言、文化

---

[6] 資料來源：《兩岸經貿》，二〇〇〇年七月，第一〇三期，第五八頁。

相近易溝通等[7]。觀察台商赴中國投資的發展，可發現下列幾項特徵或趨勢：(1)投資規模擴大，遠超過中國外商投資的平均規模。據統計，台灣排名前百大企業中，已有近40家在中國投資，顯示中大型企業及上市公司已成為赴中國投資的主流；(2)投資種類多樣化且技術層次提升。台商中國投資項目已從早期裝配加工的勞力密集型產業，逐漸朝向資本及技術密集型產業發展，更廣及層次較高的零組件及原材料業、自然資源開發、百貨、零售、飲食、娛樂、房地產開發、金融及旅遊業等；(3)投資型態轉變且投資活動組織化。台商早期以三來一補或合資方式進入中國市場進行試探性投資，一九九〇年代開始逐漸朝獨資方式發展，晚近則由於中國內地市場漸趨開放，與中國當地廠商合資型態逐漸增多；(4)投資地區擴大且漸向內陸發展。台商早期投資地區集中於廣東、江蘇及福建等沿海省市，近年來則因中國當局制訂各項鼓勵外商對中西部投資的優惠政策，加上沿海地區投資的成本逐漸上升，台商已有朝華中、西南、東北及長江沿岸等內陸地區發展的趨勢[8]。

---

7　台商雖赴中國投資，但大多維持母公司在台灣經營，而且中國子公司與台灣母公司均維持密切的關係，特別是在主要機械設備的採購、生產技術支援、管理幹部培育及產品行銷體系建立等方面，母公司對子公司之經營仍居主導地位。另外，在實際生產作業上，母公司與子公司產品通常有所區隔，部分則具有上下游關係，產業分工體系因而逐漸形成。請參見侯山林，〈加入WTO對兩岸經貿關係發展之影響〉，《經濟情勢暨評論》，一九九七年八月第三卷第二期，第八〇－八一頁。

8　更進一步的討論請參見徐東海，〈現階段兩岸經貿關係之評估與展望〉，《共黨問題研究》，一九九七年四月第二三卷第六期，第九頁；侯山林，《開放兩岸間接投資貿易以來效果檢討》，經濟部產業發展諮詢委員會叢書（58），一九九二年十二月，第二五－二六頁。此外，為避免政治風險，有愈來愈多的台商藉著擴大與外商在台灣的合作關係，進行策略聯盟集體赴中國投資，而其進軍中國市場的主要目的，係為爭取中國漸趨開放兩岸間的經貿交流關係，係先由產品間接貿易開始，然後再逐漸進行赴中國投資活動，並促成兩岸間零配件、原材料及半成品或製成品的相互需求貿易。兩岸間的比較利益並不相同，台灣在資金、技術、管理行銷及企業精神等方面占有優勢；中國則在勞動力、土地及自然資源等方面有其所長。兩岸間的比較利益呈互補關係，本可透過商品或生產要素之自由交易或移動，使生產要素得以充分利用或進行產業分工及專業化生產。惟因兩岸間的生產要素不能自由移動，商品更不能直接貿易，終導致台商自攜資金、技術及企業精神直接赴中國投資的現象，以便善加利用中國的勞動力、土地與自然資源。

台商赴中國投資的方式，多半係資金自台灣地區外移至中國內地投資，然後又從台灣地區進口資本財、各種零配件及工業原料，而半成品或製成品則回銷到台灣或第三國。若仔細觀察台商赴中國投資及中國地區自台灣進口貨品型態，不難發現兩岸間貿易與資本移動存有相當密切的關聯。根據台灣中華經濟研究院在一九九五年的抽樣調查顯示，在中國地區投資的台灣廠商，其機器設備、零組件及原材料等需求上高度倚賴自台灣進口；中國地區每年自台灣進口數額中，有將近2/3為此些資本設備與中間性產品（intermediate goods）。由於中國地區內地市場開放程度仍然不足，這些由台商在中國投資衍生的進口中間產品，經過台商在中國工廠的再加工，大部分最終產品均專銷美國、日本及歐洲等國外市場。上述大量的進口需求既因台商赴中國投資而產生，因此就貿易與投資的關聯性而言，在兩岸間呈現出一種同步成長的「連帶」現象，值得進一步探討。

---

的內地市場。請參見蔡宏明，〈大陸經貿政策展望與兩岸分工策略〉，《台灣經濟》第二三五期，第八九－九〇頁，一九九六年七月。

### （三）兩岸雙邊貿易與投資發展趨勢

以現階段海峽兩岸分裂分治的情況來看，台灣對中國的經貿政策，並非純粹一國內部的經貿交流，反較近乎國家對外的經貿政策。若從台灣在國際經濟體系的地位及產業分工的原則來看，各種國際政經理論將會預測台灣應加強與中國間的經貿互動交流。以台灣在國際經濟體系中的地位來觀察，台灣的勞力密集產品已面臨東南亞新興工業國家產品取代的壓力；台灣與韓國及香港間也存在提升產品品質及開拓新市場的競爭壓力；近年來更由於全球經濟不景氣的結果，區域性經濟發展漸成大勢所趨，台灣最大出口市場的美國及歐洲等區域整合經濟已發展成形。因此，台灣在國際經濟體系中的地位，可說是面臨後有新興競爭者取代、旁有既存對手與之競爭，前有出口市場緊縮的三重壓力。

中國市場的逐漸開放是解決台灣經濟發展困境的一個有利因素。台灣擁有較高的人力素質、生產技術與資金，中國則擁有豐富的天然資源、廉價的勞動力及土地，乍看之下兩岸間確有經貿交流的相對優勢存在。不過，在兩岸經貿交流關係開展初期，由於生產要素無法流通於兩岸之間，兩岸資源稟賦差異只有藉商品貿易來實現分工的利益；近年來生產要素的局部移動與交易，則取代了一部分商品貿易活動。從近年來兩岸經貿交流快速發展的趨勢觀察，台商自攜資金赴中國投資，與兩岸間商品貿易的發展，亦具有相當高的互補性質。除此之外，過去10幾年來中國地區在改革開放政策下廣泛參與國際分工的結果，對國際經濟與貿易的依存度已大幅提高，任何國際經濟情勢及各國經貿政策的重大變化，均可能直接影響中國的經濟與貿易發展，且由於中國十分仰賴對外貿易持續擴張及吸引外資進駐中國市場等方式，來推動其國內經濟進一步發展。因此，中國當局必須更重視國際經貿規範，加速建立市場經濟體制，此一趨勢對兩岸間經貿互動交流的蓬勃發展，當然也有積極的促進作用。

## 二、交流熱絡之因素分析

### （一）香港中介轉口貿易的功能

自從中國當局在一九七九年採行改革開放政策，以及台灣當局在一九八七年開放民眾赴中國地區探親及放寬外匯管制，一九九〇年十一月頒布法令准許台商經第三地與中國從事間接經貿活動的政策後，兩岸三地經貿互動往來日漸頻繁。如前所述，台灣當局目前仍禁止與中國進行直接貿易，致使現今兩岸間貿易大部分是間接經由香港來進行，因而很多傳播媒體及研究報告均以兩岸間經香港轉口貿易數據，來估算兩岸間接貿易額。

雖然由於人為因素的影響，使兩岸間貿易只能經由第三地（主要是香港）來進行，實際上表現出來的卻是兩岸三地間的經貿合作關係。兩岸已互為重要的貿易伙伴，台灣成為中國的第五大貿易伙伴及第二大進口市場；同時中國（包括香港）也成為台灣的第二大出口市場。由於兩岸貿易的不斷發展，作為兩岸貿易轉口地的香港與台灣的貿易往來也不斷增加。香港已成為台灣的第二大出口市場和最大的順差來源地；台灣也成為香港的第三大進口市場。

由於兩岸產業結構上的不同，客觀上形成中國自台、港進口的產品以紡織品及其製成品、其他原料及半成品等為大宗，其次為機器設備、電子產品及其他零部件等；出口的產品以輕紡產品（如服裝、玩具、旅遊用品、鞋類和電訊器材等）、農副產品、初級礦產品等為主。如果從發展的歷程特色看，則中國與港台貿易經歷了單純貿易、貿易促進投資、投資帶動貿易的過程。在中國的港台投資企業在貿易中扮演著重要的角色。加工貿易（香港稱之為「外發加工）是三地貿易中最主要特點，亦即，港台大量的原材料及半成品運到內地加工，而製程品則少量反銷港台地區，大量經香港轉口到海外市場。根據香港政府統計，香港從內地進口貨品中，由香港企業赴內地加工貨品占76%，內地經香港轉口貨品中，則有82%是香港在內地投資企業加工的產品。這幾年來，港商經營的涉及內地的離岸貿易（內地產品由內地直接交付運輸出口或經港運輸出口貿易）也增長迅速。另依據中國海關統計，中國進口的台灣產品中，93%是中國台資企業從台灣進口的機器設備及原材料。顯然，兩岸三地經貿合作大大的進展，對兩岸三地經濟發展及經濟結構的轉型都發揮了十分積極的作用。準此以言，現在該是對此一問題進行深入的學理分析並加以正確引導的時候了。

如前所述，就兩岸間貿易運行的情況而言，兩岸間進行直接貿易的優勢是比其他西方國家來得大，原因是台灣與中國在地理上接近，以及台商在中國有較廣泛的商務關係，不一定需要香港作為中介者，所以兩岸「直接」貿易的比例會愈來愈高，但間接貿易亦不會完全消失。即使將來兩岸加入如WTO等國際經貿組織，依循多邊貿易架構開放兩岸直接通商與通航，兩岸間貿易仍有相當部分會經由香港來進行，且兩岸間的航權談判尚需經歷一段期間來完成，因此兩岸實現三通對香港的影響將是逐漸產生，而不會戲劇化的全部立即浮現。

### （二）中國經濟改革的效益

透過以上台商赴中國投資概況的描述，可以清楚的看到近來台灣經濟逐漸轉變的動態。台商雖然只是一企業個體而已，但其係總體經濟活動力的來源與主體。因此，從台商的動向上，亦可看出台灣經濟的走向。從國際角度而言，歐美先進國家為了避免新興工業國家的競爭威脅，確保本身經濟繁榮及領導地位，均採取各種措施保護其國內產業之發展，尤其在世界經濟區域化的大趨勢下，保護主義更為盛行，不利於台灣產品的外銷。中國地區被視為一具有潛力，值得開拓的新興市場，近年來由於中國經濟走向改革開放的道路，使得原本封閉的中國市場，成為眾所矚目的焦點。因為它廣大的土地、眾多的勞動力與消費人口以及豐富的天然資源，在改革開放的政策下，與國際經濟串連起來後，立即成為外界覬覦的目標。根據統計，在很短的期間內，中國就吸引了大量的外國投資，成為世界主要外資的投資地之一。

中國在一九九二年秋季確立「社會主義市場經濟」政策大方針後，發展經濟已成為全中國上下最重視的課題，許多新的改革措施陸續推出，包括改革國營企業經營機制。放寬三資企業的內銷限制、開放外商投資經營商業及其他第三級產業等，同時對外開放的地區範圍擴大包含內陸各重要省市地區，各項經濟政策也較過去寬鬆。一九九三年十一月中共十四屆三中全會決議，將自一九九四年一月起，針對投資、金融及財稅管理等機制，進行大幅改革，以因應經濟發展的需要。這些變化一方面引含中國經濟體制更接近市場經濟，另一方面也顯示有許多新的商業機會出現，對於台商和港商均產生極大的吸引力。而中國本身在國企再造，極需國際資金及技術奧援，以及冀望加入WTO，開拓國際市場的情況下，亦敞開雙臂迎接外資進駐。外貿及外資過去對中國經濟發展的貢獻很大，未來也將是發展經濟所必須仰賴的。

台商赴中國投資的熱潮，主要是因為中國的改革開放加速進行，對台資企業給予多方面的優惠，再加上政府對中國政策逐漸鬆綁使然。另一方面香港也提供了很好的中介地帶，讓政治對立緊張情勢下的兩岸，得以順利進行經貿的互動。由於中國與台灣之間，在語言、文化及種族上的親近性，使得台灣赴中國投資的廠商，幾乎在不限規模、行業的情況下移往中國。在短短的幾年間，已有上萬家的台灣企業在中國投資設廠，設廠分布的地區更廣及全中國。經營的方式更從早期的來料加工、三來一補，到目前的獨資設廠，百分之百外銷，或甚至開始以中國為內銷市場的型態。中國地區隱然已成為台商的新天地，且是最有潛力也最有活力的主要經濟場域。這樣的結果，使得兩岸間的經濟關係緊密的連結在一起。當然，台商在中國的投資活動，並非完全沒有問題與困難。因為畢竟中國目前仍是社會主義國家，在體制、法規及一般行政方面，很多地方的不確定與亂象，對台商的經營造成相當大的困擾，也因此付出很多無預期的成本。然而，總體而言，台商在中國的適應能力還是勝過其他外商的，因為很多因制度及法令上的模糊性，必須透過人情連帶來解決者，剛好是台商還很熟悉的一套。因此，中國對於台灣的經濟而言，的確是為台灣創造了一個機會與可能性。

中國地區的投資環境及其政經情勢的發展，是影響兩岸經貿交流發展的最重要因素。就現階段而言，在「社會主義市場經濟」的基本方針下，發展經濟已成為全中國上下最重視的課題，「深化改革」及擴大對外開放創造了許多新的商業機會，對於外商與台商無疑均將產生很大的吸引力。

### （三）兩岸經濟分工整合的趨勢

兩岸三地因經貿交流，實現了可觀的分工利益，促進各自的經濟成長，這種繁榮景象與近年來世界先進國家經濟普遍限於低潮兩相比較，更顯得突出。無疑的，兩岸三地的經濟結合程度愈來愈深，已形成一個經濟實力強大的區域經濟體，其未來發展，不僅是我們，也是世界各國關切的問題。美國《商業週刊》早在一九八八年即首次稱由台灣、香港及中國正在逐步融合成的一個新的「大中華經濟共同體」，世界銀行於一九九三年的一份報告中，亦首次使用「華人經濟圈」的概念，預測包括中國、香港及台灣在內的「華人經濟圈」在未來10年的經濟成長率將保持或超過一九六二年以來高於7%的水準，到了公元二〇〇〇年，其經濟規模將達到25,000億美元，成為全球僅次於美國、日本及德國的第四強。

主張應加強兩岸三地間經濟合作關係的學者認為，就非經濟的意義來說，台灣、香港及中國三個地區的人民都是中國人、華人，具有共同的血統、歷史、文化、語言及生活習慣等背景，民族認同意識更是三個地區經濟整合的自然基礎；就經濟層面而言，建立兩岸三地間的經濟合作關係，除可發揮經濟資源的互補性，更可形成強大的經濟集團力量，應付來自其他國家及經濟體的壓力。許多學者都認為台灣、香港及中國地區基本上在資源、資金、技術及市場等方面，各有所長亦各有所短，彼此若能建立緊密的經貿合作關係，截長補短，必能促進區域發展。具體而言，中國地區雖然擁有豐富的自然資源、充足的勞動力及廣大的消費市場，但是缺乏足夠的資金與現代化的生產技術，企業管理能力又相對落後，因此，經濟發展的成就有限且進度緩慢。至於台灣及香港兩地，由於積極的追求經濟成長，但先天上又受到地域狹小及資源缺乏的限制，目前面臨勞力短缺、工資上漲及國際市場保護主義盛行等壓力，近年來的發展已遭遇瓶頸。因此，台灣、香港及中國三個地區間若能通力合作，互通有無，發揮優勢，兩岸三地間的經濟必將均互蒙其利[9]。

隨著台商赴中國投資規模不斷擴大，兩岸間產業內貿易愈來愈頻繁。通常國際間產業內貿易的特徵，與各國經濟發展程度、市場規模差距及貿易障礙等有關，兩岸間產業內貿易基本上是受到生產技術差距及產品差異化的影響，其差異指數升高似可證明兩岸產業分工體系正在逐漸形成；另一方面，兩岸三地間投資活動的進行亦促使區域間產業分工體系逐漸建立[10]。台灣製造業到中國投資大多採取垂直分工的策略，特別是對技術與資本密集度較高且製程較長的產業。隨著兩岸三地間的投資規模逐漸擴大，相互產業結合的程度也更深，由於赴中國投資之台商已逐漸由中小企業擴展到大企業，資本與技術密集程度也逐漸提升，未來兩岸間產業分工體系勢將更為擴大。然而，我們不得不注意在這樣的發展趨勢下，台灣大量資金投入中國地區是否會影響到台灣本身產業升級的速度。如果資金過度外流延緩台灣本身的產業升級活動，則未來在兩岸產業分工的大格局中，台灣將處於較不利的競爭地位，因此政府相關單位應儘早進行兩岸產業分工的整體規劃。

---

9 詳細討論請參見高長，《大陸經改與兩岸經貿關係》，五南圖書出版（台北），一九九四年，第三一八頁；高長，〈大中華經濟圈的理想、現實與展望〉，《中國大陸研究》，一九九二年十月第三五卷第一〇期，第三二－三三頁。

10 儘管如此，過去幾年內兩岸三地經濟結合的程度逐漸提高，並不是透過官方聯繫有組織的運作來達成，而是由市場力量主導，基於共同經濟利益逐步發展起來。換言之，台灣、香港及中國三個地區各擁有自己的經濟資源趨勢，區域經濟合作創造的互補互利效果，是驅使兩岸三地經濟交流不斷擴大，結合程度不斷加深的最主要因素。

## 三、兩岸經貿關係面臨之問題

### （一）「戒急用忍」政策的限制

中國與香港及台灣經濟一體化雖係必然的趨勢，然而其發展仍存在若干障礙。一直以來，台灣對兩岸經貿交流採取限制原則，繼一九九四年提出「南向政策」，阻止台商「西進」；一九九六年更提出「戒急用忍」的中國經貿政策，企圖降低台商對中國投資的熱度。其政策雖然能起一些約束作用，但台灣經濟發展確實無法迴避中國因素與兩岸經貿關係的實質發展。

一九九六年八月十四日，李登輝總統在第三屆國民大會第一次會議綜合答覆國代們國是建言時，稱「亞太營運中心以中國為腹地的論調必須加以檢討」，希望對「台商到中國投資設一定的上限比例」；同年九月十四日，李總統在工業總會召開的「第三屆全國經營者大會」上再次發表緊縮兩岸經貿政策的致詞，要工商界「秉持戒急用忍大原則，來因應兩岸當前的關係」。職是，經濟部於一九九七年五月底公布新版的「企業對中國地區投資審查辦法」，禁止台商赴中國進行重大基礎建設投資，規定上市、上櫃公司赴中國投資上限依資本額或資本淨值規模採累進方式規範，且單一投資額最高不超過5,000萬美元。具中國海關統計，一九九七年一至十月兩岸貿易總額為155.1億美元，仍比一九九六年同期成長7.4%，顯示「戒急用忍」政策雖然在短期內可以約束大企業赴中國投資，但對兩岸總體經貿關係的影響有限。決策當局的「戒急用忍」政策亦遭到國內尤其是工商業界愈來愈強烈的批評。根據全國工業總會的調查顯示，50.2%的台商不認同「戒急用忍」政策；另據《天下雜誌》公布的一項調查，國內前1,500家大企業已有24.2%赴中國投資，另有41.7%已擬妥5年內赴中國投資的計畫。

台資與外資在中國最大的不同點在於，在「戒急用忍」政策下，投資金額過大以及與基礎工程相關的產業投資，政府的態度相當謹慎，審核標準也比較嚴格。因此在中國發展的台商大部分是中小型企業。中小型企業的投資金額小，對風險與利潤的評估遠比不上以財團為首的外資企業。有論者以為在外資企業大舉進軍中國市場，台商商機漸失的態勢下，台灣的中國經貿政策實有重新審慎評估的必要。隨著兩岸貿易的比重逐步升高，台灣對外的主要出超國已由從前的美國轉為現在的中國。台灣每年對世界各國的投資金額，中國就吸收了40%的資金，比例算是相當高，因此台灣對中國的經濟依賴程度亦逐年加深，這也是政府「戒急用忍」政策的主因，不能單從經貿角度來看，何況分散投資是唯一避免太大風險的可靠途徑，畢竟台灣安危政治影響社會的穩定性，企業也應有善盡社會責任的概念才對。

### （二）台商投資中國對台灣經濟的影響

海外投資的功過是非，近年來在國內引起了許多爭議。特別是對中國地區的投資，由於還摻雜了敏感複雜的政治因素，對於台灣經濟長、短期的影響究竟是好是壞，似乎更不易判定[11]。台商赴中國投資對於台

[11] 理論上來說，企業赴海外投資對國內經濟的影響，主要視海外投資的性質及策略而定。倘若企業赴海外投資之目的是為了建立生產、行銷上的垂直整合關係，擴大占取市場、取得稀有資源或購併高科技，則其與母國問的生產活動將呈現一種互補關係，不但短期內不至於取代母國的生產，長期而言更足以增強國內產業的競爭力；但若企業赴海外投資的出發點是國內經濟環境惡化與生產條件喪失，則移往海外的生產活動將會平行取代國內的生產活動，因而對母國的經濟成長構成負面制約。前一種型態可說是「擴張性」的投資，代表了國內經濟力量之外延及隨後的反向回饋；後一種型態則屬「防禦性」的投資，相當程度上反應一國實力的分散及轉移。

灣經濟真正的挑戰，在於長期間台商投資走向是否將不斷延伸至新的領域，並在台灣具有發展潛力的領域內形成「產業替代」的現象。基於兩岸同文同種的事實及中國市場逐漸開放與自由化的趨勢，兩岸在經濟意義上的「國界」劃分愈來愈為模糊。台商並不需要具備任何國際投資理論中所謂的「特殊優勢」，便可長驅直入中國地區一展所長。此時倘若政府不以適當的人為機制有效區隔兩岸投資誘因，台灣資金流向將極易為中國產業發展動態趨勢所掌握，這對台灣本身的長期發展殊為不利。站在台灣追求自主經濟發展的立場，政府實有堅強的理由對兩岸投資活動進行適當的干預。政府真正的用意不在於刻意阻擋廠商的財路，政府部門真正的顧慮大致可分為兩個層面：政治上擔心廠商投資後心繫彼岸；經濟上憂慮兩岸產業競爭力此消彼長。

茲因正值台灣積極推動經濟自由化與國際化，同時兩岸正掀起貿易與投資熱潮之際，難免使政府關心「產業空洞化」的可能性及趨勢，特別是擔心下列幾個現象：(1)進口的工業成品日益增加，可能威脅既有企業的競爭能力，尤其對中小企業的壓力更大；(2)台灣投資環境惡化，諸如新台幣升值、工資高漲、勞工短缺、政策欠明確等，部分廠商乃利用它們擁有的充足外匯，採取多元化經營策略，將生產工廠外移到低工資的國家；(3)兩岸投資與貿易驟然增加，影響台灣的產業結構，也加深台灣工業對中國市場的依賴；(4)台灣正由已成熟開發中經濟，邁向已開發的工業化經濟，必須加速產業升級及高科技工業發展，而在經濟結構轉變過程中，一些夕陽工業諸如紡織業，必然會增受影響。此種情形與美國一九六〇年代的紡織業、一九

詳細的討論請參見鍾琴，〈台商投資大陸之經濟意涵與現行大陸投資管理模式的檢討〉，《國家政策雙週刊》，一九九一年十一月十三日第二一期，第一一二頁。

七〇年代的汽車業所受的衝擊一般；而日本的紡織、電子零件業在二〇至三〇年前也面臨淘汰的命運。雖然美、日若干工業國家在當年曾經衰退，但產業空洞化現象並未發生。

由美、日的產業升級經驗，可知「企業根留台灣，避免產業空洞化」固然值得關心，但是台灣是否已面臨產業空洞化的危機？有認為台灣廠商熱衷於赴中國投資，企業大量外移的結果將造成台灣「產業空洞化」危機；亦有認為依比較利益原則建立產業分工，是國際經濟發展的趨勢，台灣經濟結構正面臨轉型，現階段將部分已喪失市場競爭優勢的產業，移往中國繼續發展，不但不必然導致台灣產業的失血，反而會因為部分生產線在中國獲得發展空間，有助於台灣的產業結構調整，台灣產業沒有空洞化的危機，有的只是產業升級的問題。必須注意的是，兩岸並非處於常態的兩國之國際關係，而是充滿著政治變數甚或衝突的關係，不宜片面過分發展經濟投資事務，況且長期而言產業空洞化問題不應過分樂觀，除非我們的產業升級成果能超越產業外移的負面效果。前已提及，根據經濟部的《產業調查報告》資料得知，台灣廠商目前尚未但正準備到海外投資者，多數均認為中國是一個理想的投資地點，而已經在中國投資的台灣廠商，對於中國經濟的前景並不樂觀，顯示未來赴中國投資的台商，有2/3表示在中國生產的產品，其等級與在台灣生產的產品等級類似，甚或更高。這些廠商當被問到中國投資的子公司，會不會影響到在台母公司的營運，縮小在台業務的規模時，約有24%的業者說「會」。此一跡象顯示，設若台商在中國子公司的營運很順利，獲利情況理想，其業務量擴大，極可能會使在台母公司的業務量緊縮，進而淪為香港所謂的「前店後廠」式的經營型態。

兩岸經貿交流規模逐漸擴大，經濟相互依存程度日益加深，是大家有目共睹的事實。在這樣的趨勢下，有認為台灣對中國經濟依賴度提高，是國際產業分工的必然結果，不足為慮。然而，由於台灣是屬資源貧瘠的小型經濟體，對外貿易的依存度很高，在兩岸經貿交流的相對地位上，台灣明顯處於劣勢，因此，當兩岸經貿依存程度不斷提高後，若兩岸經貿交流活動因故發生變動時，台灣經濟承受打擊的能力較小，遭受不利衝擊的程度卻較大，這是一個客觀事實，不容輕易忽視。

### （三）間接貿易引發的政治爭議

在一般正常狀態下，兩地貿易之高度與迅速發展，乃反應彼此之間在經濟結構及資源條件上的互補關係，對於雙方均屬有利。然而，海峽兩岸間由於其所存在的特殊政治關係。此種相互依賴方向與程度含有重要的政治意義及雙方主被動地位之關聯，尤其對於高度依賴對外貿易以促進經濟穩定與發展的台灣而言，此種依賴關係特別值得重視。兩岸間接貿易對台灣經濟的影響，就有利的一面來看，若兩岸能根據比較利益法則進行雙邊貿易，將有利於提高海峽兩岸之資源利用效率，創造更大的貿易利得。更確切的說，自中國進口農工原料，不但可以彌補台灣自給之不足，有助於穩定國內市場供需之平衡，更可透過產業關聯的作用，促進相關產業的發展。對中國出口的擴張，刺激台灣地區的社會總體需求，亦將經由向前連鎖與向後連鎖作用，直接或間接地影響台灣地區產業的繁榮及國民生產總值的成長。就不利的一面來看，主要是兩岸經濟關係愈來愈密切的結果，或將造成台灣對中國經濟之高度依賴，當中國地區經濟情勢變化，或中共為了達到某特殊目的而改變政策，使兩岸經貿活動直接受到衝擊而萎縮時，台灣經濟即難免不受到相當程度的衝擊。

換言之，隨著經濟利益的驅使，海峽兩岸經貿接觸愈趨頻繁擴張後，自然帶來許多安全上的顧慮，亦即台灣當局開始擔心因為經濟依賴所產生的經濟及政治風險。此亦是目前台灣決策官員反對遽然開放兩岸直接通航的主要考慮。原則上，當國家與國家之間的經貿互動關係長期經營且逐漸擴大時，兩國之間就會產生一定程度的經濟依賴關係，經由此依賴關係任何一方均握有足以影響對手國內產業榮枯、物價水準、就業水平、經濟景氣乃至於社會與政治秩序安定的籌碼，無論任何一方片面的遽然干預或中斷經貿互動，雙方均將因而蒙受一定的損失，亦即必須付出相當程度的「調整成本」。如果進行經貿交往的雙方，在面臨經貿關係中斷時，所需付出的調整成本幅度相差懸殊，或者雙方政府承受調整成本的能力非常不對等時，那麼在依賴關係上占優勢的一方，即能利用這種不對等的依賴關係，向其對手國進行脅迫，達成其所欲追求之經濟或政治目的。

一國政府對調整成本的相對承受能力，一方面要是調整成本與一國經濟規模的相對比例。如果兩國的經濟規模大小比例懸殊，即使兩國在貿易關係中斷後所需付出的調整成本大小相當，但對經濟規模較小的一方造成的震撼必然較大，該國政府承受的利益相對較低。除了純經濟因素外，一國政府的承受能力也會受到國內經濟壓力團體的政治動員能力牽制，特別是在民主化的多元社會，當一國政府面臨他國的經濟勒索，為了維護某些非經濟性政策目標而必須犧牲國內經濟利益時，除非這些非經濟性政策目標已取得所有主要經濟團體的支持，否則就有可能遭受某些經濟團體的抵銷。從這個觀點來看，在兩岸經貿依存性逐漸加深的趨勢下，台灣的確面臨較大的政治風險，在經濟結構上台灣不但經濟規模小，而且貿易以及對外投資收益在經濟活動的比重也遠較中國為高。

## 第二節　亞太營運中心與兩岸產業分工

### 一、亞太營運中心與提升國家競爭力

#### （一）發展台灣成為亞太營運中心計畫

當前國內、外的經濟情勢正在快速變化，在國際方面，以區域經濟整合及跨國企業蓬勃發展最為明顯，而兩者之間也有密切的關係。在國內經濟方面，則以一九八〇年代中期以後，由貿易順差所引起的新台幣大幅升值，再加上勞工與環保意識抬頭、國內工資持續上升及土地價格過度上漲等因素，促使勞力密集產業陸續移往東南亞國家及中國，國內投資意願相當低落，外來投資則自一九八九年達到高峰（24億美元）後亦逐年滑落。另一方面，在東南亞國家及中國極力吸引外資的推波助瀾下，台商對東南亞及中國地區的投資日益擴大，蔚為風潮，更引起台灣「產業空洞化」的疑慮。面對上述不利情勢，如何利用台灣本身既有的發展利基，檢討國內不合時宜的法令規章、軟硬體設施及居住環境，將台灣建設成一個更開放、更符合國際規範的經濟體系，並改善國內投資環境，使對外投資的廠商能「根留台灣」，同時吸引外來投資，利用外資豐富的技術、行銷及管理經驗，以尋求台灣新的競爭優勢，實屬政府施政的當務之急。

所謂「國家競爭力」是一個比較寬廣的概念，它不只是國家創造財富的能力，同時也是一國可以提供投資、生活乃至於發展的一個大環境。國家競爭力的提升不只是產業生產能與量的提升，更是整個國家力量的全面提升[12]。為了因應當前國內、外經濟環境的轉變及兩岸

---

[12] 競爭力具有多元化的意義，且其概念甚為寬廣，除了狹義的生產能力，更包括各種經濟及非經濟因素，和許多難以量化的概念，如公共建設、行政

經貿關係的快速發展，政府於一九九三年七月一日公布實施「振興經濟方案」，並將「發展台灣成為亞太營運中心」列為經濟發展的長期目標，行政院亦於一九九三年八月成立專案小組負責推動，並委託麥肯錫公司進行規劃評估，經過一年多的醞釀發展，行政院院會終於在一九九五年一月五日通過經建會所提之亞太營運中心計畫。亞太營運中心計畫已成為台灣未來經濟發展的重要政策方向，綜觀全局，無論就規劃原則的五點基本方向、三階段時間考量，或規劃藍圖中的總體經濟調整方案、六大專業營運中心定位與作法，乃至於發展營運中心與國土綜合開發及兩岸經貿關係發展的長期規劃，均可看出整個計畫規模的宏偉，以及當局在面對國內、外與兩岸經濟情勢快速轉變下，欲展現其「大有為」政府的決心。

亞太營運中心的定義，可以從企業及總體兩個層面來觀察。從企業層面而言，凡本國或外國企業以台灣作為據點，從事投資開發經營亞太地區市場，包括東南亞及中國市場，即屬「亞太營運中心」的範疇；從總體經濟層面觀察，則係指以台灣作為根據地，發展與亞太地區各成員間全方位的經貿關係，俾使台灣成為各種區域性經濟活動，包括製造、轉運、金融、通訊、傳播等活動之中心點而言。建設亞太營運中心的目標，在進一步提升台灣經濟自由化、國際化的程度，促使國內外人員、貨品、勞務、資金及資訊等能夠便捷流通，藉以發揮台灣在亞太地區以及兩岸間的經濟戰略地位，吸引跨國企業並鼓勵本

---

效率、生活品質、自由化程度及企業家精神等。提升國家競爭力是一連續性、前瞻性與全面性的全民運動，必須政府與民間共同努力投入，方能有效達成。相關討論請參見王筱蘋，〈發展台灣成為亞太營運中心——提升國家競爭力〉，《經社法制論叢》，一九九七年一月第一九期，第二五五－二五七頁；邱毅，〈亞太營運中心與提高國家競爭力〉，《台北銀行月刊》，一九九六年第二六卷第九期，第三〇－四二頁。

地企業以台灣作為投資及經營東亞市場，包括中國市場的根據地，以凸顯台灣在此一地區經濟整合中所扮演的關鍵角色，同時擔負起先進國家與開發中國家經濟承先啟後「中繼者」的國際責任[13]。

根據經建會的規劃，亞太營運中心有下列五個基本方向[14]：(1)營運中心之定位，係以開發經營東亞市場為重點，尤其指東南亞及中國市場；(2)配合產業結構之調整，以高科技、高附加價值工業及專業服務業為基礎；(3)遵循供給導向之市場經濟理念；(4)採階段性的發展策略，以漸進方式，分階段作重點突破，俾帶動「面」的發展；(5)重視行政效率的提升。政府將以10年時間全力推動這項充滿企圖心的經濟發展策略。一旦推動順利，台灣將成為亞太分工體系的一個重要環節及經營東亞、東南亞乃至於中國市場的根據地，進而使台灣的產業升級與發展和亞太地區的經濟繁榮成長連成一氣，突破台灣地

---

13 簡單的說，亞太營運中心的構想主要是利用台灣地區的特殊區位及經濟條件，將台灣建設成一個高度自由開放的經濟體系，使人才、資金、貨物及資訊等皆能充分流通，塑造出一個相對有利的投資環境，以吸引跨國企業並鼓勵本土企業在台灣紮根，進而匯集人才、資金，逐步發展台灣成為一個兼具研發製造中心、海運轉運中心及金融中心等多功能的亞太營運中心。請參見行政院經濟建設委員會，《發展台灣成為亞太營運中心計畫》，一九九五年一月，第四－五頁。

14 亞太營運中心計畫的推動，根據經建會的時間表，係一九九七及二〇〇〇年為分界點，區分成短、中、長期三個階段進行。第一階段是從一九九五年到一九九七年，重點在加速經濟體質的改善，厚植發展營運中心的條件，並在既有基礎上推動立即可行的小規模專業營運中心；第二階段是從一九九七年到二〇〇〇年，重點在因應九七後之情勢，擴大各專業營運中心的規模，並進行全面性的經濟結構調整；第三階段是從二〇〇〇年到二〇〇五年，重點是藉著經濟的全面自由化，配合大型建設的完成，吸引跨國企業以台灣為經營亞太市場的基地，進而鞏固亞太營運中心的地位，拓展台灣的經濟領域。請參見侯山林，〈亞太營運中心計畫概述〉，《台灣經濟研究月刊》，一九九五年五月第一八卷，第五期，第一九頁。

狹人稠、資源貧乏的困境。經建會的規劃藍圖分為二部分[15]；一是總體經濟調整方案，配合未來加入WTO，加速經濟自由化、國際化的腳步，促進貨品、勞務、人員、資金及資訊的便利流通，將台灣建設成一個高度自由開放的經濟體；二是專業營運中心計畫，根據不同經濟條件，規劃發展最具潛力的專業營運中心。根據麥肯錫公司規劃評估結果，依照台灣經濟的優勢條件，擇取生產製造、貨物及旅客轉運與專業服務等三大類經濟活動，分別發展製造中心、海運中心、空運中心、金融中心、電信中心及媒體中心等六種專業營運中心。

亞太營運中心計畫之推出，有掌聲亦有噓聲。給予正面評價者認為該計畫頗具前瞻性，尤其「境外航運中心」的設立，更是政府因應香港九七問題、突破國統綱領近程階段兩岸不能直航僵局的權宜措施；給予負面評價者認為亞太營運中心定位不清，且太過依賴中國市場。無可諱言的，台灣目前仍存在著許多的瓶頸，諸如僵化的中國政策、不當的經濟管制、窒礙難行的法令規章、落後的行政效率、供應不足的基本設施、偏高的企業經營成本及社會失序、治安不良等，欲發展台灣成為亞太營運中心，相關法規與制度的配合是必須的。台灣的經營環境，雖已不再適合過去勞力密集型的製造、加工及出口之發展型態，但憑藉著台灣製造業的厚實基礎與其在亞太地區建立的生產、分工及行銷網路，若能在國際化、自由化及不危害國家安全與社會秩序的前提下，排除窒礙難行的法令規章，改善投資環境，當有助於鼓勵企業以台灣做為亞太地區高附加價值產品生產、分工及行銷的中心點，進而提升台灣整體的研發能力並強化製造業的基礎。

---

15 關於各個營運中心的計畫與評估，可以參考杜震華，《亞太營運中心的理論與實際》，華泰書局（台北），一九九六年三月修訂版。

## （二）台灣成為亞太營運中心的關鍵基礎

台灣產業的發展在一九八〇年代中期遭遇了瓶頸，明顯展現在國內投資率的下降方面。投資的不振，加上一九八六年以後製造業的大量出走，使台灣製造業的基礎日益脆弱。在此一關鍵時刻政府提出「亞太營運中心」政策，作為經濟施政的大方針，其實是有待商榷的。蓋狹義的營運中心觀念是指跨國公司地區營運的總部，跨國公司利用這些總部整合地區性的資源，但總部大體上並不從事生產製造的工作，只從事規劃、管理及行銷等安排。亞太地區著名的營運中心是新加坡，另一個重要的營運中心是香港，與新加坡或香港相較之下，台灣想成為以服務業為核心的亞太營運中心，明顯不太容易成功[16]。

---

[16] 新加坡住居東南亞地區海運上的樞紐地位，本有其做為區域營運中心的特殊條件。但新加坡並不滿足於以服務業為核心的跨國公司營運中心的角色，因此政府刻意以政府力量獎勵製造業的發展。由於缺乏本土企業家及私人資本，新加坡的製造業係以外籍公司為主力。新加坡是公認的亞洲最乾淨且有秩序的國際都市，金融市場開放而發達，電訊交通均稱便利，加上其地理上的優越位置，台灣若欲與之競爭營運中心地位，明顯的不易成功。亞太地區另一個重要的營運中心香港，主要是以中國華南地區為腹地，香港以其深水港的優越條件，加上快速而周延的國際金融網路，配合華南地區的快速成長，自然形成「前店後廠」式的營運中心地位。但「前店後廠」的分工狀態已使香港的製造業逐漸消失，成為一個專業的服務性城市。台灣明顯的亦難以取代香港的營運中心地位，因為香港與華南地區唇齒相依，陸運可直達華南的精華地區廣東，再上溯更可達富庶的長江流域；相對的，台灣面對的是華南較為貧瘠的福建及廣東東部，此二地區與中國內地的交通均非便利，再加上台灣海峽的阻隔，台灣欲成為類似香港服務華南的營運中心，在地理上其勢即不可得。詳細的討論請參見陳添枝，〈亞太區域營運中心與兩岸經貿關係〉，《經濟前瞻》，一九九四年七月十日第三五期，第五四－五五頁。另關於新加坡、香港、馬來西亞、泰國及上海等競爭對手發展亞太營運中心的策略與前景，請參見尤敏君。〈東南亞國家推動亞太營運中心之現況〉，《台灣經濟研究月刊》，一九九五年五月第一八卷，第五期，第六一－六五頁。

事實上，台灣做為以服務業為核心的營運中心，唯一優勢是其政治上的獨立性，因為不受中國政府的管轄，在九七後有別於香港，可以提供跨國企業更大的保障。但台灣欲服務中國華南地區，勢必得解除兩岸間商品、人員、資金、通訊等交流障礙，並准許人民自由往來，否則單純的政治保障仍然難以與香港甚至新加坡相抗衡。這也是為何多數外商均認為台灣成為「亞太營運中心」的最大障礙係兩岸不能直航的原因。不過，台灣若將自身定位為服務中國華南地區的營運中心，則勢將步上香港的後塵，將製造業移往中國，本身則致力於服務業的發展。如此一來，製造業空洞化的發展趨勢必然無法阻止，台灣的經濟前途將繫於中國的經濟發展，同時將失去經濟交流的主導權。

因此，台灣若欲以傳統的營運中心概念發展「亞太營運中心」，不僅前景黯淡，且因與中國政策產生衝突，更顯得窒礙難行。為了避免引發政治與經濟危機，首須確立台灣發展「亞太營運中心」的關鍵基礎，應在於製造及研發能力的提升而非服務業的擴張。台灣與香港及新加坡不同之處，在於其擁有堅實而綿密的製造業基礎，台灣要想成為亞太營運中心，必須仰賴現有的製造業基礎，並加強研究發展能力方有可為。若不思發揮自身的優點而強求在不具比較利益的領域內和人一爭長短，將使原本的利基亦逐漸消失。換言之，唯有以製造業為基礎的「亞太營運中心」，才能結合技術、製造與自然資源三者為一體，創造國際分工的利益，使台灣經濟發展與亞太的高度成長同生共榮。台灣製造業的技術本源自日本及西方工業先進國家，因此扮演製造技術的中介角色，可有雙重的附加價值功能[17]。以製造及研發為基礎的中介角色和以服務業

---

[17] 一方面對日本及西方工業先進國家而言，台灣可以提供商品本地化的功能，因為先進國家的商品多是為高工資、高所得的市場而設計，不一定適合東南亞及中國的市場需求，台灣因市場的特性介於先進國家與東南亞及

為基礎的中介角色差異。即在於前者創造了附加價值；後者僅止於互通有無，創造了價差，但未創造價值。附加價值的創造使中介者居於不可分割的地位，而服務的中介者僅係生產活動的附屬業務，處於被動與依附者的地位，相較之下，二者優劣立現。

中國市場的潛力是世界上任一國家均難以忽視的，台灣近水樓台，當然不應自外於此一重要市場。在中國當局政策主導下，以直接投資方式進入中國市場，實須負擔相當大的風險，跨國公司深知此點，因此台灣若願意提供一個前進中國的跳板，以降低直接投資中國的風險，相信跨國公司是樂於接受的。但此一跳板功能應奠基於製造及研發能力上，而非在提供管理、行銷等服務性業務上。換言之，外商如欲利用台灣作為前進中國市場的跳板，運輸成本不會是其首要考量，而是台灣能提供更大的政治風險保障，且台灣的營運中心能提高其產品的附加價值，使其在中國市場更具有吸引力[18]。因此，台灣做為外資企業經營中國市場的核心，須靠優秀的人力資源以協助跨國公司開發與製造適合中國市場的產品，且為了維繫並強化此一優勢，台灣必須在研究發展上加強投

中國之間，可以供作商品修正、改型、試產的基地；對東南亞及中國而言，台灣可以提供中間技術，以充分利用各國的自然與人力資源，製造出具有競爭力的商品，行銷先進國家的市場。請參見陳添枝，〈亞太區域營運中心與兩岸經貿關係〉，前揭註，第五五－五六頁。

18 再者，奠基於製造及研發能力的台灣基地，必須在生產技術層次上係為中國產業所不能及，而運輸成本又不高的產品。因為如技術層次無法高於中國產業的水準，則由於台灣的工資遠高於中國，此一產品在台灣製造必定沒有競爭力；如果運輸成本過高，則此項產品必須在市場所在地製造，在台灣製造亦不具有競爭力。特別值得強調的是，外商在台灣製造商品運銷中國市場，不會為了節省海運成本而來，如果為了節省海運成本，不如在中國本地製造。今日海運的發達，已使距離對運輸成本的影響降至最低，距離最大的影響在於時效而不在金錢的費用。詳細討論請參見陳添枝，〈亞太區域營運中心與兩岸經貿關係〉，前揭註，第五六－五七頁。

資，同時改善本島的居住與投資環境，加強專業人員素質，使外資企業均樂於長期以台灣做為其經營中國市場的營運中心總部。

### （三）亞太營運中心與兩岸經貿關係

由亞太營運中心的規劃內容來看，政府欲突破台灣經濟發展困境、積極吸引外資、促進產業升級、再創台灣經濟發展奇蹟的企圖心相當強烈。不過，這些規劃能否確實推動，仍須面臨相當的考驗，諸如行動的積極與否、國內投資環境的改善、人才培育的具體規劃、中央與地方利益衝突的消弭等，均係亞太營運中心不可或缺的建設基礎。另一個亞太營運中心成功的關鍵因素，在於政府必須規劃更具體而有前瞻性的中國政策，不讓兩岸關係成為台灣經濟發展的絆腳石。亞太營運中心計畫中，雖非以中國為唯一的腹地，但中國也是主要腹地之一，如果欠缺中國方面的善意配合，甚或對某些合作事項多方阻撓，亞太營運中心計畫的推行勢必受阻，連帶使其成效大為縮減。因此，亞太營運中心能否成功的關鍵因素，兩岸經貿關係的良性互動與發展絕對居於重要地位。

由於意識型態的考量，目前台灣政府在兩岸關係發展上已然非以《國統綱領》為主要指導方針，故而中國政策則相對較為緊縮。為了不抵觸國統綱領，台灣政府擬定了「境外航運中心」計畫，但由於中國企圖藉機推動兩岸直航，辯稱兩岸未經協調而加以抵制，一度使境外航運中心的成立橫生枝節。中國對亞太營運中心的態度始終受「政治氣候」的影響，以政治角度衡量問題，另一方面，亞太營運中心政策上亦涉及若干政治原則的對抗，以及模糊地帶的詮釋問題。若從「政經分離」原則來看，台灣發展亞太營運中心以提升整體競爭力，壯大華人經濟實力，中國理應樂觀其成，沒有理由打壓干擾；但實際上中國當局卻將三通問題與亞太營運中心劃上等號，認為兩岸不實現三通，亞太營運中心只是空想，因此台灣推動成立亞太營運中心，要獲得中國方面的積極回應，前提是必須實現三通。中國當局關切的重點始終在於兩岸是否三通，與亞太營運中心並無太大關係，其並不在意台灣的亞太營運中心計畫，對台統戰策略亦無須考慮台灣自身的需要與發展。可以想見的，中國方面並不會對亞太營運中心計畫採取直接的回應，而將視台灣的政治活動採取間接回應，亦即視台灣當局是否願意接受中國方面所開出的政治條件而定，此即典型的「以經促政」策略[19]。

從另一個角度而論，如果「亞太營運中心」定位在結合亞太地區資源以促進台灣產業升級與國際化，那麼落實亞太營運中心的方法應在於創造環境與機制，使台灣的資金及技術能力能順利結合亞太地區的自然與人力資源，並在此過程中不斷進行技術的自我提升。在此一目標下，亞太營運中心的主要伙伴應是東南亞國家而非中國，因為東南亞國家才有剩餘的自然資源；中國有剩餘的資源是勞動力，因此台灣的勞力密集產業在台灣勞動力短缺之際，群起赴中國投資是十分正常的現象。不過，這種以追求勞動力為目標的中國投資熱潮，在一九九一至九二年間

---

[19] 原則上，中國當局對台政策係採取政經分離的兩套手法，亦即政治上矮化台灣的國際地位，封殺台灣的國際空間，貶抑台灣為一地方政府，宣揚所謂「一個中國」理念並要求台灣接受「一國兩制」；在經濟上，卻鼓勵台商赴中國投資，促進兩岸經貿交流合作，覬望台灣在世界經濟舞台逐漸發揮影響力。從過去兩岸互動關係來看，政治與經濟互動事實上具有微妙的替代關係，原因是中國當局不願兩岸政治對峙也將經濟交流捲入，因此，兩岸政治互動愈陷僵局，中國方面愈希望活絡經濟交流關係，愈希望利用「以經促政」手段達成某些政治目的。詳細的討論請參見洪明洲，〈中共對我亞太營運中心的態度與回應〉，《貿易週刊》，一九九七年四月十六日第一七三八期，第一九－二一頁。

已接近尾聲，此後赴中國投資的目標即發生重大轉變，由原先追求勞動力轉為追求中國的內部市場，此種趨勢形成的原因，主要是因中國的進口障礙過高且中國當局又對台商投資提供各種優惠措施的緣故。雖說中國市場有極大的吸引力，但在中國當局特殊政策誘導下貿然以直接投資方式進入中國市場，實需承擔相當大的政治與經營風險。

台灣與中國經貿關係的本質，可將之定位為中國係台灣的工廠（腹地）或係台灣的市場。台灣如果以中國作為工廠，主要是利用中國勞動力進行產品的加工製造，台灣必須保持技術的優勢並且控制市場通路，此二項優勢一失，台灣即使在中國投資，也不能稱中國為「腹地」，因為生產的主導權已不在我方。在與中國的經貿互動上，台灣可以中國為腹地，但不能以中國為市場，至少不能以其為主要市場。以中國為腹地的意義在於維持與中國生產活動的垂直分工狀態，使中國的產業發展同時能帶動台灣經濟的繁榮，而台灣永遠居於主導的地位；反之，若以中國為主要市場，並採取直接投資方式進入此一市場，不但產品的層級不易提升，且須負擔相當高的政治與營運風險[20]。在此一前提下，亞太營運中心對中國的策略應是推動台灣與中國產業間的垂直分工體系，並且在此一體系內建立多邊的合作關係，尤其是與美國、日本及歐洲各跨國公司進行策略聯盟。在保持台灣產

---

[20] 從經濟發展的歷史來看，一國所選擇的貿易對手將會影響其分工的狀態，進而影響其動態的比較利益及長期的經濟成長潛力。一般而言，貿易對手的所得水準愈高。自身的所得成長也愈快。這項規律印證到台灣地區的經濟史上，可以看到日據時期以日本為中心的貿易型態，及光復後以美國為中心的貿易型態，均為台灣地區帶來高度的經濟成長；在此之前，以中國為中心的貿易型態則為帶來顯著的成長。與高所得的國家貿易帶來有利的學習效果，有助於創造動態的比較利益；與低所得的國家貿易則僅止於靜態的國際分工利益，沒有學習的效果可言。詳細討論請參見陳添枝，〈亞太區域營運中心與兩岸經貿關係〉，前揭註13，第五七頁。

業進軍先進國家市場之能力及產業升級活力的前提下，政府實應避免亞太營運中心過度將資源導向中國市場。

### （四）亞太營運中心應放大格局

陳前總統水扁指出台灣有條件和能力成為全世界高科技製造、服務中心。台灣要成為亞太營運中心有三個問題要面對：

第一、為何只是亞太營運中心，而不是世界營運中心，是不是格局太小，限制了未來可努力的方向？第二、台灣有自己的優勢與條件，為何要以己之短，攻人之長？新加波、香港有傳統歷史上的優勢，與其相較，台灣的競爭力就有問題。第三、台灣要成為亞太營運中心必須以中國為腹地，但是兩岸關係無法正常化，中間有很多盲點與限制，在在影響台灣做為亞太營運中心的優勢。

他指出，台灣以半導體成功的經驗做為基地，發展科學園區、寬頻基地建設與相關交通建設，政府配合修正法令，推動自由化、國際化與效率提升，今後所有產業一定可以在無國界的環境下運作，讓台灣不只是美麗之島，也成為綠色矽島[21]。

## 二、亞太製造中心與兩岸產業分工

### （一）亞太製造中心的構想與規劃

為鼓勵企業以台灣作為東亞地區高附加價值產品生產及行銷中心，提升研發能力並加速高科技產業發展，行政院於一九九五年七月三日核定公布「發展台灣成為亞太製造中心計畫」，全力推動建設台灣成為科技島。做為亞太營運中心計畫的核心部分，發展台灣成為亞

---

[21] 《中國時報》，「財經焦點」，二〇〇〇年三月二十九日。

太製造中心有諸多環境因素的考量。從亞太地區的發展角度觀之，位居亞太樞紐地位的台灣，應充分利用本身完整的上、中、下游垂直分工體系，再配合台灣正在推動的產業升級政策，使本土與跨國企業以台灣做為亞太地區高附加價值產品生產分工及行銷的中心地點，不僅可因此加速台灣的產業升級速度，亦可避免因企業過度對外投資而造成台灣「產業空洞化」的困境。就台灣本身的發展而言，現今台灣經濟發展的問題並不在於製造業所占比重的下降，而是在於產業結構調整與升級「質」的改善，換言之，不論就亞太製造中心的發展利基或自身需求而言，資本與技術密集產業應是台灣經濟跨世紀發展的唯一方向。近幾年台灣持續對東南亞國家及中國進行大規模的投資，如能就對外投資與本土企業間進行有效的垂直或水平分工，將有利於推動台灣成為跨國企業在亞太地區統籌調度的據點。進而言之，台灣如能順利發展成為亞太分工體系之一環及企業經營東南亞與中國市場的根據地，台灣製造業的升級與發展，將和亞太地區快速的經濟成長相互結合，因而突破自身市場規模不足及生產要素缺乏的困境[22]。

在這樣的前提下，為了加速推動台灣成為亞太製造中心，主管

---

[22] 如就台商在東南亞及中國的投資行為加以觀察，可以發現台商在東南亞的投資具有利用當地天然資源、就近銷售地主國、管理本土化等特性；而赴中國的投資則有利用當地廉價勞工、開拓海外市場、親自坐鎮管理等特性。其中，赴東南亞投資者的技術層次普遍高於赴中國投資者，顯示在廠商海外投資區位選擇上已有理性的區位優勢考慮。此種經驗對有意進軍亞太市場的外商而言，是極為寶貴的，特別是台商在東南亞的本土化管理傾向，顯示其已初具跨國經營的模式，而台商在中國親自坐鎮的管理模式，更為多數台商累積了豐富的中國市場人脈與對市場需求的熟悉度，該等經驗尤為亟於進入中國市場之跨國企業所希望爭取合作者。詳細討論請參見蔡宏明，〈亞太製造中心的商機與挑戰（上）〉，《貿易週刊》，一九九五年八月二十三日第一六五二期，第五－六頁。

部門經濟部採取了下列三項策略：(1)繼續運用促進產業升級條例等政策性工具，推動製造業的升級；(2)積極修訂與調整現行相關法令與制度，以使產業界在更自由、更高效率的環境下進行投資與發展；(3)以高附加價值、高科技產業為核心，加強推動投資與研發計畫，提升產業技術水準，提供優良的設廠經營環境，來帶動產業整體的發展。另依據經濟部所提的「發展台灣成為亞太製造中心計畫」，亞太製造中心的主要工作包括：(1)增加投入研發的經費，改善經費分配的管理辦法，加重國營企業的技術發展任務，鼓勵並協助廠商參與跨國性的研發計畫；(2)重點推動包括資訊、通訊、精密機械、汙染防治、生物技術與製藥、航太、高畫質視訊及高級材料等在內共十項新興工業的發展；(3)規劃設置十七處智慧型工業園區；(4)調整現有加工出口區的功能，設置倉儲轉運專區；(5)促進中山科學研究院以國防科技協助產業技術的發展；(6)加強經濟部投資業務的組織與功能，推動跨國企業與台灣建立策略聯盟，進一步爭取跨國企業及本土企業在台設置亞太製造行銷中心。

根據上述亞太製造中心的基本構想和作法，不難發現政府發展亞太製造中心的著手途徑有二大切入點，一是透過相關法令的修改、政府組織的統合與強化，以及投資環境的改善，將台灣改造成一個更有利於製造業發展及升級的生存環境；二是以亞太地區為經濟發展的腹地，透過有效的區域性產業分工，進一步將台灣建設成本土企業及跨國企業製造與行銷的總部。前者是台灣經濟謀求發展的一般性策略，後者則是針對當前國內外環境變遷的特殊性策略。當然，後者的成功必須以前者為基礎。至於如何落實，就亞太營運中心的定位而言，首先應確立六大中心之間的關聯性，以系統觀念作整體規劃；其次應考慮其他中心與製造中心的搭配問題，例如，製造中心應與海運及空運中心相結合，特別是在區域分工型產業發展上，欲使台灣高科技零組件與來自東南亞或中國地區的勞力或資源密集型組件相整合，必須讓海運及空運中心與製造中心充分配合，將港口或機場周邊形成新工業區[23]。為使亞太製造中心不至於淪為口號式的方案，整體投資環境的改善十分重要，特別是塑造台灣成為適合高科技產業發展的區位；此外，製造中心應兼顧全國區域均衡發展，不但不應偏重於特定地區，更應以全面性發展為規劃方針，讓各地方均有尋求克服阻礙投資因素的意願及努力，真正落實整體投資環境的改善工作。

觀察近幾年台灣產業的發展，不難發現台灣確已具備製造中心的雛形，當前必須做的是儘快改善日趨惡化的投資環境，確保已形成製造中心的本土企業能更有效的發揮功能，進而擴大與強化台灣的製造中心功能。不可諱言的，以台灣目前科技水準、企業規模及經濟體質，要促進產業升級，發展總體面的亞太製造中心，單靠自身的力量是不夠的，必須要結合跨國公司的力量，才能迅速有效的落實發展目標。跨國公司是否來台設立製造中心，投資環境的優劣是其首要考量，因此，規劃台灣成為亞太製造中心的首要工作，仍是致力於投資環境的改善。再者，以台灣的地理區位而言，發展以東南亞及中國地區為經濟腹地的製造中心，確有一定的地緣上優勢，如何暢通與腹地之間的聯繫與分工，亦係台灣發展製造中心的重要工作。此外，以中

[23] 再者，金融中心應具有支援製造中心發展的功能，因為科技研發或創新常須投入龐大資金，故金融中心應具有協助科技產業透過資本市場取得資金或鼓勵創業風險投資事業的功能；此外，電信中心應以促進製造中心運作為目標，特別是電信加值服務、電信網路和亞太區域網路的連結及電信交換系統的發展等，均與製造中心息息相關。詳細的討論請參見蔡宏明，〈亞太製造中心的商機與挑戰（下）〉，《貿易週刊》第一六五三期，第二七－二八頁，一九九五年八月三十日。

國作為台灣經濟發展的腹地，另有特殊的政經考量，如兩岸因意識型態所造成的政治齟齬、台灣憂慮對中國經濟過度依賴等。雖然中國經濟發展程度仍落後台灣，但某些部門的基礎科技水準卻領先台灣甚多，且本身具有可觀的市場潛力。因此，在策劃兩岸產業分工的作法上，台灣與東南亞國家及中國之間的分工型態，不可一概而論。兩岸關係錯綜複雜。實難以斷然採取政經分離的方法，純粹就經濟層面加以規劃，因此，要促成亞太製造中心的發展，必須調整兩岸關係相互往來等問題，否則台灣成為亞太製造中心的前景，並不樂觀。

### （二）兩岸產業分工的原則與策略

台灣產業赴中國投資，動機非常清楚，大多是為了貪圖便宜的土地、勞工、資源、市場及各種優惠措施，並享用歐美的外銷優惠關稅，這些都是現今在台灣投資所缺乏的有利因素。目前台商赴中國投資主要以中小企業為主體，面對與台灣截然不同的投資環境，廠商必須有所調適，因此在選擇設廠地區時，常不以經濟特區或技術開發區為選擇位置，而在大都市近郊或農村地區設廠，以就近吸收勞動力同時節省勞動費用的支出。由於係以中小企業為主體的投資形式，在討論兩岸產業分工時，就須以兩岸相對擁有的經濟要素稟賦程度為考量基礎，簡單的說，台灣地區擁有較具優勢的資金與生產技術，而中國地區則擁有充沛的勞動力與土地，因此，台灣地區應較適合生產資本密集與技術密集產品，而中國地區則適合生產勞力密集產品。此與台灣發展亞太製造中心的基本方向是符合一致的，前已述及，台灣經濟發展的前景在於產業結構之調整與升級，朝向資本及技術密集產業發展，因此不論就亞太製造中心的發展利基或自身發展需求而言，資本及技術密集產業應是台灣經濟跨世紀發展的唯一方向。

產業分工可分為「水平分工」與「垂直分工」二種。前者是指兩國（或兩地區）各自發展不相關連的產品，或生產完全相同或相似，但其品質與附加價值有別的產品；後者則係只兩國就某一特定產業生產製程中，對於原料、半成品、成品進行生產階段的分工，或就企業功能，在原料、生產、行銷、研發、設計等方面進行分工。兩岸間採取水平分工模式的主要理由，在於擴大台灣地區於外銷市場方面所擁有的優勢，至中國地區投資可以充分掌握此一優勢。但長期而言，生產技術全部移出，極可能扶植投資地區成為競爭者，且長期生產相同的產品將會改善投資地產業之生產技術，導致台灣地區原先擁有的技術優勢，逐漸消弭於無形。若採取垂直分工模式，兩岸分別生產不同階段產品，如須大量人力進行裝配者，可由台灣地區生產零組件及半成品，再運往中國地區則裝配為成品，目前在中國地區投資的台商，即有從台灣地區進口零組件，而由中國地區組裝成品行銷的情形。現今有許多廠商在兩岸間進行產銷聯合的垂直分工方式，如在台灣進行研發、設計、行銷與管理，而在中國地區進行生產與裝配，政府亦有開放中國地區物品進口之措施，以配合垂直分工的趨勢發展。一般而言，台灣赴中國地區投資的業者，均將具關鍵性的生產技術掌握在手中，以維持生產與競爭優勢[24]。

長期而言，中國地區利用外來投資所引進之資金、生產、管理與行銷經驗等，以達到技術與服務進步之目的，但對台商而言，在水平分工

---

[24] 根據調查，為了維持台灣產業的競爭優勢，大多數廠商認為「市場行銷」及「關鍵技術」兩項，是兩岸產業分工體系逐漸形成過程中，台灣企業保持優勢最應掌握的環節，其女是「品質控制」與「原料控制」，再來才是「半成品最後加工」。相關研究與討論，請參見高長，〈兩岸產業分工趨勢下，台灣如何保住優勢〉，《貿易週刊》，民國八四年十一月一日第一六六二期，第四－九頁。

模式下，長期發展必然不利；而在垂直分工模式下，台商仍可掌握住關鍵性生產技術，但先決條件是台灣地區業者能不斷提升研究發展與生產技術，否則終究難以永久維持優勢。因此兩岸產業分工之原則，應妥善利用中國地區的科學研究或基礎科學成果，配合台灣地區在產品設計、研究開發、市場行銷、生產管理、品質要求及資金融通等優勢，讓兩岸的生產要素稟賦發揮最大效益，使兩岸技術、資金與勞動力等生產資源能充分配合。企業亦應體認，兩岸產業分工並非僅限於生產或製造的分工，亦應涵蓋行銷、運輸、技術合作或研究發展聯盟等領域，並視兩岸產業合作或競爭態勢及對未來的展望，擬定適當的策略，例如在台灣擁有高度比較利益的產品，除若干低價零組件可自中國進口外，並不須急於赴中國投資生產，此時兩岸分工便可著重於與中國或外資企業合作在中國市場建立據點或拓展內銷市場；對於中國競爭力明顯優於台灣的項目，或在台灣不適合生存如具汙染性的產品，除可在中國生產外，更可採後勤聯盟的合作方式，以台灣做為行銷全球的總部；至於兩岸產品競爭相當或各具特色的產業，則可藉合作研發技術或生產流程分工，以建立足以提升競爭力的合作關係[25]。

總此，未來在推動建立兩岸產業分工體系時，應有縝密的策略規劃，才能維持台灣的競爭優勢，有利於國內經濟之長期發展，同時達成兩岸間互補互利的結果。就整體產業層面而言，應重視下列幾項原則[26]：(1)兩岸產業分工體系應以全球競爭為著眼點，並納入國際整體分工體系之一環；(2)企業應結合歐、美、日等先進跨國企業進行策

---

[25] 請參見蔡宏明，〈新政治格局下的大陸經貿政策與兩岸分工策略〉，《貿易週刊》，一九九六年六月十九日第一六九五期，第八一九頁。

[26] 請參見蔡宏明，〈大陸經貿政策展望與兩岸分工策略〉，前揭文，第九二一九三頁。

略聯盟，共同進入中國地區投資以降低風險；(3)兩岸產業分工體系之業別應予擴大，不僅限於製造業主體產業層面，更應將其相關周邊產業（如金融服務業）納入其中；(4)政府應積極主動協助台商解決經營問題，爭取台商的認同，厚實政府在中國政策上產業資訊蒐集的管道，提高政府政策執行之成效；(5)為避免產業空洞化的隱憂，政府應確立「兩岸分工、對等投資」的管理模式，亦即要求申請赴中國投資的企業，主動提出有利於國內產業發展的具體對等投資計畫，並給予必要的輔助使之落實，藉以確保兩岸產業發展的主軸係互補性大於競爭性，使台灣經濟與兩岸交流同步成長[27]。

### （三）亞太製造中心與兩岸產業互動

台灣要發展成為亞太製造中心，限於自身先天條件的不足，必須要走國際化與自由化的道路，也就是在世界及亞太經濟體系中扮演適當的分工角色。兩岸產業分工不能孤立於整體國際經濟大環境的發展，對企業而言，在從事兩岸產業分工時，應體認國際產業分工將隨著國際經濟與技術發展而逐漸演化，而國際分工地區間除互補性外，也存在著競爭的事實，特別是在投資與合作所帶來之技術學習與擴散效果。面對此一趨勢，掌握競爭優勢關鍵是企業藉兩岸產業分工維持長期發展的必要作為。因為，對多數以出口為導向的中國投資廠商而言，其所面對的是全球市場競爭，即使以內銷中國市場為主的台商，除面對本地企業及其他外商的競爭外，中國產品與服務市場的漸趨開放，更將使其面對更大的競爭壓力。因此，藉由技術、生產或行銷能力的不斷提升，以掌握全球性的競爭優勢，應係台灣企業在兩岸產業分工體系中遵循的目標。

---

27 詳細討論請參見鍾琴，〈從產業競爭角度看兩岸分工前景〉，《經濟前瞻》，一九九二年十月十日第二八期，第一〇八－一一一頁。

就兩岸產業之動態互動關係來觀察，首先應考慮兩岸產業發展的基本條件，中國在資源、市場及經濟規模方面均占有優勢，而這些也都是台灣發展經濟腹地不可缺少的條件；台灣在管理、制度及技術方面，則有相當程度的優勢，此一互補態勢值得兩岸努力掙脫意識型態爭議，合作爭取未來在世界及亞太經濟體系中的互利雙贏，同時，亦係台灣推展亞太製造中心的堅實基礎。前已述及，台灣發展亞太營運中心的堅實基礎在製造業，而製造中心的發展係以生產技術與研發能力為關鍵。奠基於製造及研發能力的台灣基地，必須在生產技術層次上為中國產業所不能及，因為如果技術層次不高於中國的水準，則因為台灣的工資遠高於中國，產品在台灣製造必定沒有競爭力。其次，考量兩岸經貿互動的溝通條件，經濟往來由間接走向直接。從部分到全面的趨勢是必然的方向，資源流通開放的方向應會循原料、半成品、成品的順序進行。若再觀察兩岸三級產業的比重，中國第一級產業所占的比重很大，而第三級產業的比重相對較小，台灣的情形則剛好相反，顯見兩岸在第一級產業與第三級產業之間的互補空間很大。台灣可借重中國豐富的農礦原料，而中國可吸收台灣第三產業的管理經驗及資金；至於以製造業為主體的第二級產業，亦可因兩岸間第一與第二級產業的相對優勢，導引出第二級產業的分工模式，這也就是亞太製造中心的主要內涵。

由於中國在農業和礦業等基本原料方面占有優勢，配合中國廉價的勞力資源，在農產加工及礦業冶煉方面可一展所長；而台灣的服務業經驗豐富且資金充裕，可在調度、行銷、支援服務方面充分發揮。如將上述優勢引進到製造業的分工模式中，則製造業的上游階段應屬中國分工範圍，而設計研發。高附加價值加工及行銷與支援服務等工作，則係台灣的分工範圍。如此一來，奠基於製造及研發能力基礎的亞太製造中心，一方面可維持生產技術及研發能力上的競爭優勢，提供跨國企業高附加價值的生產及研發基地；另一方面，跨國企業亦可利用台灣完善的服務業基礎，在台灣建立起同時以中國為腹地與市場的營運中心。特別值得強調者，外商在台灣製造商品運銷中國，不會係為節省海運成本而來，如果為了節約海運成本，外商毋寧選擇直接在中國設廠產製。今日海運的發達，已使距離對運輸成本的影響降至最低，因此，距離最大的影響在於時效性，而不在於運輸費用。以此一角度思考，則兩岸三通問題似乎不應是台灣與中國當局政治上角力的籌碼，反應成為台灣吸引跨國企業來台設立製造中心的先決要件。事實上，也只有當三通問題能獲得妥善解決，兩岸產業分工規劃才可能朝互利雙贏的目標發展，由是觀之，現今台灣積極推動的境外航運中心計畫，對促進兩岸產業分工，乃至於台灣發展成為亞太製造中心之願景，均具有決定性的關鍵地位。

## 三、境外航運中心與兩岸通航規劃

### （一）境外航運中心之意義與內涵

基本上，境外航運中心是國際生產分工趨勢下的產物。跨國企業為求生產經濟規模與成本節約，常在低成本國家或地區生產零組件或半成品，再利用便捷的海空運輸與先進科技國家或地區所生產的零組件相結合，以提高產品的附加價值。此種國際生產分工型態，除使海空運輸貨品由以往的製成品轉變為原料、半成品及製成品運送外，亦增加轉運的需求再配合國際海運貨櫃化趨勢，因而衍生新的海運經營模式；亦即利用大型貨櫃船，先將貨櫃集中到某些區域大港，再用小型貨櫃船，將貨櫃分運到各中小型港口；或者先以小型貨櫃船將貨櫃集中於區域大港，再以大型貨櫃船從事遠洋運送。上述營運模式，將使區域性大港成為轉運中心，轉運中心應在主航道上。再以支線做輻射狀服務，使該區域性大港居於運輸之樞紐地位，以亞太地區來說，新加坡、香港及台灣高雄港均具有成為海運轉運中心的優勢條件與地位[28]。

台灣高雄港係全球第三大貨櫃轉運中心，以經營東南亞與北美間的貨物轉運為主。雖然高雄港已初具航運中心規模，且位於泛太平洋航線、北美歐洲經蘇伊士運河航線、亞洲地區航線及中亞航線等四大主航線之樞紐，但因受國統綱領及兩岸人民關係條例之限制，在台商赴中國投資帶動大量貨物進出口需求的同時，高雄港卻無法承攬中國華南地區的貨源，使該貨物均須經由香港轉運，致香港轉口業務量遠高於高雄[29]。為兼顧國統綱領架構、因應九七後香港地位轉變及發展台灣成為亞太營運中心，行政院於一九九五年五月四日通過「境外航運中心設置作業辦法」，該辦法將「境外航運中心」定義為「在台灣地區之國際商港相關範圍內，以不通關、不入境方式，從事中國地區輸往第三地或第三地輸往中國地區貨物之轉運及轉運作業相關之簡單

---

28 新加坡為全球第一大貨櫃轉運中心，以經營東南亞與歐洲間經蘇伊士運河的貨物為主，其中泰國、馬來西亞、印尼等東南亞國家，因缺乏設備良好的大型港埠供遠洋貨櫃輪停泊，故將貨物運往新加坡集中再出口至歐洲；香港則是第二大貨櫃轉運中心，係以中國與北美、歐洲間的貨物轉運為主；高雄港則為第三大貨櫃轉運中心，是以東南亞與北美間的貨物轉運為主。詳細討論請參見蔡宏明，〈談境外航運中心的內涵與影響〉，《貿易週刊》，一九九五年六月二十一日第一六四三期，第四一五頁。

29 十多年前高雄港與香港、新加坡的港埠營運量旗鼓相當；十多年後高雄港雖然號稱全球第3大港，每年貨櫃的吞吐量為500萬個，但相較於香港的1,300萬及新加坡的1,280萬個貨櫃量，實在令人汗顏。高雄港營運量的衰退，與兩岸間航運無法展開，加上中國經濟日益蓬勃，致使許多航商捨台灣而就中國有關；此外，當局政策僵化、管理失當乃至於行政效率欠缺等，亦是造成高雄港國際競爭力逐漸衰退的原因。詳細討論請參見張五岳，〈從台、港航運協商與境外航運中心啟動看兩岸產業互動〉，《經濟情勢暨評論》，一九九七年五月第三卷第一期，第六〇頁。

加工之區域」。（第二條），至於境外航運中心與中國地區港口間之航線則界定為「特別航線」（第三條），並規定只准許外國船舶運送業所營運之船舶（即外籍輪）及台灣與中國船舶運送業所營運之外國船舶（即權宜輪）航行（第五條），不允許懸掛我國旗之國輪與懸掛中國國旗之中國輪船行駛[30]。

為達成建設台灣成為亞太營運中心的目標，發展海運轉運中心不僅是其中重要的一環，且可提高本土及外資企業對台灣投資環境的信心，從而對長期經濟的穩定發展產生正面效益，境外航運中心的規劃設置，對亞太營運中心的整體發展具有重要意涵。根據經建會委託麥肯錫顧問公司執行的亞太營運中心細部規劃報告中明確指出，台灣必須提升兩岸經貿關係，開放兩岸直接通航與通商，才能發揮亞太營運中心的功能。依據該公司針對120家跨國企業進行的投資意願調查結果顯示，超過90%的廠商表示如果兩岸無法在3年內直接通商與通航，這些跨國企業考慮將亞太營運總部移往新加坡，或直接設置在中國，顯見兩岸直航為影響台灣發展亞太營運中心計畫成敗不可忽視的關鍵因素。境外航運中心的設置，即可視為係政府面對香港九七大限逼近，中國方面始終無善意回應，又不願坐失發展台灣成為亞太營運中心的契機，在不違背國統綱領規範原則的前提下，遷就兩岸現實情況所提出的權宜策略，換言之，境外航運中心的設立，相當程度是為開放兩岸直接通航預作準備[31]。

---

[30] 基本上，上述規定係將過去外籍輪與權宜輪船非法航行於兩岸之間的情事合法化，同時也解除有關中國地區人民、法人投資超過50%經營的船舶或中國直接控營或中國董事超過1/2以上公司的船舶禁止進入台灣港口的限制。詳細討論請參見蔡宏明，〈境外航運中心與兩岸分工之整合〉，《經濟情勢暨評論》，一九九五年十一月第一卷第三期，第一六三－一六四頁。

[31] 請參見侯山林，〈從規劃設立境外航運中心看政府推動兩岸直航之布局及

## （二）境外航運中心對兩岸產業分工的影響

境外航運中心的設置目的在於以「不通關、不入境」之方式，為國統綱領近程階段限制尋求彈性變通的空間。將兩岸間定位為「特別航線」，既非國際航線，亦不屬國內航線，顯係為了避免主權爭議。在國統綱領禁止兩岸直接通商之限制下，「境外航運中心設置作業辦法」雖允許外籍輪與權宜輪船載運兩岸貨物，但須以中國與第三地之間的貨物為主，不得載運台灣地區以中國為目的地或中國地區以台灣為目的地之貨物（第八條），亦即只能進行轉口作業，貨物不能入境通關。此雖有助於強化海運業者的經營效益，增加兩岸間貿易與赴中國投資廠商選擇轉口港的機會，進而降低經營成本與提升作業效率；但運輸貨物不能入境通關，另一方面對兩岸產業分工與雙邊貿易關係而言，並無實質的助益與影響。

就我政府政策而言，「建立兩岸產業分工體系，增進彼此互補互利關係」、「協助業者自中國地區引進台灣地區所需之產業技術與人才」及「對於兩岸互補性高、競爭性弱及對產業發展有利之半成品及農工原料，繼續檢討擴大開放進口」是既定政策目標。因此，經濟部除持續落實開放進口檢討及投資項目審查外，亦針對12項產業提出具體的兩岸產業分工型態及相關的「專案審查」原則。綜觀其所規劃的各項原則，無非是希望台商在兩岸分工過程中，在台灣掌握下列優勢[32]：(1)關鍵技術及零組件；(2)將研發、設計、主要設備及管理中心留在台灣；(3)掌握自動化或高附加價值製程，或生產高附加價值產品；

---

可能影響〉，《台灣經濟研究月刊》，一九九五年五月第一八卷第五期，第三三－三四頁。

32 蔡宏明，〈境外航運中心與兩岸分工之整合〉，前揭文，第一七〇－一七一頁。

(4)掌握行銷機能或外銷市場網路。無疑的，在兩岸產品國際市場競爭優勢消長之情形下，台灣產業藉由掌握上述優勢，提升與中國產品或其他開發中國家產品間的競爭差距，是必要的發展方向，這也正是政府推動「亞太製造中心」的策略目的。事實上，多數台商均能體會在中國企業或員工善於模仿及競爭壓力下，若非掌握關鍵原料與技術，將難以持續經營與生存，因此必須採行能維持相對優勢的營運策略。當然，既有優勢能否繼續維持，端視國內產業在研發與技術升級上的進展，以及政府能否提供一個有利於兩岸產業分工之環境而定了。

基本上，台商對兩岸分工政策環境的需求，除了大幅開放中國貨品及半成品進口與解除台商赴中國投資限制外，減少運輸成本，則是其另一項考慮。此一需求可由台商赴中國投資時，自台灣採購原料與機器設備之趨勢加以觀察[33]。此外，就台灣進口中國貨品及半成品而言，在台灣推動亞太製造中心的同時，擴大中國貨品及半成品進口，有助於廠商進一步降低成本；即使若干台商赴中國投資產業已逐漸萎縮，但以台灣所具有的國際行銷優勢，轉進口中國貨品及半成品經加工、包裝、分裝後再出口所形成的亞太行銷中心模式，仍將加重廠商對兩岸轉運之需求。就境外航運中心對兩岸運輸的影響而言，根據估計，中國地區貨品若經高雄港轉運，將比經由香港轉運減少40%的運費，此一結果顯示兩

33 根據全國工業總會於一九九二年七月、一九九四年一月及十一月等三次台商經營現況問卷調查結果顯示，雖然台商自台灣地區採購原料及零件之比率已由一九九二年的64%，降至一九九四年的36.2%，但此種現象一則反映出中國已逐漸有供應原料及零組件能力，以及台商投資種類多樣化後，台商在當地取得零組件或原料之可能性提高；二則顯示出縱使大量台商赴中國投資，但其原料或零件仍有1/3以上係自台灣採購，台灣產業發展仍具有相對優勢，未來只要該優勢繼續維持，則台商赴中國投資帶動台灣原料及零組件對中國出口的運輸需求仍是存在的。請參見蔡宏明，〈境外航運中心與兩岸分工之整合〉，前揭文，第一七二頁。

岸貿易所需的海運成本，將因境外轉運而實質的減少。但由於「境外航運中心設置作業辦法」將台灣貨品輸往中國或中國貨品輸入台灣之情形排除在外，除非台商僅從事簡單加工或分裝作業，多數台商均無法藉由境外航運中心而獲利，亦難以避免「逆向性誘發投資效果」繼續發酵。如何藉由境外轉運制度的設計，使境外航運中心有利於台商在兩岸產業分工趨勢下保持競爭優勢與成本節約。實在是值得深思的問題。

### （三）境外航運中心對兩岸經貿關係的影響

雖然台灣早在一九九五年一月即提出境外航運中心計畫，並於同年五月頒布實施辦法，初期打算以高雄港作為境外航運中心試辦港口。但由於境外航運中心只准許外籍輪及權宜輪船參與經營，並嚴格限制於「不通關、不入境」的貨物轉運業務，使中國方面對我境外航運中心之開放措施，始終心存疑慮。直到一九九六年八月，中共交通部頒訂「兩岸航運管理辦法」，允許先開放福州、廈門作為試點港口，讓兩岸航商所營運之外國船舶（即權宜輪）得以航行於兩岸特定港口之間，才使境外航運中心（中國方面稱為「試點直航」）之運作出現契機。值得注意的是，雖然台灣方面自一九九七年一月十七日起，開放外籍定期輪船經第三地航行兩岸之間，但中國當局則以台灣「未對兩岸國輪開放、違反中華民族航運利益」為由，僅同意兩岸權宜輪船航行及運送貨物，外籍輪船即使未載有貨物，亦不同意其航行兼靠兩岸港口。中國當局堅持兩岸航運利益外籍輪船不得參與之原則，即使依照國際慣例，外籍輪船在不攬運兩岸貨載之情況下，兼靠兩岸港口應被允許。為避免允許外籍輪船兼靠兩岸港口後，外國船公司進一步要求經第三地間接運送兩岸貨物，中國當局要等到兩岸權宜輪船航運步入正軌後，才考慮開放外籍輪船航行於兩岸之間。

根據中國交通部「關於實施台灣海峽兩岸間航運管理辦法有關問題的通知」，經營兩岸航運的企業必須在兩岸之一方登記註冊者；台灣航運公司及其子公司欲經營兩岸間航線者，須依「兩岸航運管理辦法」規定之程序，委託其在中國的船舶代理公司代為提出申請，經該船舶代理公司所在的省、自治區、直轄市交通主管部門核准後，報中國交通部批准。目前中國交通部正式批准並公布的試點直航港口係福州港與廈門港，雖然此二港口的天然條件並不是很好，但根據台灣交通部估計，高雄與廈門間直航成本僅為間接通航的23%；經建會更估計，平均每個貨櫃可節省400美元。此利益對利用福州或廈門港出口的台商，極具吸引力，特別是福州港水深僅5公尺，廈門港水深也不過8公尺，停泊幹線母船十分困難，僅能停集貨子船，藉著子船航行於高雄與福州、廈門之間，即可利用高雄港作為轉運港，有助於使高雄港成為亞太海運轉運中心。

對兩岸經貿關係而言，試點直航共識的達成，將使「境外航運中心」得以順利推展，而境外航運中心正式運作，更將為開放兩岸通航跨出重要的一步。依照行政院經貿營運特區小組決議，未來將分數個步驟逐步推動經貿營運特區，其首要工作即是整合境外航運中心及各加工出口區，以高雄港區作為第一個經貿營運特區[34]。換言之，若境外航運中心運作順暢，成果良好，而中國方面亦能展現互動誠意，下一步就可進入到設置經貿特區，進行兩岸局部通商及通航，甚至若兩岸能持續良性互動，營造和平發展的大環境，則兩岸三通以至於雙

[34] 一九九六年五月經建會提出「兩岸經貿特區」構想，而經濟部工業局亦規劃「亞太營運特區」，同年六月二十八日工業局向經建會提出「亞太營運特區」簡報，將兩者合併為一案，分二階段規劃，第一階段為擴大境外航運中心功能及加工出口區轉型，第二階段達到人員、資金、貨物、資訊及勞務自由流通，並制訂特區辦法。

方關係的全面突破，皆有水到渠成之可能。應該強調的是，境外航運中心的設計，固然是以兩岸經貿互動為主要考量，但其長遠的利益，在於兩岸產業分工體系之建立，並使台灣成為亞太製造與行銷中心，否則對於台灣長遠的經貿利益與發展，乃至於兩岸產業互動與競爭情勢，均無絕對的利益或優勢存在。

對於目前已在中國地區投資的台商而言，雖然「境外航運中心」在實行之初，只允許貨物進行中轉，不得入境或通關，加上中國只允許福州、廈門兩個港口進行開放航運，整體而言對台商所產生的影響及實質性經貿利益不大。但對於目前在福建投資的台商而言，兩岸通航可降低產品銷往歐美市場的轉運成本，特別是由於「境外航運中心設置作業辦法」規定境外航運中心的功能除轉運外，尚包括「轉運作業相關的簡單加工」，初期將針對整裝貨櫃的轉口及併裝櫃的加裝、改裝、分裝及併裝作業為主，接著將陸續開放大宗貨、雜貨的轉口，及有關轉口貨物於境外航運中心內設立保稅倉庫或發票中心，進行簡單加工、重整作業。此一作業方式，將有助於在福建投資台商提升兩岸產業分工的附加價值。當然，未來中國若將兩岸直航的港口，由福州、廈門，進一步擴大至廣州、上海、寧波、青島，乃至於華北的天津、大連等港口，則對在中國投資台商的經營活動，將有更重大的影響。此外，若兩岸互動情況良好，依照經貿營運特區小組的規劃，兩岸經貿將進一步發展成可從事加工出口的倉儲轉運專區，除了製造加工組裝外，也可從事研究發展、貿易、諮詢、技術服務、倉儲、運輸、裝卸、包裝、配修等工作，使境外航運中心提升為將中國貨品加工後出口的轉運專區。甚至進入專區的中國貨品可享有免簽證待遇。在此一情況下，台商原料及半成品回銷台灣的運輸成本將可因而降低，航程可以縮短。可預期的是，未來福州及廈門，乃至於其他通航港口附近城市，均將成為台商投資設廠的優先考慮地點[35]。

## 第三節　世界貿易組織與兩岸經貿新秩序

### 一、建立國際經貿新秩序的世界貿易組織

#### （一）GATT的成立與發展

國際經濟組織是由兩個或兩個以上國家依條約（treaty）或行政協定（executive agreement）而成立，以求得締約國間經濟事務的合作與互利[36]。二次大戰後，以美國為首的歐美盟國，均認為國際經濟事務之衝突係引發大戰的主因之一，因此，在當時具有全球絕對優勢的美國主導下，以英、美為首的44國代表於一九四四年七月一日，在美國新罕布夏（New Hampshire）州的布列敦森林（Bretton Woods）集會，除號召成立「國際貨幣基金」（International Monetary Fund = IMF）及「國際復興暨發展銀行」（International、Bank of Reconstruction and Development = IBRD，通稱「世界銀行」（World Bank））外，更提議由聯合國召開貿易暨就業會議（Conference on Trade and Employment），制訂「國際貿易組織」（International Trade Organization = ITO）憲章，以恢復並擴大世界貿易。

一九四五年，聯合國附屬機構「經濟暨社會理事會」（Economic and Social Council = ECOSOC，以下簡稱「經社理事會」）正式成

---

[35] 詳細討論請參見林美霞、蔡宏明，〈兩岸通航搞定了〉，《貿易週刊》，一九九七年二月二十六日第一七三一期，第一五一一六頁。

[36] 蔡宏明，〈世界貿易組織的內涵與影響〉，《理論與政策》，一九九五年第九卷，第二期，第六五頁。

立，在一九四六年二月首次集會時，決議著手草擬ITO憲章，以推動國際經濟合作事宜。一九四六年十月，聯合國經社理事會在倫敦召開第一次ITO憲章籌備會議（Preparatory Committee），除研討美國提出之ITO憲章草案外，會中更建議各國簽訂「關稅暨貿易總協定」（General Agreement on Tariffs and Trade = GATT），以強化ITO的功能，確保關稅減讓談判的成果，此係GATT此一名詞首次在國際場合出現。一九四七年一月，第二次籌備會議在紐約召開，完成GATT第一次草擬工作，根據此一草案，GATT僅係ITO體系架構下的一項多邊貿易協定，關於其組織與事務性功能，均應由ITO負責[37]。一九四七年四月至十月在日內瓦召開的第三次籌備會議中，除完成GATT談判工作外，更由包括美、英、法、中在內的共23個國家同時簽署GATT及「暫時適用議定書」（Protocol of Provisional Application = PPA），且經由後者的適用，GATT於一九四八年一月一日起正式生效[38]。

---

37 原本各國就不希望GATT成為一國際組織，因此，當時規劃中的GATT僅係附屬在ITO架構下的一項法律文件，ITO才是理想中的國際經貿組織。GATT的一般性條款本係為確保各國關稅減讓之成果，其內容基本上與ITO憲章關於商業政策部分相當，最初的構想是，俟ITO成立之後，GATT的一般性條款將配合ITO憲章規定修正。由於GATT並非國際組織，故其決策係由「締約國整體」（Contracting Parties）以「共同行動」（acting jointly）的方式為之，GATT規範並未提及理事會（理事會係後來以決議成立），亦未設立秘書處（秘書處係由當初ITO籌備委員會（Interim Commission for the ITO）職員直接轉任），凡此組織與事務性服務，均應由ITO來提供。

38 GATT與ITO雖係同時構想與進行，但GATT談判完成在先，當時有若干因素使各國認為應先讓GATT付諸實行。首先是各國關稅減讓談判的成果如不能儘速生效，各國貿易商可能會因為預期未來關稅調降之空間而延遲交易進行，因此對國際貿易產生負面效果；再者，美國行政部門關稅減讓談判之法律授權期限即將到期，但ITO憲章談判顯然無法在期限內完成，故當時許多國家有意先讓GATT生效適用。然而，某些國家卻持反對意見，認為既然ITO憲章與GATT均需提交國會審議通過，不如等二者均完成談判後一併提交

另一方面，雖然聯合國貿易暨就業會議如期於一九四七年十一月至一九四八年三月在古巴首都哈瓦那召開，完成ITO憲章（因此，ITO憲章常被稱為「哈瓦那憲章」）的草擬工作。但因憲章規定須有半數以上簽署國之立法機關批准方能生效；且ITO憲章涵蓋範圍廣泛，各國經貿利益互異，引起甚多爭論。結果各國雖然簽署憲章，卻僅有利比亞一國予以批准，即使是美國政府，亦因不願與國會摩擦而未批准[39]。一九五〇年十二月六日，當美國行政部門宣布將不提請國會審議關於美國加入ITO憲章之法案時，多年謀求ITO成立之努力隨即灰飛湮滅。由於人們緬懷一九四四年集會於布列敦森林，共商成立國際經貿組織的偉大理想，因此通常將「關稅暨貿易總協定」（GATT）、「國際貨幣基金」（IMF）及「世界銀行」（World Bank）統稱為「布列敦森林體系」（Bretton Woods System）。

原依照GATT第二九條第二項規定，ITO憲章生效後，GATT應即失其效力。實際上GATT於一九四八年一月一日生效時，各國根本無意要創立一個複雜的國際組織。儘管如此，GATT並未注定其失敗的命運。一九五二年八月，GATT的執行秘書（一九六五年三月改稱為

---

國會審議，無須分別進行。針對此二項相衝突的意見，最後係以「暫時適用議定書」（PPA）之設計來解決。藉由暫時適用議定書，有8個國家同意自一九四八年一月一日起「暫時適用」GATT之規定，另外15個國家則決定其後再行適用。然因ITO憲章從未正式生效，故GATT一直是被「暫時適用」，直到一九九五年WTO正式成立。請參見羅昌發，《國際貿易法》，〈世界貿易組織下之法律新秩序〉，月旦出版社（台北），一九九六年，第五一六頁。

39 問題在於美國國會對於美國加入ITO之議題毫無興趣，主要原因有二，一是美國國會與行政部門涉及國際事務處理之權利分配爭議，國會藉此加以抵制；再者，美國倡導成立龐大國際經貿組織的崇高理想與強烈欲念，隨著大戰後的時光消逝而逐漸淡化。請參見John H. Jackson, WORLD TRADE AND THE LAW OF GATT（the Bobbs Merill Company: USA）, p.120（1969）.

秘書長）與聯合國秘書長達成協議，GATT實質上成為聯合國專門機構之一[40]。一九六〇年六月，GATT設置「代表理事會」（Council of Representatives），締約國派駐代表有意參加者均為其成員。在此之前，舉凡相關GATT條文解釋、豁免決議及爭端解決等，均由締約國整體負責。締約國整體開會時，係由締約國臨時派遣高級官員出席會議。由於代表理事會的成立，各會員國派駐之代表均得以參加，會議召集甚為容易，故其逐漸成為執行GATT規範之中心部門。在代表理事會平均每年集會九次的情形下，原先締約國整體會議召開須歷經數個星期，已僅須數天即可結束，用來追認代表理事會之決議事項及其提案[41]。

GATT於一九六五年七月暫設並於一九七九年改為常設的「十八人顧問團」（Consultative Group of Eighteen），係分別由已開發締約國代表、開發中締約國代表及中央計畫經濟締約國代表組成，每年集會三至四次，以檢討貿易政策相關重大議題[42]。再者，經由締約國整體或代表理事會之決議，GATT設置若干常設或非常設「委員會」（Committees），此等委員會依其授權或協定賦予之權限，針對各種經貿議題發揮其功能。此外，GATT亦成立許多臨時性之「工作小組」（Working Parties）或「專家小組」（Panels of Experts），前者係針對特定問題進行研究並向締約國整體或代表理事會提出報告及結論；後者則針對特定締約國間爭端解決程序遭遇之問題，進行審查與

---

40 Oliver Long, *Law and its Limitations in the GATT Multilateral Trade System*（Graham & Troman: London）, 1987, p.45.

41 Id., pp.47-48.

42 貿易政策之重要議題包括：(1)根據國際貿易發展趨勢，謀求並維持符合GATT目標與原則的貿易政策；(2)預測可能妨礙國際貿易體系之突發事件，並提出因應措施；(3)就與IMF之間的調整及協調事項，向代表理事會提供諮詢意見。Oliver Long, op. cit., pp.50-51.

認定並提供建議[43]。GATT為因應上述各個部門的工作及行政需求，設置「秘書處」，包括秘書長在內約有職員300人。必須強調的是，秘書處及上述各個部門之設置，均無GATT條文規範根據，而是在國際情勢發展之催促下，使原本無意成為國際組織的GATT，實際上擁有國際組織的一切特質，此係國際社會迄今絕無僅有的異數。

GATT前言規定「為提高生活水平、確保充分就業及實際收入與有效需求之鉅額且穩定成長，促使世界資源充分利用並擴張貨品之生產與交易」，期盼經由互惠互利之安排，能實質地降低關稅及其他貿易障礙，並消除國際貿易的歧視性待遇，俾能實現上述目標。由GATT的發展歷史觀察，GATT確實發揮相當實際的功能，至少就降低關稅障礙而言，歷經七回合的多邊貿易談判（Multilateral Trade Negotiation），各主要參與國家的關稅壁壘均已明顯降低。進口關稅降低的結果，各種非關稅貿易障礙問題日益嚴重，GATT自甘迺迪回合（Kennedy Round）開始，談判重點即包括降低各種非關稅貿易障礙，東京回合（Tokyo Round）時更制訂許多附屬協定，用以解釋或補充GATT相關條文之不足，及至最近的烏拉圭回合（Uruguay Round）談判，各種非關稅障礙議題，實已成為真正的規範核心。

### （二）烏拉圭回合談判與GATT體制缺陷

雖然GATT自始至終係一臨時性的多邊貿易協定，但其所形成調整締約國間貿易關係的法律體制，卻成為規範二次大戰後全球貿易談判及爭端解決的主要機構。不過，隨著全球經貿自由化與國際化的腳步，各國經貿互動愈趨頻繁且相互依賴，另一方面GATT規範體系的

43 Id., pp. 48-50.

缺失即逐漸顯現[44]：

(1) 雖然GATT規範許多國際貿易關係與義務，但自其創設以來，始終是一個臨時性協定，缺乏適當的組織架構。再者，祖父條款（Grandfather Clause）之規範原意僅係一暫時性的權宜措施，但長久以來實踐的結果卻成為規避GATT規範要求的最佳方法；

(2) 由於GATT條文修訂程序冗長緩慢，常無法獲得足夠的締約國同意，加上大國在修訂程序中擁有極大的談判力量，使條文修訂更為困難；即使是修訂生效，未簽署締約國又可不予適用，使GATT體制僵化而難以適應許多新國際經貿互動關係發展；

(3) 雖然東京回合制訂多項附屬協定，但此些協定非但不能有效調整締約國間的權利義務關係，更因其僅適用於簽署國之間，非簽署國之間及簽署國與非簽署國之間均仍須適用GATT一般條款規定，使GATT規範體系實際上被割裂為二套制度，且使某些條文（尤其是最惠國待遇義務條款）效用受到嚴重損抑。此外，GATT條文與此些附屬協定之間的法律關係並不明確，各附屬協定均有不同的程序規定（尤其是爭端解決程序），使其在適用與決策方面極無效率；

(4) GATT體制與各國內國法間之關係模糊，且由於各國法律制度及其對GATT規範適用與解釋上的差異，造成國際規範在各國無法有效適用；

---

[44] John H. Jackson, *RESTRUCTURING THE GATT SYSTEM*（the Royal Institute of International Affairs: London）, 1999, pp.45-47.

(5) 各締約國加入GATT或其附屬協定之方式不同，有些未具充分主權的獨立關稅領域或前殖民地國家，可在極少的實質承諾下加入GATT，造成締約國間地位不平等的問題；
(6) GATT對於締約國整體之權力，定義上十分模糊，且GATT理事會雖係依締約國整體之決議而成立，但卻不具有條約法上的地位；
(7) GATT爭端解決程序規定散見於總協定及各附屬協定中，難以形成具全盤性與實效性的多邊爭端解決程序；且無一全球性監督機構來確保GATT規範能有效施行，導致任何國家一旦採行違法措施，勢將為其他國家創下採取類似違法措施的先例；
(8) 由於貨幣、金融與貿易政策的不一致，GATT與其他布列敦森林體系機構，尤其是IMF及IBRD之間的關係不明確，如何使GATT與IMF及IBRD協力維護總體經濟環境的穩定發展，已成為國際經貿關係的核心問題。

無疑的，GATT體制缺陷顯示在經貿領域內適用與實施法律規範時，實際上受到諸多非經濟因素的影響，特別是各國政府在施行其經貿政策時，常面臨國際法律義務與本國利益的衝突。各國政府在產業政治壓力下，經常藉各種非關稅貿易障礙、自願性出口設限等歧視性貿易措施；以及雖符合GATT規範，卻恐遭濫用的反傾銷與平衡稅措施作為保護工具，使GATT原本設計用以懲罰違法的報復措施（如GATT第二三條之授權），已無法有效遏止保護主義（protectionism）對國際經貿體制的肆虐。保護主義氾濫的結果，更將使人們懷疑自由貿易的真正利益與GATT制度的可靠性，甚至當一國政府認為GATT規範與程序已不足以保障該國長期利益，反而只是一種限制時，其政策的著眼點將集中於如何規避GATT規範，此更將使GATT辛苦建立的國際經貿秩序備受威脅[45]。

一九八六年九月各國部長齊集於烏拉圭之東岬（Punta del Este）作成烏拉圭回合部長宣言（Ministerial Declaration of the Uruguay Round），並展開烏拉圭回合談判。在宣言中雖提及欲強化GATT之監督功能、改善GATT整體效率及決策等與組織結構有關之改革方向，但並未提及設立新的國際組織之想法。然而最後在一九九三年十二月烏拉圭回合談判結束時，各國達成一致之協議，除就貨品貿易、服務貿易、與貿易有關的智慧財產權保護及爭端解決程序與規則等重要談判項目制訂許多新協定規範外，更重要者為各國一致決定成立一新的「世界貿易組織」（WTO），以取代GATT在組織方面的功能，並彌補GATT之不足。

烏拉圭回合被視為國際經貿史上最重要的一次多邊貿易談判，能夠如期完成，使一度瀕臨瓦解的GATT多邊體制得以繼續維持，甚而蛻變成為一具有國際法人地位的「世界貿易組織」，此一成就無疑係對全球經貿發展注入一劑強心針。WTO的成立，顯示現今國際社會已將經貿事務視為國際關係重要的一環，由WTO協定整體架構與規範觀之，更可見其複雜性及深廣程度。事實上，各國對WTO之期待甚高，馬爾喀什部長宣言第二項即謂「各國部長確認，世界貿易組織

---

45 因此，當烏拉圭回合談判亟欲強化GATT規範並建立與貿易有關的投資、智慧財產權保護及服務貿易規範的同時，若無法強化GATT的監督與執行功能，即使新規範建立亦無法使各國確實遵守，反而會產生更大爭議。換言之，GATT體制強化除具有克服既有的體制缺陷外，更可藉GATT基本規範與程序架構的重建，以及對締約國貿易政策的監督與協調，重新塑造有利於貿易自由化的環境與功能。請參見蔡宏明，〈世界貿易組織的內涵與影響〉，前揭文，第六七頁。

之成立使全球經濟合作進入新紀元，更反映各方為其人民之利益與福祉，普遍期待能在更公平開放的多邊貿易體制內運作。各國部長在此表達其抗拒任何種類之保護主義壓力的決心」。由此可知，世界各國普遍期望在WTO架構下之多邊貿易體制，能更公平開放且成為全球抗拒保護主義之中心機制。

### （三）建立世界貿易組織協定

成立「世界貿易組織」的倡議雖由來已久，但正式的官方提議係加拿大首先於一九九〇年四月提出「將GATT提升為世界貿易組織」的建議，背景係因自一九八〇年代末期起，國際政經體制所產生之快速且動態轉變，突顯出建立新的、更開放的多邊貿易體制的重要性[46]。依照加拿大政府的建議，世界貿易組織應具備[47]：(1)整合GATT條文和各項多邊談判協定並使之有效運作之架構；(2)建立減少片面威脅之更有效、一致且實際的多邊爭端解決制度；(3)監督全球

---

46 這些重大國際經貿情勢轉變包括：(l)GATT締約國數目激增，至一九九四年時已達119個會員國；(2)東歐中央計畫經濟制度國家採行一連串的政治與經濟改革，導致其經濟與貿易政策快速變化及調整，此一國際經濟情勢變化有助於強化GATT所欲增進的市場制度並提高其有效性；(3)幾乎所有的主要開發中國家均已成為GATT的締約國，他們一直擔心現行GATT及各個附屬協定中少數簽署國以有條件的最惠國待遇適用方式，可能導致GATT體制瓦解，因而希望強化多邊體制以對抗其進入工業國家市場時可能遭遇的片面報復措施；(4)由於區域主義興起，使人們認為除非多邊貿易體制能實質地強化，否則恐將造成強大區域勢力間的衝突；(5)各國政府在面對不公平或不合理貿易行為時，常有極大的國內壓力使其採行片面報復措施，原因之一乃是GATT無法有效的解決貿易爭端，因此，如何建立一使各國得以抗拒片面貿易之貿易措施壓力的多邊組織架構，以建立新國際貿易秩序，極為重要。詳細討論請參見蔡宏明，〈世界貿易組織提前誕生〉，《貿易週刊》，一九九四年四月二十日第一五八二期，第五頁。

47 請參見蔡宏明，〈世界貿易組織的內涵與影響〉，前揭文，頁六九－七〇。

貿易政策發展之永久機制；(4)使GATT具有和IMF、IBRD進行有效合作的功能。一九九〇年七月，歐體亦提出成立「多邊貿易組織」（Multilateral Trade Organization = MTO）的建議，其目標雖與加拿大類似，但更強調「建立確保烏拉圭回合協定有效執行的法律架構、有效的組織架構與基礎」。歐體建議各國部長應考慮在烏拉圭回合談判結束時，成立多邊貿易組織，以整合烏拉圭回合談判結果。歐體認為，該組織不會損及各國在現行多邊貿易架構下應有的權利與義務，反而可以提供一個確保不同協定均可有效執行的組織架構。

對於加拿大及歐體提案，美、日原則上表示支持，但質疑其提出時機，認為烏拉圭回合尚未解決的問題尚多，該組織的談判恐將延遲該回合談判，亦有認為締約國拒絕簽署新多邊貿易協定或釐清新規範與既有體制之關係，才是保護主義氾濫的主因，世界貿易組織並無法解決既有問題，也未必能使各國接受[48]。至於開發中國家，對成立世界貿易組織則多持樂觀與支持的態度。美歐對WTO的立場差異後因雙方在農業補貼爭議中，法國讓步同意削減國內補貼21%，成為美國同意WTO成立的交換條件，亦由於農業補貼爭議的化解，長達7年又3個月的烏拉圭回合談判終於在一九九三年十二月十五日完成。在最終法案（Final Act）中，除規定二項附件：建立世界貿易組織協定（Agreement Establishing the World Trade Organization = WTO Agreement，以下簡稱「WTO協定」）及各項部長宣言與決議（Ministerial Declarations and Decisions）為最終法案不可分之一部分外，並明示各國代表均期望WTO協定應於一九九五年一月一日正式生效[49]。

---

[48] GATT, MIN, GNG/NG14/18, July 9, 1999.

[49] Final Act Embodying the Results of the Uruguay of Multilateral Trade

一九九四年四月十四日各國在摩洛哥的馬爾喀什（Marrakesch）召開部長會議，做成四項重要決議[50]，包括通過WTO協定，烏拉圭回合終能於一九九四年四月十五日，由107個締約國成員代表完成草簽。事實上早在一九九三年十二月十五日，也就是美國快速立法授權（Fast-Track authorization）[51]期限的最後一天，GATT秘書長Peter Sutherland在日內瓦已經象徵性的宣布了此一回合結束。在美國眾議院於一九九四年十一月二十九日以288票比146票通過，參議院亦於一九九四年十二月二日以76票比24票的壓倒性多數通過，正式批准WTO協定後，日本、歐盟亦隨後通過該協定，使WTO得以在一九九五年一月一日正式成立。此一正式國際法人組織將使一九四八年哈瓦那憲章未能生效的遺憾與GATT組織架構之缺陷，獲得彌補。

對照ITO籌設之經驗，ITO預定之成立方式係在組織設立前先制訂憲章，將國際經貿事務相關的各種實體或程序規範予以詳細納入，WTO之成立方式則係以完全不同的方式進行。WTO係依照WTO協定之規範而設立，但WTO協定本身主要是為了涵蓋烏拉圭回合多邊貿易談判結果所制訂之各項協定，換言之，WTO協定僅係設置一法律

Negotiations [hereinafter Final Act], para. 1, 2.

50 四項重要決議包括：接受及加入世界貝易組織設立協定之決議（Decision on the Acceptance of and Accession to the Agreement Establishing the World Trade Organization）、貿易與環境之決議（Decision on Trade and Environment）、關於執行世界貿易組織設立協定所產生組織與財務效應之決議（Decision on Organizational and Financial Consequences Flowing from Implementation of the Agreement Establishing the World Trade Organization）、設立世界貿易組織籌備委員會之決議（Decision on the Establishment of the Preparatory Committee for the World Trade Organization）。

51 快速立法授權係指授與美國總統的談判權限，亦包含了批准之程序在內，國會就整個法案只能當成一整體接納或拒絕，而無法在批准時，加以變動或灌水。

架構，以便將GATT主導之烏拉圭回合談判結果所制訂的各項協定，集中在單一的組織架構來管理及監督而已。故亦有稱WTO協定為一「迷你憲章」（mini-charter），而WTO則為「傘狀組織」（umbrella organization），此種組織結構的優點在於富有彈性，將來因應新的國際情勢發展所制訂之新規範或修正既有規範，可較容易將之納入WTO架構中，而無須大費周章的修改憲章規定。

## 二、世界貿易組織與關稅暨貿易總協定

### （一）WTO的國際法律地位

WTO的法律地位可以由二方面來觀察。首先，WTO協定第八條第一項規定，WTO具有法律人格（legal personality），此一法律人格應為每一個會員國所承認，因其係執行WTO之功能所必要。明確顯示WTO為一般國際法上的國際組織，在其執掌架構內，權限應為各會員國承認，且WTO會員國均有義務在WTO履行其功能的必要限度內，賦予WTO此項法律人格。其所稱「法律人格」，實際上係指「國際法人」的地位，此不但是WTO在國際法下採取行動之基礎，亦為其享有特權與豁免權（privileges and immunities）之根本。另一方面，WTO協定第八條第二項規定，各會員國應就WTO履行其功能之必要範圍內，賦予WTO本身特權與豁免權；第八條第三項進一步規定，WTO官員及各會員國代表，在其各自履行與WTO相關功能之範圍內，亦應享有相同的特權與豁免權。WTO及其官員與各會員國代表所享有的特權與豁免權應與一九四七年十一月二十一日聯合國大會批准之「特別機構特權及豁免權公約」（Convention on the Privileges and Immunities of the Specialized Agencies），所規範的特權

及豁免權一致（第八條第四項）。

## （二）WTO與GATT的差異與關聯

WTO與GATT之差異與關聯，亦可由二方面來觀察。首先，就組織方面而言，GATT原來僅係一暫時適用的特別協定，俟ITO成立後，再將其併入ITO憲章中。由於ITO籌設失敗，GATT被迫由暫時而固定，法律上（de jure）GATT並非擁有締約國的國際組織，而是僅有締約成員的臨時性協定，也欠缺行政方面相關的規定；但事實上（de facto）GATT卻由協定變成了相當於國際組織的貿易機構，有其行政體制與常設機關。相反的，WTO協定第二條第四項則規定，附件1A中列舉的「一九九四年關稅暨貿易總協定」（General Agreement on Tariffs and Trade 1994 = GATT 1994），在法律上有別於一九四七年十月三十日，聯合國貿易暨就業會議籌備委員會第二次會議最終法案附件中採納之關稅暨貿易總協定（General Agreement on Tariffs and Trade 1947 = GATT 1947），及其後所為的更正、增補或修改。由此可以看出，GATT 1994乃為WTO規範體系之一部分，在法律上與事實上均非國際法人。再者，WTO亦非GATT 1947之繼承組織，批准WTO協定的國家，如未同時自GATT 1947中退出，則同時屬於兩個不同的組織，只不過在其規定有衝突時，WTO協定應優先適用。此一雙重適用之問題，只要各締約成員聲明退出GATT 1947即可避免[52]。

就法律關係而言，GATT 1994第一項規定，所謂GATT 1994應係指包括下列文件的整體法律體系：

(a) 一九四七年十月三十日制訂並經其後在WTO成立以

[52] 請參見黃立，〈建立世界經濟新秩序的世界貿易組織協定〉，《進口救濟論叢》，一九九四年十二月第五期，第二七－二九頁。

前修改之關稅暨貿易總協定（不包括暫時適用議定書（PPA））；

(b) 在WTO成立以前已於GATT 1947下生效之下列文件：

(i) 關稅減讓（tariff concessions）之議定書及認證文件。

(ii) 加入議定書（protocols of accession）（不包括議定書中暫時適用之規定及對GATT 1947第二部分只儘可能不抵觸既有立法之限度內適用之規定）。

(iii) 依照GATT 1947第二五條規定決議之豁免而在WTO協定生效時仍然有效者。

(iv) GATT 1947締約國整體之其他決議。

(c) 下列瞭解書（Understandings）：

(i) 一九九四年關稅暨貿易總協定第二條第一項第(b)款釋義瞭解書。

(ii) 一九九四年關稅暨貿易總協定第一七條釋義瞭解書。

(iii) 一九九四年關稅暨貿易總協定收支平衡規定瞭解書。

(iv) 一九九四年關稅暨貿易總協定第二四條釋義瞭解書。

(v) 關於豁免一九九四年關稅暨貿易總協定義務瞭解書。

(vi)一九九四年關稅暨貿易總協定第二八條釋義瞭解書。

(d) GATT 1994馬爾喀什議定書。

上述規定可知，GATT 1947法律關係本質上係為GATT 1994之一部分，而GATT 1994又係WTO協定附件1A貨品貿易協定中之一項，因此，GATT 1947實係為WTO協定整體之一部分。再者，GATT 1994與GATT 1947最大之不同在於，GATT 1947係透過暫時適用議定書（PPA）而生效，而GATT 1994則是自行生效，無須透過暫時適用議定書而生效。除此之外，GATT大多數之條文規定與基本原則（如最惠國待遇義務、國民待遇義務、透明化原則、關稅拘束原則及數量限制禁止原則等）均未改變，且透過諸多瞭解書之訂定，GATT I 1994將更為嚴謹，將來因條文模糊而產生爭議之機會應會減少。

另一個GATT 1994與GATT 1947不同之處在於「祖父條款」（Grandfater Clause）的取消。以往GATT 1947係透過暫時適用議定書而生效，前已說明。暫時適用議定書除賦予GATT 1947法律效力外，最重要的規定係其承認祖父條款。暫時適用議定書第一項規定，除GATT第一部分與第三部分締約國必須完全遵守外，就第二部分之規定，各締約國僅在不與其既有立法相衝突之範圍內，盡量符合GATT的規定。除暫時適用議定書外，在GATT 1947成立以後加入之締約國，亦均在其加入議定書中載有相同之祖父條款規定[53]。至於GATT 1994第1項第(b)款第(ii)目規定，則明文將暫時議定書及加入議定書中此種規定排除，因此，今後所有的會員國均需一致適用GATT 1994規定，無「既有立法」之例外條件存在。

另須注意者，GATT 1994在用語上，將原來的「締約國」（contracting party）改稱為「會員國」（Member）；「開發中締約國」（less-developed contracting party）與「已開發締約國」（developed contracting party）則分別改稱為「開發中國家會員國」（developing country member）及「已開發國家會員國」（developed country member）；「執行秘書」（Executive Secretary）亦改稱為「WTO秘書長」（Director-General of the WTO）。再者，GATT 1994第一五條第一項、第二項、第八項、第三八條、GATT附件中對第一二條及第一八條增註；第一五條第二項、第三項、第六項、第七項、第九項關於特別匯兌協定（special

[53] 關於「祖父條款」的相關討論，請參見羅昌發，〈國際貿易法〉，前揭書，第六一－六三頁。

exchange agreements）等規範中涉及「締約國整體」共同行動（acting jointly）之用語，應改係指「WTO」本身；其他GATT 1994規範賦予締約國整體共同行動之功能，則應分配給「部長會議」（Ministerial Conference）來執行（GATT 1994第二項規定參照）。

表一　GATT與WTO之比較

| | GATT | WTO |
|---|---|---|
| 規範範疇 | 僅規範貨品貿易部分 | 除貨品貿易外，更擴及服務業、智慧財產權、投資、爭端解決、貿易政策審查機制等新領域。範圍較GATT擴大許多。 |
| 設立宗旨及功能 | 原僅為ITO架構下之一項貿易協定，用以規範國際間之貨品貿易。 | 為促進WTO架構下各項協定之運作。 |
| 組織架構 | 總協定中未訂有GATT之組織架構，但經多年運作，並依GATT第25條之共同行動（Joint Action by the Contracting Parties）規定，而設置締約國整體大會、代表理事會、秘書處、工作小組等機構。 | WTO協定中載明WTO之組織架構，說明各機構間的層級與分工體系。 |
| 會員國 | GATT之締約國可分為三大類：<br>(1) 原為締約國成員所屬殖民地之新興獨立國家，在為GATT締約國之宗主國支持下加入者；<br>(2) 簽署「暫時適用議定書」之國家；<br>(3) 依GATT第33條規申請加入者。 | WTO之會員國則可分為二大類：<br>(1) 創始會員國：原為GATT締約國，接受烏拉圭回合協議並提出相關關稅減讓及服務業承諾表者。<br>(2) 新加入會員國：依WTO協定第12條規定申請加入者。 |

| | GATT | WTO |
|---|---|---|
| 決策 | 採共識決。 | 除採共識決外，當決議無法達成時，將可採多數決。 |
| 國際法地位 | 僅是一依「暫時適用議定書」生效之協定，不具備國際組織的完整條件，惟經40餘年的發展，組織架構亦日趨完備，故有學者認為GATT是一「事實上的國際組織」。 | 有設立之依據，具備國際組織之法人地位。 |

## 三、世界貿易組織的基本內涵

### （一）WTO的宗旨

WTO的設立宗旨，依照WTO協定前言所示，會員國「認知其在貿易與經濟方面之努力應以提高生活水準（standards of living）、確保充分就業（full employment）及實際收入（real income）與有效需求（effective demand）之鉅額且穩定成長、擴張貨品與服務之生產與貿易等為目標，同時允許世界資源在永續發展（sustainable development）之目標下適當利用（optimal use），尋求保護及保育環境，且能符合不同經濟發展程度者之需求及考量。」此一前言規定，大致上與GATT前言第一段之規定相同。最重要的不同，在於WTO認知到環境保護之重要性，不再如GATT強調世界資源的充分利用（full use），而係強調在永續發展之目標上適當的利用資源。此一觀念，應有助於現今許多環保與貿易爭議之調和。再者，前言亦強調環境保護及保育之重要性，應與各國在經濟發展上之努力同時並進，此係GATT前言規定中沒有的認知。

WTO協定前言第二段則規定，WTO會員國認知，有必要採取積極的努力以確保開發中國家，尤其是較低度開發國家，能享有與其經濟發展相當的國際貿易成長。此一規定亦為GATT前言所無。其所謂積極之努力，係指WTO範圍中各個協定對開發中國家所給予之特殊待遇，例如在技術性貿易障礙協定（Agreement on Technical Barriers to Trade = TBTA Agreement，以下簡稱「TBT協定」）中，期待會員國對開發中國家提供有關技術規範（technical regulations）之技術協助（technical assistance），在與貿易有關之投資措施協定（Agreement on Trade-Related Investment Measures = TRIMs Agreement，以下簡稱「TRIMs協定」）中，容許開發中國家適用較長的過渡期間等均是（請參見TBT協定第一一條、TRIMs協定第五條第二項規定）。

WTO協定前言第三段規定，WTO會員國一致期待藉由談判制訂互惠互利的協定，能達成實質的降低關稅及其他非關稅貿易障礙，並消除國際貿易關係中的歧視待遇等目標。此一主要目標之實現，基本上與GATT前言規定相同，均係強調互惠原則及不歧視原則為貿易自由化之基礎。

為達成前述目標與認知，WTO協定前言進一步規定，WTO會員國決議發展一套整體的、可長可久的，包含GATT以往貿易自由化及烏拉圭回合多邊貿易談判成果在內的多邊貿易體系。此即為WTO設立之最終目的。

### （二）WTO的功能

WTO的組織功能，依照WTO協定第三條之規定，WTO之功能有下列幾項。其一是管理及執行WTO各項協定。WTO協定第三條第一項規定，WTO應促進本協定及多邊貿易協定之履行（implementation）、管理（administration）、與運作（operation），並促成其目的；並應對複邊貿易協定之履行、管理、與運作，提供架構（framework）。凡此均係為一國際組織最基本之功能。

其二是提供談判議場（forum）。WTO協定第三條第二項規定，WTO應為其會員國就關於本協定附件中各項協定規範的多邊貿易關係，提供談判之議場。WTO亦得基於部長會議之決議，為其會員國就多邊貿易關係，提供進一步談判之議場，並提供執行此些談判結果的架構。以往，貿易談判之議場係由GATT所提供，然GATT第二八條之一僅規定回合談判，而未提及其他。WTO則有較周延之規範，第三條第二項規定不但可以做為會員國進行一般性談判之根據，更可以作為WTO回合談判或其他小型談判之基礎。而不論回合談判或其他談判，其範圍均可係「WTO協定附件中各項協定規範的多邊貿易關係」，亦可以超越此一範圍而針對其他事項進行談判。

其三是爭端解決，WTO協定第三條第三項規定，WTO應管理本協定附件2之爭端解決規則與程序瞭解書（Understanding on Rules and Procedures Governing the Settlement of Disputes = DSU（Dispute Settlement Understanding））。WTO為處理會員國間的爭端，除訂有此一瞭解書外，並設置爭端解決機構（Dispute Settlement Body = DSB）。其爭端解決機制在國際貿易關係及規範上扮演著相當重要的角色。WTO延續以往GATT所建立並有相當成功運作經驗之爭端解決基本理念，並加以改良納入更多「規則導向」之因素。

其四是管理貿易政策審查機制（Trade Policy Review Mechanism = TPRM）。此係規範在WTO協定附件3之中，其目的在於經由使WTO會員國之貿易政策與實務運作透明化且易瞭解，促使各國更為遵守多邊貿易協定（對複邊貿易協定締約國而言，亦包括促使其更為遵守相關之複邊貿易協定），而制訂之規則、規範與承諾，並使多邊貿易體制更順利運作[54]。TPRM的審查程序係由「貿易政策審查機構」（Trade Policy Review Body = TPRM）來執行，所有會員國均應定期接受審查，但其接受審查之密度，則依照個別會員國對於多邊貿易制度運作的影響力，即其在最近代表期間內之世界貿易占有率為標準。占有率最高的前4名（通常是歐（歐體視為一整體）、美、日、加）應每2年接受一次審查；次16名（即第5至20位）則每4年進行一次審查；其他國家，除低度開發會員國可另行決定較長期間外，應每6年接受一次審查。會員國均有義務就其貿易政策與實際作法定期向TPRM提出報告，此報告（加上WTO秘書處對該報告所做之分析報告）即為TPRM審查之基礎。不過，由於此機制之設計並非為執行WTO各項協定之特定義務，亦非為使審查之結果作為爭端解決之基礎，更不是對於會員國之貿易政策課以新義務，因此相當程度仍僅在於抽象或學術之層次，對一國貿易政策之影響能力，似乎仍有不足之處[55]。

其五是協調功能，WTO協定第三條第五項規定WTO與其他經濟組織的協調功能。為達成全球經濟決策方面（Global economic policy -making）更為一致的步調，WTO在適當情形下，應與國際貨幣基金（IMF）和國際復興開發銀行（IBRD）及其附屬機構進行合作。此外，烏拉圭回合部長會議在一九九四年四月十五日亦公布「世界貿易組織與國際貨幣基金關係宣言」（Declaration on the Relationship of the

54 有關貿易政策審查機制之重要性，請參見蔡宏明，〈貿易政策監督制度對消弭保護主義的重要性〉，《理論與政策》，一九九〇年第四卷，第二期，第一六－三二頁。

55 詳細討論請參見羅昌發，〈國際貿易法〉，前揭註34，第一九－二〇頁。

World Trade Organization with the International Monetary Fund），表示以往GATT 1947基於第一五條之規定，與IMF保持密切的關係，各國部長重申就WTO協定附件1A（即貨品貿易協定部分）規範的事項，仍應以GATT 1947架構下締約國整體與IMF建立之良好關係為基礎。

### （三）WTO的範圍

最終法案與前此的國際貿易規範集合體不同。原GATT規範係由各會員國逐漸以相互協商的方式累積而成的集合體；「最終法案」所建構的WTO規範則是一個單一架構的整體制度。WTO規範體系可分為兩大類，第一類是多邊貿易協定（Multilateral Trade Agreements），包括WTO協定附件1（包括附件1A的GATT 1994與其他貨品貿易協定[56]、附件1B的服務貿易總協定（General Agreement on Trade in Services = GATS）及其附件[57]、附件1C的與貿易有關之智慧財

[56] WTO協定附件lA所列舉之貨品貿易多邊協定（Multilateral Agreements on Trade in Goods），除GATT I 1994外，尚包括：(1)農業協定（Agreement on Agriculture）；(2)動植物衛生檢疫措施適用協定（Agreement on the Application of Sanitary and Phytosanitary Measures）；(3)紡織品與成衣協定（Agreement on Textiles and Clothing）；(4)技術性貿易障礙協定（Agreement on Technical Barriers to Trade）；(5)與貿易有關之投資措施協定（Agreement on Trade-Related Investment Measures）；(6)一九九四年關稅暨貿易總協定第6條執行協定（Agreement on Implementation of Article VI of the General Agreement on Tariffs and Trade 1994）；(7)一九九四年關稅暨貿易總協定第7條執行協定（Agreement on Implementation of Article VII of the General Agreement on Tariffs and Trade）；(8)裝船前檢驗協定（Agreement on Preshipment Inspection）；(9)原產地規則協定（Agreement on Rules of Origin）；(10)輸出入許可程序協定（Agreement on Import Licensing Procedures）；(11)補貼暨平衡措施協定（Agreement on Subsidies and Countervailing Measures）；(12)防衛協定（Agreement on Safeguards）。

[57] GATS的原始附件共有8則，主要係對較複雜之行業所制訂的特別規範，包

產權協定（Agreement on Trade-Related Aspects of Intellectual Property Rights = TRIPs Agreement））、附件2之爭端解決程序與規則瞭解書（DSU）及附件3之貿易政策審查機制（TPRM）等；第二類為複邊貿易協定（Plurilateral Trade Agreements），包括民用航空器貿易協定（Agreement on Trade in Civil Aircraft）、政府採購協定（Agreement on Government Procurement）、國際乳品協定（International Dairy Agreement）、及國際牛肉協定（International Bovine Meat Agreement）[58]等。多邊貿易協定與複邊貿易協定在性質上有所不同，前者係WTO協定不可分之一部分，採用「全有或全無」的包裹方式。凡WTO會員國必須全盤接受所有的多邊貿易協定（WTO協定第二條第二項、第一四條第一項規定參照），沒有簽署與否之選擇權利；後者雖亦係為WTO整體架構之一部分，但並非強制接受的協定，且只對簽署接受的國家有拘束力，原則上WTO會員國可自行決定是否參加此些協定（WTO協定第二條第三項規定參照）。

就法律適用上，WTO協定與多邊貿易協定衝突時，就衝突之部分，WTO協定優先適用（WTO協定第一六條第三項規定參照）；WTO協定與複邊貿易協定產生衝突時，雖沒有明文規定WTO協定應

---

括：豁免第二條規定附件（Annex on Article II Exemptions）；基於協定提供服務之自然人移動附件（Annex on Movement of Natural Persons Supplying Services under the Agreement）；空運服務附件（Annex on Air Transport Services）；金融服務附件（Annex on Financial Services）；金融服務第2附件（Second Annex on Financial Services）；海運服務談判附件（Annex on Negotiations on Maritime Transport Services）；電信附件（Annex on Telecommunications）；基本電信談判附件（Annex on Negotiations on Basic Telecommunications）。

58 其中，國際乳品協定與國際牛肉協定已於一九九七年終自複邊貿易協定中刪除，不再適用。WTO Newsletter, No.23, Oct. 1997.

優先適用，但考量WTO協定係WTO整體規範之基礎架構，且多邊貿易協定尚須禮讓WTO協定之情形下，在複邊貿易協定與WTO協定衝突之範圍內，WTO協定應優先適用。再者，WTO協定附件1A之「一般解釋須知」（General Interpreta-tive Note to Annex 1A）規定，GATT 1994之規定抵觸任何WTO協定附件1A所列載的其他協定時，就衝突之部分，後者應優先適用。WTO協定附件1A列載之其他協定本係為解釋或補充GATT 1994基礎規範之不足，原則上此些針對特定議題制訂之單項協定自應優先適用。問題在於，GATT 1994第二〇條之一般例外及第二一條之國家安全例外規定，是否可適用於其他列載之單項協定？換言之，WTO會員國是否可主張一般例外或國家安全例外條款，做為其違反其他單項協定規範之正當化基礎呢？烏拉圭回合談判並未考量此一問題，WTO協定的規範仍有疑義。

### （四）WTO的架構

WTO的組織架構係以由全體會員國代表組成之部長會議（Ministerial Conference）為最高權利機關，每2年集會1次，以實現WTO各種功能，並為此採取必要之措施；且基於會員之請求，應依照WTO協定及相關多邊貿易協定之特定要件，針對多邊貿易協定中之任何事項，做成決議。依照WTO協定第四條第一項規定，WTO「應設置部長會議，由所有會員國之代表組成，至少每2年集會1次。部長會議應實現WTO之功能，並採取必要措施（actions necessary）以達成此一目標。當任一會員國提出要求，部長會議有權依照本協定及相關多邊貿易協定之特定決議（decision-making）要件，決定在任何多邊貿易協定下之所有事項（all matters）。」

在部長會議之會期與會期之間，其職權係由總理事會執行。

總理事會（General Council）亦由全體會員國代表組成，於有需要時集會。總理事會另外被賦予之二項職權，分別為擔任爭端解決瞭解書（DSU）中規定之爭端解決機構（DSB）及貿易政策審查機制（TPRM）中規定的貿易政策審查機構（TPRB）。依照WTO協定第四條第二項規定，WTO「應設置總理事會，由所有會員國之代表組成，於適當時集會。在部長會議舉行之會期間，部長會議之功能應由總理事會來履行。總理事會亦應實現本協定指派之功能。總理事會應建立本身的程序規則（rules of procedure），並批准第7項規定之委員會的程序規則。」

所謂「本協定指派之功能」，依照WTO協定之規定，主要包括：

(1) 總理事會應於適當時集會，執行爭端解決瞭解書規定之爭端解決機構職務。爭端解決機構可以有自己的主席（chairman），並應建立為履行其職務而認有必要之程序規則（第四條第三項）。

(2) 總理事會應於適當時集會，執行貿易政策審查機制規定之貿易政策審查機構職務。貿易政策審查機構可以有自己的主席，並應建立為履行其職務而認有必要之程序規則（第四條第四項）。

(3) 針對產品貿易理事會、服務貿易理事會、及與貿易有關之智慧財產權理事會的運作，總理事會應提供一般性指導、指派其功能、並批准相關程序規則（第四條第五項）。

(4) 總理事會應（shall）／可（may）做適當的安排，使WTO能與相關的政府間組織（intergovernmental organization）及非政府組織（non-governmental organization）充分合作與諮商（第五條）。

(5) 總理事會，與部長會議一樣，對於WTO協定與多邊貿易協定之解釋採行，有專屬權利（exclusive authority）（第九條第二項）。

(6) 對於部長會議下設之貿易與發展委員會；收支平衡限制委員會；預算、財務及管理委員會，總理事會應指派其功能（第四條第七項）。其中，貿易與發展委員會另應定期檢討多邊貿易協定對低度開發國家優惠之特別規定，並向總理事會提出報告（第四條第七項）；預算、財務及管理委員會應審查秘書長提交之年度預算及財務報告，並可向總理事會提出建議，由總理事會來批准年度預算或其他財務規章（第七條）。

(7) 複邊貿易協定規範的機構（bodies），應經常性的將其行為（activities）通知總理事會（第四條第八項）。

在總理事會之指導下，分別設有貨品貿易理事會（Council for Trade in Goods）、服務貿易理事會（Council for Trade in Services）、及與貿易有關之智慧財產權理事會（Council for Trade-Related Aspects of Intellectual Property Rights = Council for TRIPs，以下簡稱「智慧財產權理事會」），分別負責監督多邊貿易協定附件1A、附件1B、及附件1C之運作，且應執行相關協定及總理事會賦予之職權。上述各該理事會應開放給所有會員國代表參加，並於適當時集會，以實現其功能（WTO協定第四條第五項規定參照）。

依照WTO協定第四條第七項之規定，部長會議之下應設立貿易與發展委員會（Committee on Trade and Development）、收支平衡限制委員會（Committee on Balance-of-Payment Restrictions）、預算、財物及管理委員會（Committee on Budget, Finance and Administration），以執

行WTO協定、多邊貿易協定及部長會議所賦予之職權[59]。其中貿易與發展委員會另應定期檢討多邊貿易協定對低度開發國家優惠之特別規定，並向總理事會提出報告。

WTO並應設秘書處（Secretariat），由秘書長（Director-General）掌理[60]。秘書長由部長會議任命，其職權、任期及服務條件均由部長會議決定；秘書處人員均由秘書長任命，並依據部長會議認可之規定來決定秘書處人員之職責與服務條件。秘書長與秘書處人員之職責應完全屬於國際性質，且其不得尋求或接受任何政府或WTO以外權力來源之指示，亦應避免任何有損其國際官方立場之行為。WTO會員國應尊重秘書長及秘書處人員職責之國際性質，且不應企圖影響其職務之執行（WTO協定第六條規定參照）。

必須注意的是，依照WTO協定第四條第七項之規定，部長會議得設置適當的委員會以執行其賦予之職權。例如，在環保與貿易之議題上，一九九四年馬爾喀什部長會議通過了「貿易與環境之決議」（Decision on Trade and Environment），成立了貿易與環境委員會（Committee on Trade and Environment = CTE），其執掌係在永續發展之目標下，就促進貿易與環境措施良性互動所需之規範提供適當建議。此種委員會係開放給所有的會員國代表參加。

最後，依照WTO協定第四條第八項規定，複邊貿易協定規範之

59 此外，依照WTO協定第四條第六項規定，產品貿易理事會、服務貿易理事會、及智慧財產權理事會，均得依其需要成立適當的附屬機構（subsidiary bodies）。各該附屬機構相關的程序規則等，均由各相關理事會來批准。

60 依WTO協定第一六條第二項規定，在可行的範圍內，WTO秘書處應由GATT 1947設置之秘書處轉換而成；秘書長亦應由GATT 1947締約國大會設置之秘書長轉任，直到部長會議依照WTO協定第六條第二項之規定，正式任命WTO秘書長為止。

機構應實現各該複邊貿易協定指派之功能，並應在WTO之組織架構下運作。這些機構應經常性的將其行為通知總理事會。

（五）WTO的決策

WTO協定對WTO決策之形成，可分為六類，第一類是關於一般性之決策，WTO協定第九條第一項規定：「WTO應延續GATT 1947下所採行的共識決（consensus）方式，除另有規定外，若對議案無法達成共識時，應以投票（voting）決定。在部長會議及總理事會會議，每一會員國應有1票。當歐體行使其投票權時，其投票權數應與歐體成員同時作為WTO會員國之數目相同。除本協定或其他相關多邊貿易協定（Multilateral Trade Agreement）另有規定外，部長會議及總理事會之決議應以投票者多數決為之。」其所謂共識，依註釋1之規定，係指在會議做成決議之時，無會員國對待決議案正式提出異議（formally objects to the proposed decision）。因此，私下之異議並不能阻礙共識之達成，且共識並不需要各會員國積極的支持，只要消極的不反對即可。

第二類為行使條文解釋權之決策，WTO協定第九條第二項規定：「部長會議及總理事會對本協定與多邊貿易協定之解釋，應有專屬權（exclusive authority）。在解釋附件1的多邊貿易協定時，應基於監督各該協定運作之理事會的建議（recommendation）來行使職權。通過解釋案之決議，應以會員國3/4的多數為之。本項規定之適用不得以會侵害第一〇條關於修正之規定的方式為之。」

第三類為協定修正之決策，WTO協定第一〇條規定各項協定之修正（Amendments）。任何會員國均可向部長會議提案修正WTO協定或附件1之多邊貿易協定，貨品貿易理事會、服務貿易理事會及智慧財產權理事會亦得向部長會議提議修正其所監督之協定。倘若部長會議無法在90日內達成共識，則必須有全體會員國2/3的同意始得將修正條文提交各國決定是否接受（acceptance）。對WTO協定或附件1A及1C之多邊貿易協定的修正，若將變更會員國之權利義務關係。則應有2/3之會員國接受，且只對接受之會員國生效，部長會議亦得以會員國3/4多數決議若會員國未在一定期間內接受，則可自由退出WTO或經部長會議之同意繼續保留其會員國資格；若不會改變權利義務關係，則只要會員國2/3接受修正即生效力。

附件1B之服務貿易總協定的修正，除對第二條第一項之修正外，對第一部分、第二部分、第三部分及相關附件之修正應有會員國2/3的接受，且只對接受之會員國生效，部長會議亦得以會員國3/4多數決議會員國若未在一定期間內接受，則可自由退出WTO或經部長會議之同意繼續保留其會員國資格；對第四部分、第五部分、第六部分及其附件之修正，則當有會員國2/3接受即生效力。

WTO協定第一〇條第二項規定，對本條自身之修正及下列各條之修正，必須全體會員國接受始生效力：

(a) WTO協定第九條之規定；

(b) GATT 1994第一條及第二條之規定；

(c) 服務貿易總協定第二條第一項之規定；

(d) 與貿易有關之智慧財產權協定第四條之規定。

對與貿易有關之智慧財產權協定第七一條第二項規定之修正，WTO協定第一〇條第六項規定只須部長會議通過即可，無須經過會員國接受之程序，因為TRIPs協定第七一條第二項係規定可提高智慧財產權之保護程度，使該協定之保護程度與其他國際協定已達到的保護水準相當，對各會員國本屬有利之事，故無須經過會員國接受的程序。

對附件2及附件3多邊貿易協定之修正，任何會員國均得向部長會議提案，通過附件2多邊貿易協定修正案，須以共識決為之，並在部長會議通過時即生效力；附件3之多邊貿易協定修正案，則在部長會議通過時即對所有會員國生效。

第四類為行使豁免（waiver）之決策。WTO協定第九條第三項規定，在例外之情形（exceptional circumstances）下，部長會議得決議豁免本協定或任何多邊貿易協定課以某一會員國之義務，除本項另有規定者外，此決議須有會員國3/4多數通過。該項第(a)款規定，豁免WTO協定內義務之要求必須提交部長會議以共識決為之，若部長會議無法在90日內議決，則以會員國3/4多數決為之；豁免WTO協定附件1A、附件1B或附件1C及該等附件內之要求，則應分別提交貨品貿易理事會、服務貿易理事會、或與貿易有關之智慧財產權理事會在90日內決定，在期限終了時，相關的理事會應向部長會議提出報告。

第九條第四項並規定，部長會議豁免之決議，應載明支持決議正當性的例外情形（exceptional circumstances justifying the decision）、豁免適用之條件（terms and conditions governing the application of the waiver）、及豁免的終期（the date on which the waiver shall terminate）。若豁免期間超過1年，部長會議應在1年內，並在豁免終止前之每一年進行檢討，以審查豁免原因之例外情形是否仍然存在及豁免所附之條件是否被遵守。部長會議得基於年度檢討的結果，延長（extend）、修改（modify）或終止（terminate）該豁免。

第五類為部長會議關於談判其他協定之決策。如前所述，WTO協定第三條第二項後段規定，WTO亦得基於部長會議之決議，為其會員國就多邊貿易關係，提供進一步之議場，並提供執行此種談判結果之架構。

最後第六類是關於複邊貿易協定之決策，WTO第九條第五項規定，複邊貿易協定之決策，應依各該複邊貿易協定之規定為之；第一〇條一〇項亦規定，複邊貿易協定之修正，應依各該複邊貿易協定之規定為之。

WTO協定第一〇條第九項則規定，部長會議基於同時是其他貿易協定締約國及WTO會員國的要求，只得依共識決之方式，將該協定納入附件4（複邊貿易協定）中；部長會議得依複邊貿易協定締約國之要求，決議將該複邊貿易協定自附件4中刪除。

## 四、世界貿易組織對國際經貿體系及兩岸的影響

### （一）國際經貿新秩序的形成

一九九〇年代是演進數百年的資本主義經濟制度登峰造極的時期，同時也是充滿契機的時代，世界經濟的重心正逐漸轉變。二次世界大戰造就的經濟強國美國，因財政與貿易雙赤字問題，不但使美國淪為世界最大的債務國，更使美國經濟強勢地位一落千丈，美元價值的不穩定干擾世界經濟。八十年代備受讚譽的日本，也因泡沫經濟的破滅，使日本經濟陷入陰霾，連帶影響亞洲乃至於世界經濟景氣。而東亞（包括東南亞）諸國則因經濟發展成功而備受矚目，成為世界經濟發展中一股不可忽視的新興勢力，歐洲各國則因經濟整合計畫成功而逐漸提高其影響力，在世界經濟發展中扮演重要的關鍵角色。上述各種因素消長的結果，顯示新的國際經濟關係與架構正逐漸形成，世界經濟將不再由少數經貿大國主導，區域整合與國際合作將扮演重要關鍵地位，新興市場開拓與發展更將影響世界經濟的興衰榮景，整體而言，世界經濟將朝向多元化、國際化與自由化發展。

造成世界經濟新秩序形成的直接或間接因素很多。自從七〇年代浮動匯率制度逐漸取代以美元為中心的金匯兌制度後，進一步促使資金的國際移轉自由化，經過八〇年代各國貨幣的價位變化，以及九〇年代東歐國家實行的中央計畫經濟制度，因面臨長期經濟發展遲緩、無力解決經濟問題而遭摒棄，促使冷戰結束，世界關注的重心由政治、軍事轉移到經濟合作。再加上全球經濟發展區域化與國際化的趨勢，以及區域經濟及國際經濟自由化的努力，國際貿易、投資及企業國際化之風盛行，不但改變了產業競爭力及比較利益，使產品之生產基地經由對外投資而改變，亦促使投資地的經濟繁榮與發展及就業與所得增加，許多開發中國家即深蒙其利。資金的自由移動使其使用效率提升，亦使各國的經濟發展與所得水準漸趨一致，有助於縮短貧富差距並解決許多開發中國家（尤其是低度開發國家）之貧窮與落後問題。對投資國與投資企業而言，雖然其產業及出口結構必須重新調整，但更可獲得投資報酬、降低成本、拓展市場及創造企業發展等實質利益[61]。

烏拉圭回合多邊貿易談判成立的世界貿易組織（WTO），進一步促使國際經貿與投資自由化，降低各國的關稅與非關稅貿易壁壘，使全球經貿市場朝向單一與規則化的方向發展，則是另一個重要的國際經貿新秩序形成要素。WTO之成立，使全球貿易產品之進口關稅再降低[62]，且其適用範圍不再限於工業產品，更逐步擴及服務業、智

---

[61] 詳細的討論請參見邊裕淵，〈國際經濟區域化與兩岸經濟關係〉，《理論與政策》，一九九五年第九卷，第四期，第六一－六三頁。

[62] 關稅減讓仍係烏拉圭回合談判之重點項目之一，各國基本上同意就工業產品削減1/3（最後結果削減達38%）、農產品則削減36%（開發中國家削減24%）的關稅，至於各國究應對何種產品削減何種幅度，則視相關國家相互要求與承諾之情形而定。除上述談判成果外，美國、歐盟、加拿大及

慧財產權及跨國投資等各方面。由於WTO的職能不但具有管理、監督世界貿易運行，且對會員國間的貿易談判及其結果具有高度執行權利，揭示未來世界各國將面臨一個更為開放的貿易自由化時代；同時，亦指各國政府或獨立關稅領域在對外經濟關係上，必須服膺於如WTO等國際組織及多邊規範，無論是否為WTO的會員國，均難以避免此一趨勢與要求。對國際經貿體系而言，WTO所擁有的國際組織法人地位，將強化其在規範產品貿易、服務貿易、投資及智慧財產權保護等廣泛經貿關係之能力，而在共識決無法達成協議時改採多數票決的決策模式，更有助於避免受大國主導議題及談判的缺點。WTO監督與執行能力的強化，亦有助於防止保護主義進一步蔓延。根據估計，WTO於一九九五年一月一日生效之日起10年內（即至公元一〇〇五年），全球貿易額將以每年增加2,300億美元的幅度成長；而經濟合作發展組織（OECD）則針對降低關稅及減少補貼預估，產品貿易至公元二〇〇二年為止，每年將為全球經濟帶來2,740億美元的成長[63]。

---

日本此「四邊」集團（“Quadrilateral” Group）亦就若干工業產品相互同意進一步削減關稅至相當低的水準，甚至同意將某些項目關稅降至零，此即所謂為「零對零」（zero to zero）方案及「化學品一致性」（Chemicals Harmonization）方案。再者，在烏拉圭回合談判以後，已開發會員國受關稅拘束的產品項目，已由78%提升至99%，開發中會員國則由22%提高至72%，轉型中國家亦由73%提升至98%，未列入關稅減讓表的產品項目實際上已相當少見。

63 基本上，關稅降低及非關稅貿易障礙撤除，乃至於智慧財產權保護的強化，對歐、美、日各國汽車、電子、製藥及機械等高科技產業海外競爭力與出口市場取得，至為有利。至於開發中國家，則將因紡織品與成衣貿易逐步自由化、灰色領域貿易措施撤除、反傾銷措施規範化及工業國家關稅減讓與市場開放而增加不少出口機會。然而，對日本、南韓、台灣及許多開發中國家而言，則將因稻米及其他農產品市場開放而面臨巨大的調整在全球經貿與投資自由化及國際化的潮流與趨勢中，兩岸政府自難獨自置身事外而仍以傳統的雙邊貿易與投資關係為對外經貿政策基礎。尤其是台灣，作為一個貿易依存度高的「出口導向」國家，對出口市場與通路的需求及依賴程度原本就很深，加上台灣經濟規模小及其不利的國際政治與外交處境，不但在雙邊關係上缺乏影響力，即使在多邊關係，亦處於被動的地位。縱使台灣不加入WTO，世界各國仍將以WTO的規範與標準來衡量我國市場的開放與自由化程度，如未能達到要求，將面臨各國貿易報復的危機。加入WTO，不但可享有其他會員國賦予的普遍最惠國待遇、國民待遇等不歧視義務與原則，更可藉由關稅減讓與拘束之利，以公平而合理的條件進入各國市場，同時，在面臨貿易糾紛與摩擦時，亦可利用WTO制度化的爭端解決機制，以和平與理性的態度公平且有效解決經貿爭議，除可保障台灣政府與企業之權益，避免外國經貿制裁的危機，更可積極除去各種不合理的經貿與投資障礙或歧視性待遇，建立正常的溝通及諮商管道與穩定的多邊經貿關係。

### （二）加入WTO對兩岸政府的意涵

對會員國而言，會員國必須全盤接受WTO協定及多邊貿易協定，並提出關稅減讓和服務貿易承諾表。透過原則性的約定義務，WTO規範成為會員國政府制訂與執行其國內貿易法規的制約；WTO組織則成為會員國辯論、談判、調整及建立各國貿易關係的場所。對兩岸政府而言，加入WTO具有共同的重要性，除可享有其他會員國賦予之最惠國待遇、國民待遇等不歧視義務外，並可獲得WTO其他會員國關稅減

---

壓力。請參見蔡宏明，〈烏拉圭回合圓滿結束——本回合談判的內涵與影響〉。《貿易週刊》，一九九四年一月二十六日第一五七〇期，第八頁。

讓拘束（tariff binding）的利益，以公平、合理的條件進入各國市場。再者，加入WTO之後，將可與其他世界主要貿易國家在同一規範架構下，建立多邊經貿互動關係，並就各種經貿議題進行對等政府之間的諮商與談判，並藉由加入WTO架構下各專責理事會、委員會，參與各項國際經貿規範之研定，特別是參與有關環保與貿易、勞工與貿易、競爭及投資政策等新多邊議題的討論。兩岸亦可利用WTO爭端解決架構，公平解決與其他會員國之間的貿易爭議與摩擦。

當然，由於WTO成立後所具有的國際法人地位，對兩岸具有不同的政治意涵。遵循WTO規範，對兩岸目前的經貿體制與對外貿易所面對的問題。及其所追求的經濟發展目標，亦各有不同的經濟意義。對中國而言，加入WTO將可使其在新國際經濟秩序中取得更大的發言權與主動權，增強其綜合國力，從而加速其外貿體制的改革，使中國市場經濟體制更加完善，逐漸形成正常的商品價格體系。更可改善外國企業在中國貿易及投資的法律環境，降低在中國的貿易與投資成本，有利於中國進一步積極、有效、合理地利用外資[64]。再者，中國已於二〇〇〇年五月間得到美永久性正常貿易關係待遇（PNTR），加入WTO之後，更有利於中國消除其他國家歧視性貿易措施與障礙。中國是以開發中國家身分加入WTO，其所承擔之調整壓力遠不如台灣，貿易與經濟成長所需付出的代價相對的低。

對台灣而言，以往台灣的對外貿易關係，絕大多數係藉由與諸多貿易對手國，分別建立雙邊經貿關係，使貿易得以順暢進行。例如台美之間，基本上係經由兩國在一九七八年透過換文方式所簽訂之貿易協定為基礎，使台灣產品可以在美國享有不亞於其他國家產品之待

---

[64] 詳細討論請參見林淑靜，〈中國大陸與世界貿易組織〉，《亞洲研究》，一九九五年第一六期，第一一五－一二二頁。

遇，台灣若干產品更因而獲得相當的市場占有率。相對的，台灣與歐體之間，則由於長久以來未能建立雙邊的貿易架構，故我國對歐體之貿易，常不易有所突破，或其所需之努力倍增。

與貿易對手國各自建立雙邊貿易關係，本來就不是一件容易的事，且台灣由於國際政治之因素，更不易獲得建立貿易法律關係之管道。再者，以雙邊架構模式處理貿易事務，對於當事國而言，經貿實力以及政府實力之強弱，常左右其間之得失，例如台灣與美國之間的雙邊貿易談判，台灣固常有埋虧之處（如仿冒情形嚴重，貿易障礙較多等），但在實力權衡之下，我方之談判力量僅能就台灣應如何改善經貿法令或規範措施作出承諾，卻無法要求美國就其業者濫用反傾銷控訴等不合理貿易措施承諾改善。且美國常要求我國須符合許多GATT規範義務，結果使得台灣對於其他國家必須片面負擔許多義務，卻無法要求他國給予我方對等之待遇[65]。若係在多邊貿易架構之下，經濟或政治上的強國欲對多數之相對弱勢國家要求讓步或減讓，勢必較不易達成。被要求讓步或減讓之國家，在共同利益之結合下，自然較有與強者談判對抗之餘地，此等國家共同之力量亦較能促使強國除去其不合理或違反規範之措施。因此，台灣在多邊貿易架構之下，利益較能獲得保障，亦不需負擔片面之義務，而能獲得相同不受歧視之待遇。

對台灣政府而言，加入WTO除可避免過去與貿易對手國間不對等的雙邊經貿關係外，更可藉參與多邊貿易談判，結合其他與台灣立場相同的國家，共同制衡或減輕已開發國家片面對我方不利之要求。

---

[65] 羅昌發，〈我國加入GATT對企業界的意義——機會與挑戰〉。收錄於氏著，《貿易關係之法律問題——國際經貿法研究（二）》，一九九四年，第三八〇頁。

再者，由於台灣出口依賴程度高而經濟規模又較小，不但在雙邊關係上缺乏影響力，在多邊關係亦常處於被動地位，縱使台灣不申請加入WTO，世界各國仍將以WTO規範來衡量我國市場開放程度，如未能達到一定的要求，同樣會面臨他國貿易報復之危機；此外，對處於弱勢外交地位之台灣而言，WTO成立後所象徵的正式國際法人組織地位，加入WTO亦成為台灣提升國際地位與能見度的契機，特別是在中國政府亦尋求入會的情況下，台灣加入WTO有利於經由國際組織的參與，爭取應有的國際空間，甚至取得與中國政府平等之會員國地位。由於WTO具有與IMF、IBRD及其附屬機構密切合作，以使全球經貿政策趨於一致的功能，在台灣無法克服重返聯合國的政治障礙以前，加入WTO亦可增加與其他國際組織（尤其是經貿組織）聯繫與合作的機會，為重返聯合國奠定基礎[66]。

### （三）加入WTO對兩岸三地經貿關係的影響

台灣與中國正積極爭取加入WTO，過去幾年來為符合WTO各項規範及基本原則，以獲得WTO會員國的支持，台灣與中國政府在制度改革、法規增修、政策透明化、關稅與非關稅障礙消除及市場開放等方面，確實做了很多的努力，因此兩岸經貿在自由化、市場化及國際化等方面均頗有進展。目前兩岸均尚未正式成為WTO的會員國，入會談判工作尚持續進行，各項經貿體制與規範仍將進一步改革，國內市場亦須進一步對外開放，尤其是對於中國政府而言。一般預料兩岸入會進程在不久的將來將有結果，不過，台灣與中國相繼加入WTO後，對台灣、中國及香港三地間的經貿交流必將造成影響，

---

[66] 詳細討論請參見蔡宏明，〈加入WTO對兩岸關係的影響〉，《理論與政策》，一九九七年第一一卷，第三期，第一四一頁。

從整體面來觀察，兩岸政府加入WTO後，可利用WTO多邊諮商機制來開展雙方的經貿協商或談判，突破兩岸的政治禁忌；也可以利用WTO多邊貿易規範解決糾紛，重新安排兩岸的經貿關係。WTO將為兩岸經貿互動提供一個較有利的政經環境，有助於緩和兩岸的政治對立關係，引導雙方以務實及開放的態度，持續發展兩岸經貿關係。

台灣與中國加入WTO對兩岸三地經貿交流可能造成的影響，可歸納下列幾方面來觀察。首先，加入WTO將使中國立即享有GATT/WTO歷經50餘年8個回合多邊談判的關稅減讓成果，取得各會員國的最惠國待遇，甚至如果中國是以開發中國家身分入會，更可享受較最惠國待遇關稅更優惠的普遍性優惠待遇關稅，再加上多種纖維協定將分階段於公元2005年完全廢除，許多產品的自動出口設限也將於4年內取消，這些改變均將促使中國的出口貿易擴張，且外銷市場將更為分散。根據GATT秘書處的估計，烏拉圭回合協議執行後所造成的自由貿易環境，將使中國出口每年成長6.1%（在固定規模報酬且完全競爭假設下）至26.5%（在規模報酬遞增且寡占競爭假設下）不等；用同樣方法估計台灣的出口成長僅4.5%至14.4%，此種出口成長潛力的差異可能吸引台灣廠商赴中國投資。再者，中國加入WTO後，其外貿體制必須加速改革，關稅調降及市場開放等措施將為台商與港商提供更大的商機，如果中國投資環境特別是法治環境能改善市場化程度提高、經貿政策措施更為透明化，對外商權益的保障會更上軌道，對一般外商及台商與港商等必將更具吸引力。

中國加入WTO後，其價格體系將進一步與國際價格接軌而更趨合理化，此將有助於中國達到較高的資源配置效率及經濟成長。中國經濟若能持續穩定成長，新的商機將不斷出現，此對未來兩岸三地經貿交流活動的擴張，當然將產生正面的作用。再者，中國在入會過程中關稅已持續調降，並且逐步取消非關稅貿易措施，將促使其進口增加，有利於台灣及香港本地產品對中國出口，同時亦有利於香港轉口貿易的成長。惟考慮到其他國家的相同產品亦將搶進中國市場，未來的市場競爭將更為激烈。兩岸產業分工架構愈趨明顯，對兩岸產業內貿易有促進作用。不過，中國加入WTO後，台商及港商原先特別享有的優惠待遇措施將逐步取消或加以普遍化，且跨國企業大舉進占中國市場的行動，勢將對在中國投資的台商及港商企業，尤其是中小型企業造成嚴重的競爭威脅，中小型企業將逐漸喪失其重要性，甚至可能被淘汰。

加入WTO對兩岸經貿關係最大的變數在於是否援引排除適用條款。除了經貿或環保等理由外，GATT/WTO規範體系均允許會員國在一定政治考量下，針對特定會員國實施貿易限制措施，甚至完全排除GATT/WTO多邊貿易協定的相互適用關係。從台灣的角度來觀察，目前兩岸關係的整體架構是依國統綱領及兩岸人民關係條例的規定，分為近程、中程及長程三個階段循序發展，在當前兩岸關係仍處於近程階段的前提下，兩岸經貿交流只能以間接方式進行；但兩岸在WTO規範架構下，不僅須直接通商，甚至必須適度開放兩岸直航，此對國統綱領及兩岸人民關係條例所建構的中國經貿政策必將產生一定程度的衝擊。兩岸當局迄今並未對加入WTO後是否援引排除適用條款的問題，明確對外表明官方立場。由於援引排除適用條款與否都可能引發一些爭議，對兩岸本身的衝擊程度亦大不相同，因此，兩岸當局對此項決策都以非常謹慎的態度來面對。如果加入WTO後兩岸政府都接受援引排除適用的安排，則兩岸經貿交流活動仍將在現行的互動架構下發展，受到的衝擊較不明顯，香港在兩岸經貿互動關係中所扮演的中介地位亦將維持不變。

是否援引排除適用條款，牽涉複雜的國內與國際政經情勢考量，實際考驗著兩岸政府領導者的智慧。就兩岸政經情勢而言，兩岸共存共榮且相互依賴的經貿現實條件，再加上台灣對中國貿易、出口及進口依存度均持續成長，台灣顯然不應輕言援引排除適用條款；但就台灣內部政治情勢而言，如須符合以「國統綱領」及「兩岸人民關係條例」為核心的中國經貿政策與規範體系，維持現行間接貿易、投資及通航政策，似乎除了主張排除適用外沒有其他選擇。再就中國的政治態度而言，為維護其所堅持的「一個中國」原則，避免將台灣問題國際化，將兩岸經貿往來定位為國內經貿關係其實是較能符合其政策的作法；然而國際間普遍存在的「政治歸政治、經貿歸經貿」主流態度，使其必須接受兩岸各自為WTO體制定義下「國家」及「獨立關稅領域」政府的事實，主張排除適用對其本身入會進程及兩岸經貿關係正常化，毫無實益。至於WTO各會員國的態度與意向，更是兩岸應否主張排除適用的關鍵因素，雖然各國最重視的是兩岸市場開放程度及各種貿易障礙消弭承諾與進程，但如因兩岸主張排除適用而使其重要經貿利益受到影響，則是否仍會堅定「兩岸政治問題，應由雙方自行談判解決」的立場，頗值懷疑；尤以台灣的國際政治外交弱勢地位，如仍堅持援引排除適用條款，是否能得到2/3多數會員國支持，應係台灣當局審慎考量分析的關鍵。

綜上論點，隨著兩岸加入WTO的浪潮，我國中國經貿相關的政策與法律規範，亦面臨調整、修改的問題，適度的三通已不可避免了。

# 第二章　兩岸加入世界貿易組織的進程與影響

世界貿易組織（WTO）的建立，意味著一個統一規範國際間經貿體制、政策、法律及爭端解決機制的國際組織正式成立。它將與負責國際貨幣金融體系穩定的國際貨幣基金（IMF）及提供開發中國家生產性融資協助的世界銀行（World Bank）形成三足鼎立的態勢，共同承擔穩定及發展國際經濟與貿易的任務。依據烏拉圭回合多邊貿易談判所達成的最終協議，WTO於一九九五年一月一日正式成立，至今已有132個會員國，並有包括台灣及中國在內的世界重要國家或獨立關稅領域正在申請加入。WTO會員國間的貿易往來已占全球貿易總額95%以上，若再加上中國與台灣地區，將占全球貿易總額的98%，充分顯示出其「經貿聯合國」的關鍵地位與重要性。

WTO的規範體系包括多邊貿易協定與複邊貿易協定二者。多邊貿易協定與複邊貿易協定性質上有所不同，多邊貿易協定係強制性簽署的法律文件，為WTO協定本身不可分割之一部分，對所有會員國均發生效力；而複邊貿易協定則為選擇性簽署的法律文件，只對簽署該等協定之締約國發生效力。多邊貿易協定之規範架構，除爭端解決機制及貿易政策審查機制以外，又可區升為三類，一是針對產品而設計的貨品多邊貿易規範；二是針對服務而設計的服務貿易總協定及其相關附件；三是針對與貿易有關的智慧財產權保護議題。貨品多邊貿易協定係以GATT為基礎，再加上各回合談判制訂之多項附屬協定或釋義書及瞭解書等為補充或修正，由WTO協定附件1A的內容來看，歷經四十餘年之發展，國際間產品貿易規範實已相當完備。至於服務貿易總協定（GATS）及與貿易有關之智慧財產權協定（TRIPs Agreement），由於均係國際經貿關係的新發展，首次成為烏拉圭回合談判的主要議題，不論其規範的質與量，均難以與貨品貿易部分相比擬，許多條文仍屬概念性宣誓意涵，且其定義、範圍及詳細內容均有待進一步確定。

GATT乃WTO的前身，中國與台灣分別於一九八六年七月及1990年一月向GATT秘書處提出「復關」與「入會」申請。一九九五年一月一日WTO正式成立時，為便利各會員國完成其國內相關立法程序，各國同意GATT應與WTO並存1年後始為WTO所取代。兩岸政府原先均希望能以GATT締約國身分加入成為WTO的創始會員國，但未能充分掌握時間，因此，台灣在一九九五年十二月一日向WTO秘書處提出改以WTO協定第一二條規定申請加入WTO；而中國原先以「恢復」GATT締約國身分加入成為WTO創始締約國的堅持，亦因其無法在一九九七年一月底以前順利「復關」而成為泡影，只得另行依照WTO協定第一二條規定申請入會。由於WTO係規範國際經貿體制的一項多邊協定，兩岸申請加入WTO成為會員國，自然須遵守各項協定規範並履行義務要求。兩岸依WTO協定第一二條規定申請入會，即須承擔包括符合WTO規範體系中所有多邊貿易協定及特別簽署加入的複邊貿易協定規範，以及在雙邊與多邊入會談判中和WTO會員國達成的關稅減讓及市場開放與相關經貿法規修訂等承諾。

本章旨在探討兩岸加入WTO的進程與影響。第一節首先針對WTO規範架構下的各項多邊貿易協定義務與原則做扼要說明，必須注意的是，加入WTO即表示完全接受各項多邊貿易協定規範要求並受其拘束，因此兩岸為求順利入會，均須從事一定程度的經貿體制調整與規範革新，此對兩岸產業及經濟體制，乃至於國內市場與就業環境均將造成不同程度的衝擊，甚至引發國內社會與政治環境的不安。第二節探討兩岸入會的進程發展與相關議題，由於經貿制度本質上的差異，兩岸入會議題一直是分別處理且各自進行，在談判過程中所面對的問題也有極大差異，一般說來，台灣入會問題較為單純亦較無爭議，且其經貿體制大致均能符合WTO各項規範要求，不過來自中國方面的政治壓力及美國、歐體和日本等WTO主要會員國普遍存在的「中國先於台灣入會」共識，使台灣入會時程實際上須附隨於中國入會談判的進程，不但將台灣入會問題政治化，已非單純的商業考量，更使台灣入會時程無法「操之在己」。第三節探討兩岸加入WTO後對各自內部經濟與產業所造成的衝擊與因應，整體而言，兩岸加入WTO後，國內經濟與產業雖在短期內將面臨嚴酷的調整壓力，但長期而言均係利大於弊，值得注意的是，中國入會談判進程至今仍陷於膠著，一方面固然是由於歐美各國與中國當局關於服務業市場開放範圍及程度無法達成共識，另一方面亦顯示歐美各國有意藉拖延入會時程來逼迫中國當局做出更多改革與開放承諾，不過，中國入會時程一再延遲，不論對中國、台灣及各會員國而言均屬不利，此一「三輸」局面值得各方深入思考，及早尋求解決之道。

## 第一節　世界貿易組織的規範體系與架構

### 一、貨品多邊貿易協定

#### （一）規範架構與適用關係

貨品多邊貿易協定係以GATT為規範基礎，再加上歷來各回合談判制訂之多項附屬協定及釋義書與瞭解書所為增補或修正，逐漸累積匯聚而成的集合體，由WTO協定附件1A的內容來看，不難發現其廣度與深度，非其他附件規範內涵可及。依照WTO協定附件1A之「一般解釋須知」規定，GATT 1994規定與任何WTO協定附件1A所列載的其他貨品貿易協定規範相牴觸時，就衝突的部分，後者應優先適用。由此原則可以看出，GATT係為貨品多邊貿易協定的基礎，其他附屬協定則係對GATT規範不足或疏漏而為增補或修正的特別規定。實際上，這些附屬協定並未更改GATT的基本規範要求，甚而將這些基本原則予以強化或落實。因此，GATT仍居於最關鍵的指導性地位，欲瞭解貨品貿易協定之規範架構與內涵，即應由GATT基本原則與例外著手。

就法律關係而言，GATT 1994係以GATT 1947為規範基礎，除部分形式要件之不同，如祖父條款取消、暫時適用議定書不再適用外，GATT 1994大多數條文規定與基本原則均未改變。因此，GATT 1947之基本規範如最惠國待遇義務、國民待遇義務、透明化原則、關稅拘束原則及數量限制禁止原則等，均仍係WTO協定附件1A貨品多邊貿易協定的基本指導原則，並實質的納入各附屬協定規範內容之中。不過，也有若干附屬協定的規範內容實質上已改變了GATT的條文規範，最明顯的例子就是防衛協定（Agreement on Safeguards）對GATT第一九條之修正。由防衛協定第一條規定「本協定係為建立相關的規則，以便適用GATT第一九條規定的防衛措施」觀之，防衛協定似乎僅係GATT第一九條的程序性規範，但實際上依照該協定第二條第一項規定，會員國僅有在依照本協定規範，認定某一產品進口增加之程度及其情況，導致國內生產同類產品或直接競爭產品之生產者遭受嚴重損害或有嚴重損害之虞時，使得對進口產品採行防衛措施，原來GATT第一九條第一項規定要求的「未能預期」及「由於負擔義務之結果」二項要件，已不在防衛協定規範之列。由於防衛協定第一一條第一項第(a)款規定「除非依照本協定之規範，會員國不得對特定產品之進口，採取或尋求GATT第一九條規定的緊急救濟措施。」故防衛協定事實上已成為WTO會員國實施防衛措施唯一的合法依據[1]。

茲有疑問者，GATT第二〇條及第二一條設有所謂「一般例外」與「國家安全例外」規定，原則上只要符合該二條的法定要件，會員國可採行任何為維護國家安全或人民及動植物生命與健康所必要之貿易措施，不受GATT基本規範義務與原則的限制，然上述例外規定與其他多邊貿易協定間的關係並不明確，無論是WTO協定或GATT規範本身均未處理此一問題。WTO會員國是否可主張「一般例外」或「國家安全例外」條款，以為其違反其他多邊貿易協定規範的正當化基礎，此一問題應分為二部分來探討。首先，WTO規範體系乃諸多協定的集合體，大別為多邊貿易協定與複邊貿易協定二種，而多邊貿易協定部分又可區分為貨品貿易、服務貿易、及與貿易有關的智慧財產權保護等範疇，彼此雖有關聯，但互不干涉或影響而係各自獨立運作。因此，GATT例外規定應僅適用於貨品貿易部分，並不及於服務貿易與智慧財產權保護等範疇，此觀之除GATT訂有例外規定外，GATS及TRIPs協定亦均設有「一般例外」與「國家安全例外」規定自明。再者，GATT 1994與WTO協定附件1A所列載之其他貨品貿易協定，應係普通法（GATT係為一「總協定」）與特別法的關係，其他貨品貿易協定多係為補充或強化GATT 1994的規範內容，例如TBT協定前言

1　儘管如此，GATT基本規範義務與原則並沒有完全被排除，此由防衛協定第二條第二項規定「防衛措施之適用，應不問其產品之來源」可知，會員國實施防衛措施時，仍應遵守最基本的不歧視義務，不可因產品來源之不同，而決定是否對其實施防衛措施。

即明白指出「為促進GATT 1994之規範目標」；SPS協定前言亦明白規定「為明確規範GATT 1994於動植物衛生檢疫措施應適用之原則，尤其是關於GATT第二〇條第(b)款規定」。因此，當其他貨品貿易協定特別設有例外規定時，如與GATT相關例外條款規定相衝突，就衝突之部分，其他貨品貿易協定規範應優先適用；如其他貨品貿易協定並無特別規範，則GATT基本原則與規範仍有適用空間，換言之，此時會員國應可主張「一般例外」或「國家安全例外」條款，以為其違反其他貨品貿易協定規範的正當化基礎；但若其他貨品貿易協定之規範目的與內容本身即在於補充或強化GATT相關例外規定（如SPS協定），則GATT被補充或替代之例外規定，應再無適用的餘地。

### （二）GATT 1994基本原則

GATT並非單一的法律文件，而是諸多附屬協定、議定書、瞭解書、減讓表及行政解釋等的集合體。這些附屬法律文件或係修改GATT的條文規定；或係補充GATT之不足；或係議定新的關稅減讓表內容。解析GATT之規範架構，不難了解其基本原則可分為五大項：

#### 1、最惠國待遇義務

最惠國待遇（most-favoured-nation treatment）義務規定在GATT第一條。根據「暫時適用議定書」（PPA）規定，締約國應完全履行該條義務，而非如國民待遇等事項，僅在與締約國既有法律不相牴觸的最大程度內予以履行，因此，普遍最惠國待遇的規定每被形容為支撐GATT的堅實基礎。GATT第一條第一項規定：「針對或關於進出口、或針對進出口之國際收支，所課徵之關稅或任何形式的稅費；及關於此等關稅或稅費之課徵方式；及關於進出口之所有規則與程序；

及關於第三條第二項與第四項規定之所有事項；任何締約國對任何源自或輸往任何其他國家之任何產品，所賦予之任何利益、優惠、特權或豁免，應立即且無條件的賦予源自或輸往所有其他締約國領域之同類產品。」上述規定可知，最惠國待遇之適用範圍主要有四：(1)針對或關於進出口、或針對進出口之國際收支，所課徵之關稅或任何形式的稅費；(2)上述關稅或稅費之課徵方法；(3)與進出口有關的所有規則與程序；(4)GATT第三條第二項及第四項規定的所有事項。

除了GATT第一條規定以外，總協定尚有若干條文規範了與第一條類似的不歧視義務。因此，即使締約國之規範措施不適用第一條規定，並不代表即可任意採行歧視性貿易政策。這些不歧視規範要求（non-discrimination requirement）包括GATT第三條第七項；第四條第(b)款；第五條第二項、第五項及第六項；第九條第一項；第一三條第一項；第一七條第一項；第一八條第二〇項；以及第二〇條等規定，其文字表達形式雖各有不同，但均係要求締約國對於其他締約國進出口產品，不得賦予低於其授予任何第三國產品的待遇。

儘管最惠國待遇義務在GATT及其他貨品多邊貿易協定中極具重要性，但此一基本義務並非毫無例外存在，例如，在區域經濟整合下，自由貿易區或關稅同盟成員國相互給予之利益或優惠，可以不賦予區域外國家進出口的產品；再者，一國針對傾銷或補貼進口產品課徵反傾銷稅或平衡稅，即無須符合最惠國待遇義務，對所有其他締約國進口產品亦課徵上述稅捐。此外，一九七一年GATT締約國整體通過一項決議，已開發締約國可賦予開發中國家關稅優惠待遇，而不受最惠國待遇義務之拘束；一九七九年東京回合通過「區別且更優惠待遇：互惠及開發中國家充分參與」（Differential and More Favorurable treatment: Reciprocity and Fuller Participation of Developing Countries）

之決議（又稱「授權條款」（Enabling Clause）），明訂已開發締約國得排除GATT第一條規定，賦予開發中國家特別且更優惠的待遇，無須將此種更優惠待遇授予其他締約國。此一決議建立普遍性優惠制度（Generalized System of Preferences = GSP）永久的法律基礎，使GSP有明確的授權依據，已開發締約國可自行決定就哪些產品授予開發中國家優惠關稅，而無最惠國待遇條款之適用。

2、國民待遇義務

國民待遇（national treatment）義務規定在GATT第三條，與最惠國待遇義務均屬於不歧視原則之基本內涵。簡單的說，最惠國待遇義務要求會員國賦予不同來源的進出口同類產品平等的待遇；而國民待遇義務則要求會員國關於內地稅費或內地規範之課徵或採行，應賦予進口產品與國內同類產品平等的待遇。GATT第三條第四項規定係針對內地規範，「任何締約國領域之產品輸入任何其他締約國領域者，關於所有會影響產品內地銷售、推銷、購買、運輸、經銷或使用之法律、規章及要求，應賦予不低於國內同類產品所受之待遇。……」本項規定適用於包括除了財政措施以外的所有內地規範在內。財政措施則規範於第三條第二項，進口產品「不論直接或間接，均不應課徵超過國內同類產品直接或間接徵收之內地稅或任何其他種類之內地規費。……」該項後段規定更擴張上述原則，要求「締約國針對進口或國內產品適用內地稅或其他內地規費，不得違反第一項規定建立之原則。」GATT第三條第一項則係原則性規定「締約國認知，影響產品內地銷售、推銷、購買、運輸、經銷或使用之內地稅及其他內地規費、法律、規章及要求等……不該適用於進口或國內產品以保護國內生產。」

國民待遇義務亦設有相當的例外規定，舉其要者如GATT第三條第八項第(a)款規定，GATT不適用於規範政府機構為政府目的且非為商業轉售或提供商業銷售之生產的法令規章，因此，締約國在進行政府採購時，並無須遵守國民待遇義務。此外，第三條第八項第(b)款規定，本條規定不應禁止締約國僅將其補貼授予國內生產者，亦不禁止締約國經由政府購買國內產品之方式來對國內生產者進行補貼。換言之，締約國對國內生產者而不對國外生產者進行補貼，雖使國內產品獲得相當的競爭優勢，對進口產品造成不利的衝擊，但此一差別待遇係GATT政策規範所容許。若無本條款規定，締約國實施的補貼措施將違反國民待遇義務；但若要求締約國必須對國內外生產者一併進行補貼，結果將使補貼此一政策工具喪失效用，此與GATT的政策意旨不符。

3、數量限制禁止原則

GATT本身對非關稅貿易障礙問題，雖然欠缺完整的規範架構，但對最基本型態的非關稅貿易障礙，即數量管制（quantitative restrictions）或配額（quotas），則設有相當具體的規定。GATT第一一條第一項規定「除關稅、稅捐或其他稅費外，締約國不得經由實施配額、輸出入許可程序或其他措施，禁止或限制源自任何其他締約國領域之任何產品進口，或為輸往任何其他締約國領域之任何產品出口或為出口之銷售。」此係數量限制禁止原則之基本規範。由「除關稅、稅捐或其他稅費外」之規定可知，關稅、稅費等財政措施係為GATT認可的合法政策工具，除此之外的其他邊境管制措施。包括「配額、輸出入許可程序或其他措施」，凡「禁止或限制……產品進口，或……產品出口或為出口之銷售」，均在禁止之列。

GATT第一一條第二項針對第一項規定設有三種例外情形，包括：(1)為防止糧食或其他重要產品嚴重短缺而暫時實施出口限制；(2)為適用國際貿易中商品分類、分級或行銷規範而有必要採行進出口限制；(3)農漁產品過剩或為限制國內生產而採取進口限制。此外，當締約國遭受收支平衡困難時，GATT第一二條及第一八條第B節允許其實施數量限制；GATT第一九條亦規定，當進口國產業因國外產品大量進口而遭受嚴重損害時，進口國得實施防衛措施（包括數量管制）以暫時舒解進口國產業之困難。儘管在例外情形下GATT准許締約國實施數量限制，但締約國採行之限制措施並非毫無限制，依照GATT第一三條第一項規定，會員國實施數量限制措施時仍須遵守最基本的不歧視原則，「除非對源自所有第三國同類產品之進口或對輸往所有第三國同類產品之出口同樣加以禁止或限制，否則任何締約國對源自其他締約國領域產品之進口或輸往其他締約國領域產品之出口，不得實施禁止或限制」，除非符合GATT第一四條規定的例外條件。

#### 4、關稅拘束原則

關稅及內地稅費等財政措施一直係GATT規範體系認可的合法政策措施，GATT雖不禁止會員國利用關稅作為產業保護工具，但要求會員國經由互惠互利的關稅減讓談判，相互承諾逐步降低關稅障礙（GATT第二八條之一），並就其所承諾之關稅稅率，產生拘束義務（GATT第二條），且經由最惠國待遇義務之適用，將最惠國稅率賦予其他會員國的產品（GATT第一條）。倘會員國欲修改其所承諾之關稅稅率，則須經由一定的諮商程序，並對利益受影響之會員國提供補償（GATT第二八條）。

GATT第二條第一項第(a)款規定「每一締約國對於其他締約國之商務，應賦予不低於本協定附件列載減讓表相關部分規定之待遇。」

此即關稅拘束（tariff binding）之基本原則。會員國關稅拘束義務僅限於減讓表列載之關稅項目，其他未列舉的產品項目會員國並無不得提高關稅的義務；再者，會員國亦可將其針對特定產品課徵的進口關稅，設定在低於其所承諾之關稅水平以下。GATT第二條第一項第(b)款進一步規定，針對任何締約國減讓表第一部分所載之產品，當其進口至與該減讓表相關的締約國領域時，在受該減讓表所列條款、條件或限制拘束的前提下，應免除其被課徵超過減讓表所載之關稅。該條款規定明示締約國在提出關稅承諾與拘束時，可以附帶「條款、條件或限制」，例如某締約國一方面承諾將進口關稅降低至一定水準，另一方面就此減讓附帶僅適用於特定數量或季節之限制。GATT第二條第一項第(a)款規定並無明文限制減讓表除記載關稅外，不得列載其他承諾或條件及限制等，不過此種承諾或條件及限制等「必須不與GATT其他規定相衝突」，始符合締約國在GATT體系下之規範義務。

5、透明化原則

締約國貿易法令的隱密，本身即為一種貿易障礙，透明化（transparency）之要求雖無深奧的理論，但對貿易自由化之運作卻占有相當重要的地位。例如一國雖表示未對某項產品實施進口限制，但對進出口商如何申請輸入許可，或其申請之條件及准否的標準均毫無資訊，此一情形下對進口產生的限制或干擾效果並不小於任何其他種類的貿易障礙。因此，GATT/WTO規範體系均設有透明化規範要求，以確保締約國在GATT/WTO規範體系下的權利義務關係。

GATT第一〇條第一項規定，凡屬於關稅目的之稅則分類或估價；關稅、內地稅或其他規費之稅（費）率；進出口或因進出口所生收支的要求、限制或禁止；或影響產品銷售、經銷、運輸、保險、倉儲、檢驗、展示、加工混合或其他用途之法令、規章及普遍適用的司法裁判與行政裁決等，均應儘速公告，以使各會員國政府及貿易商得以知悉。會員國政府或政府機構間凡影響國際貿易政策之協定亦應公布。但機密資料的公開，如將妨礙法律執行、違反公共利益或損害公營或民營特定產業合法商業利益者，不在此限。由上述規定可知，會員國應公布的貿易法令範圍極廣，包括法令、規章、司法裁判及行政裁決，且不僅限於貿易主管機關頒訂的進出口法規，更廣及產品進出口及內地銷售等各相關規範。GATT第一〇條第二項進一步規定，凡涉及提高既定與一致施行之關稅或其他規費的稅（費）率、新設或增加進口及其所生收支的要求、限制或禁止事項及各會員國採行的普遍適用措施，非經正式公布不得執行。此項規定係接續前項規定要求各會員國公布貿易法規的法律效果，亦即凡涉及提高進口關稅或及他規費的稅（費）率、或新設、增加進口限制等貿易法規，在未正式公布前不生效力。

### （三）其他貨品多邊貿易協定

如前所述，WTO協定附件1A所列載的貨品多邊貿易協定係以GATT為規範基礎，再加上歷來各回合談判制訂之多項附屬協定及釋義書與瞭解書所為增補或修正，逐漸累積匯聚而成的集合體。GATT基本原則如最惠國待遇義務、國民待遇義務、透明化原則、關稅拘束原則及數量限制禁止原則等，仍均係其他貨品貿易協定的基本指導原則，並實質的納入各附屬協定規範內容之中。例如，關於最惠國待遇義務，技術性貿易障礙協定（Agreement on Technical Barriers to Trade = TBT Agreement，以下簡稱「TBT協定」）第二條第一項規定，會員國應確保關於技術規章等事項，由任何其他會員國領域進口的產品，應被賦予不低於源自任何其他國家同類產品之待遇；裝船前檢驗協定（Agreement on Preshipment Inspection = PSI Agreement，以下簡稱「PSI協定」）第二條第一項則規定，裝船前檢驗活動應確保其係以不歧視方式進行，並確保使用於裝船前檢驗活動的程序及標準，對所有受影響之出口商均同等適用；動植物衛生檢疫措施協定（Agreement on the Application of Sanitary and Phytosanitary Measures = SPS Agreement，以下簡稱「SPS協定」）第二條第三項亦規定，會員國應確保其所採行之動植物衛生檢疫措施，不至於構成對相同條件下之不同國家有任意擅斷或無正當理由之歧視。

國民待遇義務同樣係為許多貨品貿易協定的規範基礎，例如TBT協定第二條第一項規定，會員國應確保關於技術規章事項，由任何其他會員國領域進口之產品，應賦予不低於本國同類產品享有之待遇；PSI協定第二條第二項則規定，使用會員國（user Member）應確保在進行裝船前檢驗活動時，相關的法令、規章及要求等應符合GATT第三條第四項規定的國民待遇義務。再者，烏拉圭回合談判新制訂的與貿易有關的投資措施協定（Agreement on Trade-Related Investment Measures = TRIMs Agreement，以下簡稱「TRIMs協定」），於第二條第一項規定「在不影響GATT 1994其他權利與義務之前提下，會員國不得採行與GATT 1994第三條……規定不符之TRIMs」；依照「例示清單」（Illustrative List）[2]第一項規定，所謂與GATT第三條第四項國民待遇義務相違背之TRIMs，「包括在國內法或國內行政裁決下，屬於強制性或具執行力者，或廠商欲獲得特定優惠必須遵守者，且其措施係要求下列事項：(a)針對特定產品、或以產品一定數量或價

---

2 既是所謂「例示清單」，則違反GATT第三條及第一一條之TRIMs範圍，自不限於此清單所列者，若有其他與貿易有關的投資措施亦違反國民待遇義務或數量限制禁止原則時，亦應被認為係違反TRIMs協定之規範。

值、或以其在當地產量之一定數量或價值比例為標準，要求企業購買或使用國內生產或來源之產品；(b)要求企業購買或使用之進口產品限於其出口數量或價值之一定比例。」前者為關於自製率之要求；後者則為貿易平衡之要求，此兩種違反GATT第三條第四項規定之TRIMs，必須係會員國之法令規章強制要求者，或雖非強制性要求但廠商必須遵守始能獲得一定之利益。

數量限制禁止原則亦係其他貨品多邊貿易協定的規範基礎之一，例如輸入許可程序協定（Agreement on Import Licensing Procedures）第一條第三項規定，輸入許可程序規則適用上應屬中性且應以公平合理之方式管理，亦即輸入許可程序本身不應含有政策目的且應具有合法基礎，若一國並無法律上根據實施數量管制，即不可藉輸入許可程序以達其限制進口之違法目的。再者，紡織品與成衣協定（Agreement on Textiles and Clothing）第二條第五項前段規定，WTO協定生效前依多種纖維協定第三條規定所採取之任何片面措施，若已通過多種纖維協定所設立的紡織品監督機構（Textiles Surveillance Body）審查，則該片面措施得在其所規定的存續期間內繼續實施，但最長不可超過12個月，同時依照紡織品與成衣協定第二條第四項規定，「……除本協定或相關GATT 1994規定允許者外，會員國不得對產品設有新限制，以往未設限之會員國亦不得實施新限制。未在WTO協定生效起60日內通知的限制措施應立即終止。」此外，依照TRIMs協定第二條第一項規定「在不影響GATT 1994其他權利與義務之前提下，會員國不得採行與GATT 1994……第一一條規定不符之TRIMs」，依照「例示清單」第二項規定，所謂與GATT第一一條第一項數量限制禁止原則相違背之TRIMs，「包括在國內法或國內行政裁決下，屬於強制性或具執行力者，或廠商欲獲得特定優惠必須遵守者，且其措施係限制下列事項：

(a)以企業出口總量或總值之一定比例，或以一般性規定限制該企業進口供國內製造用之產品；(b)以限制企業使用外匯之方式限制該企業進口供國內製造用之產品；(c)針對特定產品、或以特定產品之總量或總值、或以國內產量之總量或總值一定比例為標準，限制企業對產品為出口或出口之銷售。」上述措施如第(c)款關於內地銷售之要求，雖基於以往GATT實踐經驗顯示其未必不可採行，但若強制生產者將其所生產之產品在國內銷售，其效果等同於限制該產品之出口，自應屬違反GATT第一一條第一項及TRIMs協定第二條第一項之規定。

至於與最惠國待遇義務、國民待遇義務及數量限制禁止原則等同樣具有重要地位的透明化原則，在烏拉圭回合談判中有進一步的改進。在附件1A各貨品貿易協定中，為使貿易法規與政策能達成更高程度的透明性，常要求會員國提出相關的通知（notification）。通知義務可說是透明化原則非常重要的一環，故舉凡農業協定必須通知的市場通路、境內支持、出口補貼及出口限制等；反傾銷協定第一八條第五項與第一六條第四項；關稅估價協定第二〇條及第二二條；輸入許可程序協定第一條第四項第(a)款、第二條第二項附註、第五條第一項至第三項及第五項、第七條第三項及第八條第二項第(b)款；PSI協定第五條；原產地規則協定第五條第一項及附件2第四項；防衛協定第一一條第二項及第一二條；補貼暨平衡措施協定第八條第三項、第二五條第一項、第二七條、第二八條、第二九條及第三二條第六項；TBT協定第二條第九項及第一〇項、第三條第二項、第五條第六項及第七項、第七條第二項、第一〇條第七項及第一五條第二項；紡織品與成衣協定第二條至第八條；SPS協定附件B第五項等，均設有詳細的通知要求。

## 二、服務貿易總協定

### （一）GATS的規範架構

服務貿易總協定（GATS）主要在規範國際間的服務貿易。通常所謂的服務，有兩層涵意，一是指服務勞動，即提供勞動的形式滿足他人需求並索取報酬的經濟活動，如理容服務；一是指服務產品即以非實物型態存在而具有使用價值的勞動成果，如網路資訊或電話語音服務。與實物產品相較，服務產品具有非實物性、生產、交換與消費同時性及非儲存性等特性。GATT本身並未規範服務貿易問題，GATT規範本身僅有少數條文涉及服務貿易，如第四條關於電影片規定；第二條第二項關於收取與服務成本相當的費用，可不受關稅拘束原則之限制等。烏拉圭回合首次將服務貿易納入多邊貿易談判議題中，部長宣言指出其談判目標係「為服務貿易建立多邊架構之原則與規範，以在透明且漸進式自由化條件下擴張貿易，並作為所有貿易伙伴經濟成長及開發中國家發展的方法」。GATS係為一相當複雜且尚不完整的協定，因為各國在GATS架構下，尚未對所有的服務貿易部門作出承諾，且GATS包括架構性協定本身、各國提出之特定承諾表及就特定服務部門而設之各項附件等三部分共同構成[3]，單獨察看其

---

[3] GATS主要分為本文、附件及承諾表等三大部分。本文6部分共二九條條文主要在確立服務貿易範圍、建立服務貿易基本原則、服務貿易相關規範、一般例外與國家安全例外規定及若干制度性規範。8項附件係為顧及性質特殊之服務業適用一般GATS條文之困難，或因該行業的複雜性，而以附件方式作除外及較詳細之規定，包括最惠國待遇適用之豁免、自然人移動、金融（2項）、電信、基本電信談判、空運服務及海運談判附件等。特定承諾表（Schedule of Specific Commitments）則係針對各國服務業發展程度不同，如要求齊頭式開放服務業市場，恐對一國經濟自主權產生重大影響，故GATS將市場開放及國民待遇二項原則列為特別承諾，期望各國透過談判及承諾的

中之一並無法對GATS有全面性的瞭解。GATS仍有許多總則性的規範有待進一步補充，例如防衛條款（第一〇條）的實施條件及補貼（第一五條）準則等，均規定待將來進一步談判以建立規範；此外，政府採購協定中，有關服務之政府採購在WTO架構下屬於新的規範，同時又排除在GATS最惠國待遇、國民待遇及市場開放等規範以外，相關的統計及實證資料有限，亟待未來進一步的補充與發展。

### （二）GATS的基本原則

GATS第一條第二項定義之服務貿易係指：(1)自一會員國境內向其他會員國境內提供服務者，即服務本身的跨國界移動，服務提供者及消費者均未移動，如電信資訊服務；(2)在一會員國境內向其他會員國之消費者提供服務，即服務供應者不移動，由服務消費者移往供應者國家接受服務，如國外求醫、求學或旅遊等；(3)由一會員國之服務業者以設立商業據點方式在其他會員國境內提供服務，即服務消費者不移動，由供應者長期性的移往消費者國內設立據點提供服務，如設立銀行、保險公司或商店等；(4)由一會員國之服務供應者以自然人身分在其他會員國境內提供服務者，包括專業人員如律師赴他國提供法律服務或企業內部集團高級職員之派遣。GATS基本規範原則包括：

#### 1、最惠國待遇

GATS第二條第一項規定服務貿易最基本原則，「對於本協定所涵蓋之措施，會員國應立即且無條件對其他會員國之服務與服務供應

---

方式，逐步推動服務貿易自由化。依照GATS第一六條至第二一條規定，各會員國應就其服務業提出開放市場及遵守國民待遇之特定承諾，並以表列方式載明各類服務業在市場開放及國民待遇方面的條款、限制或條件。

者，賦予不低於其所授予任何其他國家之同類服務與服務供應者的待遇。」與GATT相同者，GATS亦係採取無條件最惠國待遇；與GATT不同者，GATT第一條第一項係以列舉之方式規定，而GATS則係以概括方式規定「關於本協定所涵蓋之措施」。依照GATS第一條第一項規定「本協定適用於會員國所採行影響服務貿易之措施。」因此，舉凡會員國中央政府、地方政府或經政府授權之機構採行之措施，如影響任何一種服務部門四種類型之任何一種貿易者，均有最惠國待遇之適用。

GATS最惠國待遇義務亦非沒有例外，GATS第二條第二項即規定「若某項措施列舉於某會員國關於豁免第二條規定之附件，且其豁免符合第二條附件中所列條件，則該會員國得維持此項違反第一項規定之措施。」依照豁免第二條附件（Annex on Article II Exemptions）規定，要免除GATS第二條規定之要件有三：(1)該例外必須在豁免清單中列舉；(2)必須在WTO協定生效時（或新會員加入時）即已列舉；(3)最惠國待遇之豁免項目，必須係該會員國尚未在特定承諾表中承諾之項目，如該項目已經載入承諾表中，則會員國僅能以「提供較承諾表更優惠待遇」之方式來豁免最惠國待遇。

### 2、透明化原則

透明化原則之意涵，是指各會員國採行之各種與GATS運作相關的規範措施必須透明化。此項要求的積極目的在使WTO會員國取得相關商業與技術資訊，增進其進入市場之能力；消極目的則可避免會員國在適當的掩護下遂行其貿易保護目的。貿易法規之不透明與其他形式的貿易障礙，在效果上並無不同，因此不論GATT、GATS及其他多邊或複邊貿易協定，均極重視透明化原則之實踐。GATS第三條第一項規定，會員國應立即將所有具有一般性適用且與GATS相關或影響GATS運作之相關措施，予以公布，其他國際協定若與服務貿易相關或影響服務貿易，而會員國為其簽署國者，該會員國亦應公布。倘若無法依照前述規定公布時，第三條第二項規定要求會員國應使公眾可以獲取該等資料；其他會員國對第一項公布資料有所詢問時，會員國應立即回覆，且依第四項規定，會員國應設立一個或一個以上的詢問站，當其他會員國有所要求時，提供特定的相關資料。第三條第三項進一步規定，對於會員國承諾開放之服務貿易有重要影響之新法令、規章或行政指導準則，或上述規章準則之修正，該會員國應立即通知服務貿易理事會。不過，若資料提供將妨害法令執行或違背公共利益，或對特定公、私企業之合法商業利益有所損害，GATS第三條之一特別規定，會員國得不提供此種資料。

3、市場開放原則

市場開放原則是貿易自由化的基本精神，目的在促使會員國對其他會員國開放其服務業市場。GATS第一六條第一項規定「關於經由第一條界定之服務供應型態的市場通路，每一會員國均應對任何其他會員國之服務及服務供應者，賦予不低於其在承諾表所定條款、限制及條件下同意並列舉之待遇。」此一規定形式類似GATT第二條關於關稅減讓表之規定。本項規定有兩層意義，一是再次宣示最惠國待遇之要求；其二，要求會員國實現其市場開放承諾。會員國承諾開放市場後，必須將其承諾內容列載於特定承諾表中，會員國開放服務貿易市場之程度，不得低於其所承諾之開放程度。

GATS第一六條第二項進一步規定，就會員國做成市場開放承諾之服務部門，除非會員國在承諾表有特別載明，不得在其領域內維持或採行下述措施：(a)以數目配額、獨占、排他性服務供應者或經濟需求要件標準等方式，限制服務供應者數目；(b)以數目配額或經濟需求要件標準，限制服務交易或資產總價值；(c)以配額或經濟需求要件標準形式指定數額單位，限制服務營運總數額或服務產出總量；(d)以數目配額或經濟需求要件標準，就供應服務所需相關自然人，限制特定服務部門或服務供應者得雇用之人數；(e)限制服務供應者不得／或必須以某種類型之法人或合資來提供服務之措施；(f)以設定外國持股最高比例限制或對外國個別或全體投資人之投資總額設限方式，限制外國資本之參與。

4、國民待遇原則

國民待遇原則對促進服務貿易自由化有相當重要性。國民待遇原則賦予外國服務及服務供應者與國內服務與服務供應者平等的商業機會與待遇，並確保國內外服務業者立於公平的競爭地位，亦使會員國之市場開放承諾不至因國內歧視性法令規章而遭受減損。GATS第一七條引用GATT第三條第四項規定，於第一項規定「針對特定承諾表所載之服務部門，每一會員國就所有影響服務供應之措施，應賦予任何其他會員國之服務及服務供應者不低於其所賦予本國同類服務及服務供應者之待遇；惟此待遇尚須受該會員國特定承諾表所載條件及限制之拘束。」由於國民待遇係規定在GATS第三部分之特定承諾範圍，因此，只有會員國承諾開放之服務業部門，始有國民待遇之適用餘地；再者，會員國尚可在特定承諾表中列舉「條件及限制」，例如某會員國雖承諾開放金融服務市場，但在承諾表中載明外國銀行僅能提供一般貸放款業務，此時由於國內銀行並不受此限制，故可經營其他如信託業務而使國外銀行受到歧視性待遇，此一違反國民待遇之限制措施係為GATS所允許。

GATS除在第三部分設有與GATT類似的國民待遇義務外，由於服務業市場常受高度管制之特性，故亦於第二部分之一般原則與規範中，設定有關國內規章採行之規範。GATS第六條第一項規定「針對會員國已作成特定承諾之服務部門，該會員國應確保所有影響服務貿易之一般性適用措施，均以合理、客觀且公正的方式施行。」與國民待遇義務相同，本項規定僅適用於「會員國已做成特定承諾之服務部門」，且範圍均包括「所有影響服務貿易之……措施」。依照GATS第二八條第(c)款規定，所謂「影響服務貿易之措施」（measures by Members affecting trade in services）包括(1)影響服務之購買、付款與使用之措施；(2)如會員國規定某些服務必須向一般大眾提供，則影響其利用與接近該服務提供相關基礎設施等措施；(3)影響為提供服務而須在其他會員國領域呈現之人員或商業據點等措施。GATS第六條第二項第(a)款進一步規定「每一會員國均應維持或儘速設置司法、仲裁或行政法庭及其程序，當受影響之服務供應者提出要求時，應立即對該影響服務貿易之行政決定加以審查，如有正當理由即應給予適當的救濟」。

### （三）GATS與漸進式自由化

烏拉圭回合關於服務貿易的議題，事實上並未完成談判，GATS在設計時亦容許以漸進的方式逐步完成服務貿易自由化進程。GATS前言第2段即提到漸進式自由化（progressive liberalization）的重要性；而第3段更規定表示，「咸欲透過後續各回合的多邊貿易談判，儘早逐步達成服務貿易較高程度的自由化，並在適度尊重各會員國政策目標的前提下，基於互利之原則以促進所有參與談判國家的利益，並確保權利與義務整體之平衡。」故漸進式自由化並未因烏拉圭回合談判而結束。

GATS關於漸進式自由化的規範，主要係GATS第一九條關於後續回合談判及第二一條關於特定承諾表修改之規定。GATS第一九條第一項規定「會員國應依照本協定之目標，在WTO協定生效後5年內，以及其後每間隔一段期間，進行後續回合的談判，以逐步達成較高程度的自由化。此種談判應著重於降低或消除相關措施對服務貿易所造成之負面影響，以提供有效的市場通路。此一談判進行之目的，應在互利之基礎上促進所有參與國之利益，並確保整體權利與義務之平衡。」比較特別者，係將來的服務貿易自由化談判，並不限於會員國對外國服務或服務供應者之歧視與直接的市場通路障礙，而係更廣泛的要求將所有對服務貿易產生「負面影響」的措施及其效果，實質的予以降低或消除。上述談判的方式可以雙邊、複邊或多邊方式來進行，而談判的結果亦將依照GATS第二條最惠國待遇規定賦予所有WTO會員國。不過，服務貿易漸進式自由化談判，應該顧及各會員國相關政策及開發中國家的發展需要，故GATS第一九條第二項進一步規定「自由化之進程應尊重各會員國國內政策目標及各會員國整體與個別部門之發展程度。對個別開發中國家會員國應給予適當的彈性，使其得開放較少的服務部門、將較少的交易類型自由化、配合其發展情況逐步擴展市場通路……。」

會員國一旦做成特定承諾表後，必須受其承諾表的拘束。不過，GATS第二一條規定容許會員國在承諾表做成滿3年後提議修改，只要其與受影響的會員國進行談判並提供補償。GATS第二一條關於修改特定承諾表的規定，大致上與GATT第二八條關於修改關稅減讓表的規定類似，GATS第二一條第一項第(a)款規定「會員國得於某一承諾生效滿三年後的任何時間，依照本條規定修改或撤回該項承諾。」第(b)款則進一步要求「……會員國應將其……修改或撤回某一承諾的意願，在……3個月前通知服務貿易理事會。」至於因其他會員國通知修改或撤回特定承諾而受影響之會員國，得依照GATS第二一條第二項第(a)款規定，要求與該修改承諾表之會員國進行談判，並就必要的補償性調整（compensatory adjustment）達成協議，「在此談判與協議過程中，相關會員國應盡力維持互利承諾的總體平衡，且使其承諾相較於談判前在特定承諾表所規定的承諾，不至於對貿易產生更不利之情形。」與GATT第二八條規定不同者，在於GATS並無「初始談判國」（initial negotiating country）的設計，因此提議修改承諾表的會員國，必須補償的對象係所有「利益受影響的會員國」[4]；且其必須就總體承諾加以評估，使提議修改承諾表的會員國，其服務貿易市場開放程度不至於倒退，與其他會員國間的權利義務關係亦不至於失衡。更重要的是，依照GATS第二一條第二項第(b)款規定：「補償性調整應基於最惠國待遇之基礎。」準此，所有會員國均可享有調整後的市場開放利益，不僅限於受影響國家。因此要求修改承諾表的會員國在選擇補償項目時，應謹慎選擇對受影響國較有實益但對其他會員國較無影響的服務部門。

---

4　何謂利益受影響，GATS並沒有具體規定，但參照GATT第二八條的實踐經驗，應係指會員國實際上有服務輸入至該修改承諾表會員國境內而言。故若會員國並無服務輸入至該修改承諾表的會員國，則其應無要求談判補償的權利，不問原來承諾表做成時二國間是否曾就該項服務貿易部門進行市場開放談判。請參見羅昌發，〈世界貿易組織下之法律新秩序〉《國際貿易法》，月旦出版社（台北），第六〇五頁，一九九六年。

## 三、與貿易有關的智慧財產權協定

### （一）智慧財產權與貿易自由化

智慧財產權保護之所以成為重要的貿易議題，主要係因過去2～30年間，美國及歐體等若干已開發國家，逐漸面臨開發中國家製造業強大的競爭壓力。此等競爭壓力一方面雖係因其已喪失製造若干產品的競爭優勢地位，另一方面卻是由於許多開發中國家大量仿冒或剽竊其智慧財產權。在國際商務日益發達的今天，各種產品與服務之產銷流程常須跨越不同的法律領域，各國對智慧財產權保護程度的不同，亦足以對此等產品與服務之流通造成嚴重干擾，例如，若進口國法律對智慧財產權提供完善的保護，則出口國擁有智慧財產權保護的廠商可以其獨特而優良之產品在進口國獲得豐厚利潤；反之，若進口國法律並未對智慧財產權提供妥善的保護，則進口國極有可能發生仿冒或剽竊該具智慧財產權產品的行為，使出口國廠商無法獲取應得的利潤。尤有甚者，若進口國允許仿冒者將其仿冒或剽竊品大量出口運銷他國，則原出口國廠商勢將因第三國市場被仿冒者取代而蒙受龐大的貿易損失，因而產生貿易扭曲的現象[5]。有鑑於此，美國及歐體等若干已開發國家均極力主張應將智慧財產權保護納入多邊貿易體制中，

---

5 另一方面，一國對智慧財產權保護之欠缺，亦可能產生投資扭曲的效果。若一國未對智慧財產權給予適當的保護，則發明者可能將其成果攜往他國尋求發展，使該國無法進一步擁有本土科技；先進國家企業亦不敢將其新技術授權移轉給未提供妥善保護的國家及企業；甚至外國投資者更不願在欠缺妥善保護的國家進行投資。故短期而言，未提供智慧財產權妥善保護的國家雖可能因此獲取若干經濟上利益，但長期而言，其鄰近國家將取代成為外國投資者選擇合作或投資的對象，因而產生投資扭曲的效果。請參見羅昌發，〈WTO下之智慧財產權保護與貿易自由化之關係〉，收錄於氏著，《GATT/WTO與我國貿易》，永然文化出版（台北），一九九六年。第一三四－一三六頁。

成為烏拉圭回合重要的談判項目之一。

一九八六年烏拉圭回合部長宣言中關於貨品貿易部分所列舉的談判議題中，「與貿易有關的智慧財產權」即為其中重要一項。部長會議就此所設的談判目標係「為減少國際貿易的扭曲及障礙，並為促進有效與適當的智慧財產權保護需求，以確保執行智慧財產權保護的措施與程序本身不至於形成合法的貿易障礙，本回合應以澄清GATT規範並制訂新規範為談判目標」；「本回合應將GATT過去已進行之研究納入考量，並應致力於制訂多邊規範架構及原則，以處理仿冒品國際貿易的問題」；「上述談判不應影響世界智慧財產權組織（World Intellectual Property Organization = WIPO）及其他國際機構為處理此些問題所進行的補充性作為。」由此可知，烏拉圭回合最初強調的談判重點在於處理仿冒品貿易問題，但後來會員國所提出的各項建議，卻完全超越原訂目標。各國對智慧財產權保護之範圍雖有相當差異，但就在WTO體制下的智慧財產權保護架構而言，會員國至少應就著作權與相關權利（Copyright and Related Rights）、商標權（Trademarks）、地理標示（Geographical Indications）、工業設計（Industrial Designs）、專利權（Patents）、積體電路布局（Layout-Designs（Topographies）of Integrated Circuits）及未公開資料（Undisclosed Information）等7項國際共同承認的權利，提供不低於WTO規範架構要求的必要保護程度。在WTO成立以前，智慧財產權保護之國際法律架構雖已具有相當規模，但仍有許多組織上、規範上及爭端解決程序上的缺陷[6]，烏拉圭回合談判所制訂之「與貿易有

---

[6] 有關在WTO協定生效以前之智慧財產權國際法律架構及其缺陷，請參見羅昌發，國際貿易法前揭註4，第六三八－六四一頁；羅昌發，〈WTO下之智慧財產權保護與貿易自由化之關係〉，前揭註，第一三八－一四〇頁。

關的智慧財產權協定」（以下簡稱「TRIPs協定」）於一九九五年一月一日與WTO協定同時生效後，將提供國際智慧財產權保護更妥善的規範架構及保障。

### （二）TRIPs協定規範架構與範圍

WTO協定附件1C所列載的TRIPs協定，在規範架構上可分為7大部分。第I部分至第III部分係分別針對智慧財產權保護基本原則、各項權利保護標準與範圍及相關民事、刑事與行政程序和邊境措施的執行；第IV部分係規範智慧財產權之取得與維持；第V部分則係爭端之預防及其解決；第VI及第VII部分則分別設有若干過渡性與組織性安排，包括低度開發國家過渡適用期間、技術合作、國際合作及智慧財產權理事會（Council for TRIPs，以下簡稱「TRIPs理事會」）應進行之檢討與修正等。由於過去在WIPO架構下並無強而有效的執行規範，以要求各國促使其國內業者與人民遵守巴黎公約及伯恩公約規定，故TRIPs協定特別在第III部分對智慧財產權保護之執行，設有相當詳細的程序性規範，亦成為TRIPs協定重要的規範特徵。

TRIPs協定第一條第一項規定，會員國應執行本協定之規範；會員國得依其法律規定執行較TRIPs協定規範更高程度的保護，但不可與TRIPS協定規範相抵觸；且會員國有權依其法律規範與實務，自行決定執行TRIPs協定規範的適當方式。由此可知，TRIPs協定僅係會員國提供智慧財產權保護所應遵守的最低標準，會員國仍有權利提供更高程度的保護標準。但此並非TRIPs協定的規範義務，且會員國所提供之更高程度保護標準不可與TRIPs協定規範義務相抵觸。再者，由於各國採行的法律體制不同，故TRIPs協定僅要求會員國對特定權利提供一定程度的保護（如實施邊境保護），至於其保護的方式與措施（如以行政命令或立法方式來實現規範要求）則係由各會員國自行決定。

TRIPs協定許多實體規範係以直接將若干既有國際公約或條約內容納入為其規範內容的方式[7]。除TRIPs協定第三條國民待遇義務對其他公約另有引用外，第二條第一項並規定，就本協定第II部分、第III部分及第IV部分，會員國應遵守巴黎公約（一九六七年斯得哥爾摩修訂板）第一條至第一二條以及第一九條的規定；TRIPs協定第二條第二項進一步規定，本協定第I部分至第IV部分規定不應減損會員國間基於巴黎公約、伯恩公約、羅馬公約及關於積體電路的智慧財產權條約規範下所應承擔的既有義務。此外，TRIPs協定亦在各項智慧財產權利章節中規定會員國必須遵守的公約或條約義務，例如TRIPs協定第九條要求會員國應遵守伯恩公約第一條至第二一條及其附件的規定；TRIPs協定第三五條更規定會員國應依照IPIC條約第二條至第七條（第六條第三項除外）及第一六條第三項規定，對積體電路布局提供保護。

### （三）TRIPs協定基本原則與例外

國民待遇及最惠國待遇義務仍係TRIPs協定最基本的規範原則，依照TRIPs協定附註3規定，TRIPs協定第三條國民待遇義務及第四

---

7 TRIPs協定所引用的國際公約與協定包括：巴黎保護工業財產權公約（Paris Convention for the Protection of Industrial Property，簡稱「巴黎公約」）、伯恩文學藝術著作保護公約（Berne Convention for the Protection of Literary and Artistic Works，簡稱「伯恩公約」）、保護表演者、錄音物製作人及廣播機構國際公約（International Convention for the Protection of Performers, Producers of Phonograms and Broadcasting Organizations，簡稱「羅馬公約」）及與積體電路相關的智慧財產權條約（Treaty on Intellectual Property in Respect of Integrated Circuits，簡稱「IPIC條約」）等。請參見TRIPs協定附註2。

條最惠國待遇義務的適用範圍，應包括舉凡影響智慧財產權之可獲得性（availability）、取得（acquisition）、範圍（scope）、保持（maintenance）及執行（enforcement）等事項，以及影響本協定特別規範的智慧財產權利用（use）等事項[8]。TRIPs協定第三條第一項規定：「除巴黎公約（一九六七年版）、伯恩公約（一九七一年版）、羅馬公約或與積體電路相關的智慧財產權公約所規定的例外情形以外，每一會員國就智慧財產權的保護，應賦予其他會員國國民不低於本國國民之待遇。關於表演人、錄音物製作及廣播機構，此一義務僅適用基於本協定規範的相關權利。任何會員國若可能援引伯恩公約（一九七一年版）第六條或羅馬公約第一六條第一項第(b)款之規定，應將其可預見情形通知TRIPs理事會。」上述規定可知，TRIPs協定雖然要求各會員國應賦予其他會員國國民不低於其所賦予本國國民之待遇，但同時亦承認各相關國際公約既有的例外規範。

TRIPs協定第四條本文規定最惠國待遇義務，「就智慧財產權之保護，會員國所賦予任何其他國家國民之任何利益、優惠、特權或豁免，應立即且無條件的賦予所有其他會員國國民。」在智慧財產權保護國際規範中納入最惠國待遇義務，亦係TRIPs協定重要特徵之一，以往各項國際智慧財產權保護公約均僅規範國民待遇義務，並無最惠國待遇義務要求。不過，TRIPs協定第四條仍保留相當程度的例外空間，尤其是該條第(d)款規定，「源自於較WTO協定更早生效的智慧財產權保護相關國際協定，惟此種協定須通知TRIPs理事會且不應對

---

8 再者，TRIPs協定第三條及第四條規定的不歧視義務，與GATT第三條及第一條規定有相當程度的不同。直言之，GATT所要求的不歧視義務係適用於產品本身；而TRIPs協定的不歧視義務則係以「人」為適用對象，亦即會員國在TRIPs協定規範下，就智慧財產權保護事項，必須賦予其他會員國之「自然人」及「法人」符合TRIPs協定規範的國民待遇與最惠國待遇。

其他會員國國民構成任意擅斷或無正當理由之歧視。」此一規定可稱為係TRIPs協定的祖父條款，會員國在WTO協定生效前，透過雙邊或多邊協定基於互惠原則相互授予的智慧財產權保護利益，並不受TRIPs協定第四條最惠國待遇義務的限制[9]。換言之，會員國在上述情形下所相互授予的任何利益、優惠、特權及豁免，不須立即且無條件的授予其他會員國國民，只要符合通知義務且不至於構成任意擅斷或無正當理由之歧視。

此外，TRIPs協定第七條及第八條分別規定智慧財產權保護的目標與原則。TRIPs協定第七條規定：「智慧財產權之保護與執行應有助於促進科技研發及其移轉與散布，對科技知識的生產者與使用者均屬有利，且有益於社會與經濟福祉及權利與義務的平衡。」第八條則進一步規定：「會員國得在制訂或修改其法律與規章時，採取必要措施以保護公共健康與營養及促進對該國社會經濟與科技發展至關重要部門的公共利益，但這些措施必須符合本協定規範。會員國或有需要採行符合本協定規範的適當措施，以避免權利持有人濫用其智慧財產權或採取不合理限制貿易或對國際科技移轉造成負面影響的行為。」在上述規範下，會員國有足夠空間可對智慧財產權利持有人，採行競爭或投資政策等相關限制措施，只要符合TRIPs協定規範及其保護程度與標準[10]。

---

9　另依照TRIPs協定第五條規定：「第三條及第四條所規定的不歧視義務，不適用基於WIPO贊助而制訂的多邊協定中關於智慧財產權取得或維持的程序。」此一規定同時成為TRIPs協定最惠國待遇及國民待遇基本義務的例外。

10　另依照TRIPs協定第41條第一項規定：「會員國同意，若干限制競爭之智慧財產權授權行為或條件，可能會對貿易造成負面影響，且將阻礙技術之移轉或散布。」第二項進一步規定：「本協定不應阻礙會員國在其國內立法中，列舉可能會造成智慧財產權濫用且對市場競爭造成負面影響之特定授權行為或條件。……會員國……可採行適當措施以防止或管制包括如專屬性回頭授權條款、禁止質疑專利有效性條件及強迫性整套授權等在內之行為。」

## 四、爭端解決程序瞭解書

### （一）GATT/WTO爭端解決概念與功能

國際間的經貿商務爭端如以主體來區分，可大別為政府與政府間爭端、政府與私人間爭端及私人與私人間爭端三種。私人間爭端原則上屬於私法契約問題；而政府與私人間爭端，原則上須依地主國法定程序進行救濟，但亦有若干國際公約提供爭端解決機制；就政府與政府間爭端而言，一國可經由傳統外交途徑來解決，亦可訴諸雙邊或多邊貿易協定所提供的爭端解決機制來處理。當今國際上最重要的政府間貿易爭端解決機制，應屬WTO成立前之GATT第二三條規定，以及WTO成立後的爭端解決程序與規則瞭解書（DSU）規定。必須注意者，無論是GATT或WTO均僅提供會員國政府就爭議事項提出控訴，會員國之自然人或法人均無直接向GATT/WTO爭端解決機構提出控訴的權利。

GATT/WTO爭端解決機制原則上係以規則導向（rule-oriented）為基礎，即其係依照所有會員國事先同意的規範或規則來進行談判或裁決，以解決當事國間的貿易爭端。不過，由於締約國依照GATT第二二條進行諮商後，未必會進入爭端解決小組階段，且諮商過程中雙方政經實力仍將發揮一定程度的影響，故以往GATT爭端解決程序事實上不能避免實力導向（power-oriented）色彩。再者，GATT最初即希望避免「司法性裁判」的爭端解決模式，故GATT第二二條及第二三條均未規定建立組織內法庭以裁決締約國間爭議，僅規定由「締約國整體」以共同行動方式處理決策事項（包括爭端解決事項），縱使「締約國整體」對特定案件成立爭端解決小組，該小組認定亦僅具有建議性質，最後仍應由「締約國整體」做成採認與否的決議，此時各締約國即未必純以法律規範為依據，其他政治或經貿利益考量亦具有左右決策的影響力。

WTO協定附件2列載的DSU明顯以規則導向為基礎，依照統一的法律程序並以裁判方式解決爭端，當事國無法強使相對國在法定方式以外解決雙方爭議。DSU第二三條第一項規定，會員國對於有違反DSU附件1所涵蓋協定之義務或有其他剝奪或減損利益之情形，或對於涵蓋協定之目的達成有所妨礙而尋求救濟者，應依照DSU的規則與程序進行，並應受其拘束，換言之，會員國不得尋求其他爭端解決方式[11]。利益受影響之會員國固有權引用爭端解決小組的處理程序來解決爭端，而小組亦須依照既定的法律程序，適用WTO各項實體規範，以公平合理方式解決會員國間的貿易爭議；且會員國如有不服，更可針對小組報告中涵蓋的法律問題及其解釋提出上訴，依照DSU第一七條第一二項與第一三項規定，上訴機構應就當事國對小組報告所提出的各項法律問題與解釋加以審查，並得維持（uphold）、修正（modify）或推翻（reverse）小組的認定與結論。

### （二）WTO爭端解決小組及上訴程序

爭端解決小組程序（panel procedure）係GATT 1947以及WTO

---

[11] 所謂不得尋求其他救濟方式，包括(1)除依照DSU規範程序外，會員國不得自行認定其他會員國有違反協定措施或剝奪或減損其利益的情事，或認定相關協定目的之達成遭受阻礙，且會員國任何決定均應符合DSB採認的爭端解決小組報告或上訴機構報告內容；(2)會員國應遵照DSU第二一條規定來決定相關會員國執行DSB建議及裁決的合理期間，不得自行決定期限；(3)會員國應遵照DSU第二二條及第二三條規定來決定暫停減讓或其他義務或實施報復的程度，且在對其他會員國實施報復或暫停減讓或其他義務前應獲得DSB授權。在上述規範要求下，會員國即不能傾照其國內的貿易報復條款（如美國貿易法301條款）自行認定外國的不公平貿易行為，並自行決定報復時機及其程度等。請參見羅昌發，《國際貿易法》第八四二頁。

附件2列載之DSU所規定的最主要爭端解決方式。一方面DSU仍延續GATT第二二條及第二三條的前例，將諮商（consultation）列為正式提交爭端解決程序前的重要程序；另一方面，若爭端當事國無法透過諮商解決爭議，且其不選擇諸如斡旋（good offices）、調停（conciliation）、調解（mediation）或仲裁（arbitration）等其他方式，或其雖然選擇上述替代方式但徒勞無功時，相關國家即須依照爭端解決小組程序解決爭議。所謂爭端解決小組程序，係指成立爭端解決小組（panel）進行調查以認定事實及適用法律，並做成小組報告交由爭端解決機構（DSB）採認的整套爭端解決機制而言，故小組角色基本上係協助DSB達成其WTO協定所賦予的規範任務。

以往依照GATT第二三條規定，爭端解決小組之成立係由理事會來決定，提出控告的當事國並無直接要求理事會必須成立爭端解決小組的權利；但在WTO體系規範下，依照DSU第六條第一項規定，若控訴國提出要求，則爭端解決小組最遲應該在控訴國提出的要求首次出現於DSB議程中之最近一次會議時成立，除非在該次會議中會員國以共識決方式決議不成立爭端解決小組。DSU第七條第一項進一步規定，除非當事國在爭端解決小組成立後20日內另有協議，否則爭端解決小組應有如下的授權條款（terms of reference）：「依照○○協定（即當事國引用的協定名稱）規範，審查○○會員國（列舉會員國名稱）依○○文件向DSB提出之事件並做成認定，以協助DSB依照該等協定做成建議或裁決」。小組應就爭端當事國所引用之協定規範進行審查，若認定被控訴之措施確係違反相關協定規範，則其報告得建議相關會員國將其不符合之部分改正，亦得建議相關會員國執行或調整的方式。

DSU與以往GATT爭端解決機制最大的不同，應在於建立常設性的上訴機構（Appellate Body）來審理對爭端解決小組報告不服的上訴案件。上訴機構的主要功能即在於就小組報告進行檢討以避免錯誤判斷，並經由上訴機構的「法律審」來統一各項法律見解，因此，事實部分均以小組認定者為準，上訴程序中不再提供當事國質疑事實認定的機會。依照DSU第一七條第三項規定，僅爭端當事國始有權對小組報告提起上訴，其他第三國均無此一權利，不過，已經依照DSU第一〇條第二項規定將其利害關係通知DSB的第三國，得向上訴機構提出書面意見並應有機會出席上訴機構審理程序以提出意見。原則上，上訴程序由當事國正式通知其上訴決定之日起算，至上訴機構將其報告送交會員國之日為止，不得超過60天；若上訴機構無法在此期限內完成審理工作，應以書面敘明遲延理由及預估提出報告的時間，通知DSB；但無論如何，前述上訴機構程序均不得超過90天。

爭端解決小組報告與上訴機構報告採認的方式均屬一致，但與以往GATT第二三條的實務運作則大不相同。雖然DSU與GATT均係以共識決方式為採認基礎，但以往GATT的共識決係要求所有締約國全無異議始能採認一份小組報告，只要有任何締約國反對，該小組報告即不被採認；而DSU則反其道而行，要求必須所有會員國一致反對採認該小組報告（或上訴機構報告），才能使其不被DSB採認，因此，即使大多數會員國均持反對立場，亦無法阻止該小組報告（或上訴機構報告）被DSB採認通過，此即所謂的「負面共識決」（negative consensus）。上述可知，在DSU的新規範下，小組報告或上訴機構報告不被DSB採認的機率微乎其微，採用此種「負面共識決」的主要目的或在於避免個別會員國對小組或上訴機構報告之採認通過加以杯葛，但其效益與後果值得繼續觀察。

### （三）爭端解決小組建議及裁決的執行

爭端解決之最終目的並非僅在於對當事國爭議事項做成建議或裁決，更要積極促使當事國遵守建議或裁決內容並切實執行。以往GATT並無制度化的監督機制，因此小組報告縱使採認通過亦難以確保有效執行，有鑑於此，DSU特別在第二一條及第二二條規定監督及補償程序。應注意的是，DSU第二一條及第二二條規定僅適用於爭端解決小組程序，其他諮商、斡旋、調停或調解等程序並不適用。至於仲裁之情形，由於DSU第二五條第四項明文規定第二一條與第二二條規定準用於仲裁判斷，故其監督與補償問題與爭端解決小組程序中的監督與補償問題大致相同。原則上敗訴會員國應立即執行DSB的建議或裁決，但如其無法立即遵守則應建立合理的履行期限，而DSB更應持續對其建議或裁決之履行情況加以監督。如當事國間就敗訴一方是否已全部或部分履行DSB的建議或裁決發生爭議，依照DSU第二一條第五項規定，可交由原來的爭端解決小組加以認定。

WTO規範架構下的爭端解決程序，最特別者應係其對補償（compensation）及暫停減讓（suspension of concession）規定的變革。所謂補償及暫停減讓，係指當被控訴會員國無法及時履行DSB的建議或裁決時，提出控訴的會員國有權要求被控訴會員國對其提供貿易上的補償，或控訴國可對被控訴國以「暫停減讓或履行協定義務」方式做出報復。故補償及報復均係在被控訴國無法及時履行DSB建議或裁決時，控訴國可採行的另類救濟方式，二者相同之處在於均係暫時性救濟措施，且順序上均應後於執行DSB建議或裁決之要求。不過，依照DSU第二二條第一項規定，補償應出於自願性質，故若被控訴且敗訴之會員國不願以補償方式來暫時彌補因其無法履行DSB建議或裁決所造成的損害，DSB並無權利要求該會員國必須提供補償，僅能授權提出控訴的會員國實施報復以救濟其損害。

所謂報復係指暫停對特定國家適用自己先前所承諾的減讓或履行其在相關協定下的規範義務。依照DSU第二二條第二項及第五項規定，會員國實施報復的前提要件有三項，一是必須被控訴且敗訴之會員國未履行DSB的建議或裁決；二是必須DSB同意授權提出控訴之會員國實施報復；三是各相關協定並無明文禁止實施報復的規定。至於實施報復的方式，依照DSU第二二條第三項規定有「平行報復」（parallel retaliation）、「跨部門報復」（cross-sector retaliation）及「跨協定報復」（cross-agreement retaliation）三種，在具體個案中究應採行何種報復方式係由提出控訴之會員國自行選擇，並於決定後向DSB要求授權來實施。不過，依照DSU第二二條第三項第(e)款規定，若提出控訴之會員國要求DSB授權實施「跨部門報復」或「跨協定報復」，則其必須向DSB詳細陳述要求的理由，由此規定可知DSU原則上係以「平行報復」為基本模式，且依照DSU第二二條第四項規定，DSB授權實施報復之程度應相當於控訴國遭受被控訴國剝奪或減損的利益。

## 第二節　兩岸加入世界貿易組織的進程發展

### 一、兩岸與GATT/WTO的關係

#### （一）中國與GATT/WTO

中國是從一九八〇年代開始，才與GATT發生關連。一九七八年以前，中國基本上只求自力更生，進出口貿易總額還不到國內生產總值的10%，國內需求原則上均以國內生產來供給。當時對外貿易的目

的，不在賺取外匯，而僅是為了補充國內生產之不足。國家指派12家專業外貿公司來執行所有進出口業務，每一年由對外貿易部根據國家的需要，來確定需要進口的產品，再按預定進口商品估計需要的資金，來確定需要出口的產品及數量。待計畫確定後，則交由這12家專業外貿公司來執行。

以往中國一直視GATT為富人俱樂部，視資本主義為「洪水猛獸」，其後為了達到「積極利用外國資源、擴大出口」之目的，才參與IMF與IBRD，在取得其會員資格後，於一九八二年申請成為GATT觀察員。隨著中國改革開放及對外經貿關係的發展，自給自足的閉關政策不再能適用於高成長的中國國內經濟，中國對外貿易額由一九七八年不足200億美元，上升到一九九二年的1,666億美元，一九九四年中國對外貿易進出口總值更達2,367億美元，占國民生產總值的45%以上；12家專業外貿公司，亦發展為上萬家和進出口業務有關的企業。隨著整體經濟的發展，以往沿襲的外貿體制必須進行改革，因此中國領導階層不斷強調「充分利用國內和國外二種資源，開拓國內和國外市場，學會組織國內建設和發展對外經濟關係的二套本領。」一方面為了順應改革開放政策的需要，另一方面鑑於一九九七年香港回歸後，將產生香港已是GATT締約國而其主權國卻非GATT締約國的尷尬場面，中國於一九八六年七月正式向GATT提出「復關」[12]申

[12] 中共之所以提出「復關」申請，而非加入，係因於一九四八年GATT正式生效時，由國民黨政府代表的中國係GATT創始會員國之一。一九四九年十月中華人民共和國成立。一九五〇年，台灣當局鑑於當時與GATT相關的產品都是來自於中國，台灣本地出口極少，於是主動聲明退出GATT。但是中國政府認為，一九四九年中華人民共和國的成立，並沒有改變中國作為國際法主體的地位，國民黨政府無權代表中國，所以台灣的退出是非法且無效的。依照一九七一年聯合國大會第2758號決議，中國應是以恢復締約國地位的名義重返GATT；且若以「復關」方式申請恢復「中國」在GATT的

請，並於一九八九年四月時已完成審查程序，預定同年七月起展開入會談判。然而，天安門事件引發西方經濟制裁，更連帶使中國入關進度停頓。直到一九八九年底，「復關」工作小組又重新召開，卻又遭逢東歐、蘇聯解體劇變，計畫經濟國家紛紛轉型，加上中國正好於此時進行國內經濟「治理整頓」，使西方國家對中共體制疑慮加深，尤其是美國對於中國智慧財產權保護不周和市場封閉現況甚為不滿，對中國貿易政策和入關問題之態度轉趨強硬。其間，中國和美國雙方曾於一九九二年一月和十月分別簽署「智慧財產權協定備忘錄」和「市場開放協定」，該兩項協定的履行情形，即成為美國決定是否支持中國入關的指標。及至WTO成立後，WTO的各項協定，也成為各國打開中國市場的主要憑藉。

WTO成立後，中國爭取加入WTO的態度轉趨積極。中國在談判時一再強調，中國願意在權利與義務平衡的條件下，遵守國際通行規則，維護無條件最惠國待遇，非歧視等國際多邊經貿體制中最重要的原則。中國承諾進一步降低關稅、消除非關稅壁壘和取消農產品出口補貼。但對於WTO會員國關心的服務貿易市場的開放問題，中國則認為「服務貿易是世貿組織談判的新議題，其自由化是一個漸進的過程，對中國服務業的開放應該也有一個切合實際的期望。」因而主張循序漸進的開放服務業市場[13]。再者，中國為避免其國內經貿體系面臨過重的調整壓力，

原有會籍，則中國將成為原始會員國，其待遇與後來加入者，自有天壤之別。然而，中國未能如願在一九九四年底前成功恢復GATT會籍，而GATT在一九九五年初已為WTO取代，中國的「復關」問題已成過去，現在面臨者乃為加入WTO之問題。關於中國申請加入GATT的進展與相關問題討論，請參見侯山林，〈中共申請加入GATT之探討〉，《國際經濟情勢週報》，一九九三年八月第九九六期，第六一一二頁。

13 蔡宏明，〈加入WTO對兩岸關係的影響〉，《理論與政策》，一九九七年第一一卷，第三期，第一三八－一三九頁。

堅持以開發中國家身分入會，但由於其日增的重要性，美國等認為中國應以較嚴格的已開發國家身分加入，希望藉由較嚴格的國際規範促使中國做最大程度的市場開放，並對內做最大程度的市場化改革。此一爭議問題雖不容易解決，因為WTO協定並無明確的規範基準[14]，但協商結果，相關國家已同意中國以開發中國家身分參入。

## （二）台灣與GATT/WTO

中華民國原為GATT 1947原始締約國之一，後因國共內戰，政府播遷台灣，沒有再承擔GATT規範義務之能力，又鑑於GATT中我國出口所受的關稅減讓皆為中國輸出品，且當時我國出口量值甚少，所受實益有限，故於一九五〇年宣布退出。後雖於一九六五年第23屆締約國整體會議中，獲准以觀察員的身分再度參與GATT之活動，因而可參與若干會議，獲取相關資料，但因我國並無締約國身分，不承擔GATT規範之義務，相對地亦無參與表決之權利。一九七一年聯合國大會通過第2758號決議後，我國退出聯合國，亦喪失所有聯合國專門機構之代表權，GATT亦援引聯合國大會此一對中國代表權之決議，撤銷我國觀察員資格[15]。

一九八〇年代台灣藉由「出口導向」的發展策略及高比例的進口管制，創造對外貿易大幅擴張與外匯存底快速累積的成果。然因台灣對美國的出口依賴程度過高，雙邊貿易失衡又持續擴大，再加上台灣在美國全球戰略布局的重要性降低等因素影響，自一九七九年開

---

14 左原，〈中共加入WTO的基本分析〉，《美歐季刊》，一九九七年第一二卷，第1期，第六五－六六頁。

15 顏慶章，《揭開GATT的面紗——全球貿易的秩序與趨勢》，時報文化出版（台北），一九八九年，第一三－一四頁。

始，美國即透過雙邊談判不斷施壓，要求台灣降低關稅並開放國內市場。一九七九年台美簽署雙邊貿易協定，一方面使台灣得以享受美國在GATT東京回合所承諾的一切關稅減讓成果，另一方面台灣亦須承諾履行東京回合議定的各項附屬貿易協定[16]。台灣為求增進與各國間的互惠關係，並避免美方談判壓力持續擴大，於一九九〇年再度提出加入GATT申請案，並提交外貿體制備忘錄（Memorandum on Foreign Trade Regime）。在一九九二年獲得中國方面同意[17]，我國正式名稱為「台澎金馬關稅領域」（The Customs Territory of Taiwan, Penghu, Kinmen and Matsu），簡稱中華台北（Chinese Taipei），而GATT理事會亦於一九九二年九月成立工作小組審查我國入關申請案。由於WTO協定於一九九五年一月一日生效時，台灣並非GATT 1947之締約國。因此亦喪失成為WTO原始會員國的資格，必須依WTO協定第一二條規定重新申請加入WTO。有鑑於此，台灣乃於一九九五年十二月一日正式向WTO秘書處提出改依WTO協定第一二條規定申請入會案，並將WTO所規範的權利義務完全納入雙邊與多邊談判中，俟台灣完成入會程序即可正式成為WTO的會員國。雖然台灣並非WTO原始會

16　請參見葉宏明，《加入WTO對兩岸關係的影響》，前揭文，頁一三九。

17　GATT雖屬聯合國專門機構之一，但其加入並不以主權獨立之國家為限，依GATT第33條規定，非總協定締約國政府，或就對外貿易關係及總協定規定其他事項上，已擁有完全自主權之獨立關稅領域政府，得自行或經由與締約國大會議定之條件，申請加入；另依第二六條第五項第（c）款規定，締約國所屬關稅領域，就對外貿易關係及總協定規定其他事項上，已擁有或獲得完全自主權者，經該締約國宣示支持，得視為總協定締約國。歐美各國與中國就台灣入關問題協商結果，中國雖同意台灣的申請加入案，但極力堅持台灣須採「香港模式」加入，並要求中國加入時間必須先於台灣；歐美各國原則上同意中國之要求，亦明示遵守聯合國大會第2758號決議案。從此，台灣即在漫長的等待，中國何時得以與歐美各國解決其入關的諸多問題。

員國，不過WTO協定並無如GATT第二六條第五項第(c)款「被支持入會」的規定，亦無「事實上」適用WTO協定之國家，WTO原始會員國或其後加入者，在成為WTO會員國後的權利義務關係，並無不同。

在台灣入會過程中，共有50餘國參與台灣貿易體制審查工作，其中有26個會員國要求與我方進行雙邊談判，至一九九八年中已歷經9次正式入會工作小組會議，1次非正式工作小組會議及200多次的雙邊諮商工作，並已分別與相關國家簽署雙邊入會協議，目前只剩香港而已。台灣的經貿體制大致均能符合WTO的規範，而由於來自中國方面的政治壓力以及美國、歐盟與日本等WTO主要會員國普遍存在「中國優先於台灣入會」的共識，台灣欲加入WTO實際上須取決於中國入會談判的進度。

除了在入會工作小組會議接受各國對我方外貿體制的審查外，一九九五年政府提出「發展台灣成為亞太營運中心」計畫，確立「進一步提升台灣經濟自由化、國際化的程度，促使國內外人員、貨品、勞務、資金及資訊能夠便捷地流通，藉以充分發揮台灣在亞太地區以及兩岸的經濟樞紐地位，吸引跨國企業並鼓勵本地企業以台灣作為投資及經營東亞市場（包括中國市場）的根據地」的目標，推動繼續降低關稅並減少非關稅貿易障礙；擴大開放金融、保險、電信、運輸以及律師、會計師等專業服務之國內市場，減少外國人來台設置據點或提供服務之限制；修改外人投資負面表列規定；循序放寬對中國間接貿易及間接投資限制等工作[18]。由是觀之，加入WTO與台灣推動經貿自由化與國際化目標，實際上是相當一致的。

---

[18] 關於亞太營運中心的規劃及目標等，請參見行政院經濟建設委員會，發展台灣成為亞太營運中心計畫，一九九五年一月五日。

## 二、WTO的會員國及其入會程序

### （一）WTO的會員國

WTO的組成分子稱為會員國（Member），此與以往GATT 1947時代稱為締約國（contracting party）者不同。但由於WTO會員國地位之取得，一部分與GATT 1947締約國資格相關聯，故在說明WTO的會員國資格以前，應先說明GATT 1947締約國資格之取得。

在GATT 1947時代，締約國資格的取得有三種途徑。第一種是參與GATT 1947的制訂談判工作而成為原始締約國者[19]。第二種是依照GATT第三三條規定申請加入者，以此種方式加入的締約國主體可以是一國政府，亦可為代表「在對外商務關係及本協定所規定其他事務具充分自主權利之獨立關稅領域」，因此，GATT申請加入之主體與所謂「主權」或「政治」問題無關。新申請加入方必須與已加入締約國進行關稅減讓及市場開放等談判，以避免「搭便車」（free rider）效應，此等為加入GATT所必須作出的承諾，即稱為「入場費」（thicket of admission）。第三種加入方式係依GATT第二六條第五項第(c)款規定，在宗主國贊助下加入，「若某一關稅領域之宗主國已接受本協定，且該關稅領域已享有或獲得在對外商務關係及本協定規範其他事務上的充分自主權利，則該關稅領域經宗主國以宣告前述事實存在之方式而為贊助後，應被視為一締約國。」此一規定僅要求該關稅領域在對外商務關係上有充分自主權，不須完全係一獨立自主國

[19] 依照GATT 1947暫時適用議定書（PPA）所示，只有8個國家在一九四七年十一月時簽署該議定書，其餘15國有權在一九四八年六月三十日前簽署。不過，在最後截止日時，由於智利並未簽署暫時適用議定書，故GATT 1947之原始締約國實際上僅有22個。

家。不過，由於此條款規定並未考慮該關稅領域（或國家）本身的意願[20]，因此GATT在實務運作上即作些許調整，當某一關稅領域獲得對外商務自主權並經宗主國贊助，通知GATT秘書處後，締約國整體會在下一次會期中建議各締約國對該關稅領域「事實上」適用GATT規定，使其有機會考慮是否正式申請加入GATT成為締約國，以示尊重之意。

WTO協定對於會員國資格之取得，設有2條規定。其一為原始會員國（Original Membership），依照WTO協定第一一條第一項規定，WTO協定生效時已為GATT 1947之締約國者，若其接受WTO協定及多邊貿易協定，且其減讓表及承諾表（Schedules of Concessions and Commitments）已成為GATT 1994之附件，而其特定承諾表（Schedules of Specific Commitments）已成為GATS之附件，則該締約國應可成為WTO之原始會員國。此一規範要求對依照GATT第二六條第五項第(c)款規定取得締約國資格之關稅領域影響最大，因其係在宗主國之贊助下成為GATT 1947締約國，並無須進行關稅減讓及市場開放談判；但在WTO協定規範下，此等國家不但必須與其他國家一同經由談判做成關稅減讓及其他非關稅承諾表，亦須就服務貿易市場開放做成特定承諾表，負擔相對增加不少。為此，WTO協定第一一條第二項規定，聯合國所承認之低度開發國家（least-developed countries）只會被要求承擔與其個別發展情況、財政及貿易需求、或行政管理及組織能力相符合的承諾與減讓。

欲成為WTO原始會員國者，必須全盤接受WTO協定及多邊貿易

---

[20] 因為將該關稅領域（或國家）視為一締約國地位，除可使該關稅領域享有如最惠國待遇、國民待遇、關稅減讓拘束等利益外，相對的其亦須負擔GATT之規範義務。對該關稅領域而言，並非純獲利益之事。

協定（包括附件1、附件2及附件3）部分。依照WTO協定第一四條第一項規定，有資格成為原始會員國之國家，必須在WTO協定生效後2年內接受，在接受後第30日對該國生效。不過，WTO協定第一一條雖然規定原始會員國之資格，但對當時正在進行GATT 1947加入程序之國家（包括台灣與中國），應如何處理並不清楚。依照「最終法案」第五項規定，烏拉圭回合談判之參與者若尚非GATT 1947締約國，則其必須完成加入程序並成為GATT 1947締約國後，始可成為WTO的會員國，核其原意，應係指成為WTO原始會員國之情形。WTO協定第一四條第一項之規定，除非各國部長有其他決定（如延長期限），否則台灣與中國均無法在一九九七年一月一日以前順利「加入」或「恢復」GATT締約國資格（事實上GATT 1947已於一九九五年底時結束其組織功能），亦即無法取得WTO原始會員國資格，只得另依WTO協定第一二條規定，重新申請加入WTO。

第二種會員國資格取得方式，係申請加入WTO成為會員國。依照WTO協定第一二條第一項規定「任何國家（State），或就對外貿易關係及本協定與多邊貿易協定規定其他事項上，已擁有完全自主權之獨立關稅領域（separate customs territory），得依其與WTO議定之條件，加入WTO。此一加入應同時適用WTO協定及其附件所列載的多邊貿易協定」。因此，加入WTO之主體，並不限於國家，此與GATT 1947相同，獨立關稅領域亦得為加入之主體。加入之同意與否，由部長會議決定，部長會議應以2/3的多數決議，來認可新會員國的加入（WTO協定第一二條第二項）。另外就複邊貿易協定的加入，依WTO協定第一二條第三項規定，應依各該複邊貿易協定之規範。

成為WTO會員後即須承擔WTO協定所賦予的各項權利與義務。WTO協定對會員國賦予之義務，整體而言，即係應遵守WTO協定之規範。WTO協定第一六條第四項規定，每一會員國應確保其法令、規章及行政程序，符合其在附件列載協定規範中所要求之義務。雖然有些國家將國際協定視為國內法而直接加以適用，但多數國家就WTO協定所規範之內容，均視為非自動執行（non-self-executing）協定條款，須透過國內法之制訂或增刪修改，以符合並執行WTO協定之規範義務。

### （二）WTO的入會程序

以往GATT 1947時代，依照GATT第三三條規定申請加入者，新申請加入國（包括獨立關稅領域，以下均同）必須與已加入締約國進行關稅減讓及市場開放等談判，做成具體承諾。在程序上，新申請加入國必須先提出外貿體制備忘錄（memorandum on the foreign trade regime），由各締約國提出書面問題並由申請國做書面答覆，並供GATT成立之工作小組進行加入審查程序，以擬定入會議定書草案；與此同時，新申請加入國必須與有意參與之締約國，進行雙邊關稅減讓及市場開放等談判。然後，將申請國與締約國進行雙邊談判定案的減讓表與開放清單附於入會議定書草案中，連同工作小組報告，提交代表理事會決議是否接受申請方加入。此一程序通常須花費相當長的時間，因此，許多國家均先取得觀察員（observer）資格，然後再逐步完成加入程序以成為正式GATT締約國。

WTO的加入程序，原則上遵循以往GATT之實踐。申請加入WTO的第一步，仍是申請國（包括獨立關稅領域，以下均同）要求成立工作小組（working party）來審核其申請加入案。工作小組係開放給所有WTO會員國參加，負責審核申請國的經濟與貿易政策，以評估其是否符合WTO相關規範，並訂定加入的條件。此一程序可以幫助各會員國，更瞭解申請國的政策狀況及其遵守WTO多邊規範的能力。工作小組亦提供議場（forum），讓會員國逐步確認申請國在哪些領域需要進一步改革，以符合WTO的規範要求。與此同時，申請加入國亦須與WTO個別會員國進行雙邊關稅與非關稅經貿議題談判。在農、工業方面，雙邊談判係著重於就市場開放及影響農工產品貿易之國內政策與措施達成各項協議與承諾，尤其是農業部門之出口補貼（export subsidies）及動植物衛生檢疫措施（sanitary and phytosanitary measures）等議題。雙邊談判同時亦針對服務貿易及智慧財產權保護等議題，逐項討論其市場開放的承諾與條件及智慧財產權保護之標準與程序。原則上，在所有雙邊談判完成以前，工作小組的作業不會結束。

當雙邊談判結束而工作小組也完成審查作業後，工作小組隨即準備整套的議定書，內容包括工作小組報告（Working party report）及入會議定書草案（draft of the Protocol of Accession），記載加入的條件（terms of accession）及附帶的特別條款（special provisions）。工作小組係以共識決（consensus）之方式通過這些文件，然後，再將這整套文件提交WTO部長會議（部長會議休會期間，由總理事會代行其職權），由全體會員國以2/3之多數決議，來認可新會員之加入。申請國在接受其入會條件30日後，正式成為WTO的會員國。至於其接受方式，可經由簽署（signature），若依該國法制須經立法機構之核准者，則可提交其核准證明。

## 三、中國加入WTO的基本分析

### （一）WTO與非市場經濟國家

GATT/WTO的基本精神在於，經由各會員國互惠互利的協商，削減關稅及其他非關稅貿易障礙，摒除歧視性待遇，以提高所有參與自由貿易制度國家的生活水準，確保充分就業、實質所得與實際需求的鉅額且穩定成長，促進全球資源適當利用，擴大貨品與服務之生產與交易。GATT/WTO係以市場經濟體制為其規範基礎，亦即透過「價格」機制來管理貿易。不過，對於某些仍然採行非市場經濟制度的國家，GATT/WTO體制即顯得格格不入。簡言之，非市場經濟制度國家的資源並非交由市場來規制，而是由中央統一計畫規範，政府並未干預市場運作，而是根本取代市場運作機制。典型的非市場經濟國家雖然形式上有「市場」存在，但市場機制卻毫無作用，因此，在中央計畫經濟制度國家，並不存在自由形成的市場價格，也沒有企業獨立自主權利和市場競爭，且其生產、收入與市場交易係分離進行，市場價格的上揚或降低並非視生產為適應市場需求之變化來決定，而僅是反映庫存不足或過剩產生之預期價格波動。

雖然，完全屬於中央計畫經濟制度之國家，在現實世界中已不復存在。尤其是在柏林圍牆倒塌以後，多數東歐與前蘇聯共產國家已逐漸由中央計畫經濟制度過渡到市場經濟體制，逐步開放市場價格機制、減少關稅與非關稅貿易壁壘、建立鼓勵私人企業活動之管理架構及將多數國營企業私有化。但根據國際貨幣基金（IMF）的研究，東歐國家將大型國營企業民營化或轉型為有效經營企業之過程，實際上遭遇很多困難，除了普遍低估國營企業轉型所需要的專業知識與能力，及其必須負擔的金融資本外，私有化政策遭受政治力左右而進展緩慢，亦是不可忽視的因素。多數東歐與前蘇聯共產國家雖已逐漸走向市場經濟制度，但仍普遍存在法制不健全、金融體制脆弱和產業集中等問題，市場價格在決定資源分配及企業生產與銷售行為上所扮演的角色，仍普遍受到市場經濟制度國家廣泛的質疑[21]。

關於非市場經濟制度國家在GATT/WTO自由貿易體系的適用問題，在當初GATT草擬時期曾有討論，美國政府提案要求「以國營貿易為主的國家，應與其他締約國談判並達成協議，其他締約國依協議給予關稅減讓，國營貿易國家應承諾在一定期間內進口其他國家產品，其數量不得低於雙方協議數量。」但由於蘇聯為當時唯一主要的非市場經濟國家[22]，且拒絕加入GATT，因此該提案並未納入任何GATT規範條文中。GATT/WTO並未對非市場經濟國家有何特別規範或要求，唯一可見的是GATT第一七條關於國營貿易企業之規範。不過，中央計畫經濟制度國家與GATT/WTO規範體系確有相當程度的衝突：(1)關稅方面：GATT/WTO要求會員國間基於互惠與不歧視等原則，相互諮商以制訂關稅減讓表。對非市場經濟制度國家而言，由於國內與國外價格並無任何關聯，以致關稅在控制進出口流量上並不重要。同時，國營貿易之進出口係受國家計畫與政策所指導，而非基於產品品質與價格之考慮。因此，即使非市場經濟制度國家承諾降低或消除關稅，亦無法增加進口量或改變進口來源；(2)最惠國待遇義務：最惠國待遇義務要求會員國對源自或輸往任何其他國家之產品，所賦予的任何利益、優惠、特權或豁免，應立即且無條件賦予所有其他會員國之同類產品。然而，非市場經濟制度國家採行的國營貿易方式，卻阻礙了最惠國待遇義務在消除歧視與促進貿易之功能，國家計畫與

21 有關非市場經濟國家貿易行為的探討，請參見蔡宏明，〈大陸貨品進口救濟制度之探討〉，《進口救濟論叢》，一九九四年十二月第五期，第一五〇－一五二頁。

22 雖然古巴與捷克在一九四六－一九四七年間曾參與GATT規範條文的草擬工作，但當時它們仍係採行市場經濟體制，故並不屬非市場經濟制度國家參與GATT的草擬。

管理對外國產品造成歧視，使其他國家無法確定非市場經濟國家是否遵守GATT/WTO義務，並提供其不歧視的市場進入機會；(3)國民待遇義務：當進口產品符合關稅及他進口規範要求，進入會員國內國市場，國民待遇義務即要求會員國採行的各種內地規章或稅費徵收，必須平等對待進口與國內同類產品。但非市場經濟制度國家的國營貿易機構經常係獨占各種產品之進出口，且其對進口與國內產品多有極不一致的歧視性待遇；(4)數量限制禁止原則：除關稅、稅捐或其他稅費外，GATT/WTO規範體系要求會員國不得經由實施配額、輸出入許可程序或其他措施，禁止或限制任何其他會員國產品的進出口。然而，非市場經濟制度國家經常藉由國家的貿易計畫控制進出口流量，甚至以雙邊協定約束產品進出口數量，此即根本違反數量限制禁止原則。

由於非市場經濟制度國家缺乏可自由兌換通貨，政府常藉由匯率設定及外匯管制來影響貿易流量，也因此扭曲了進口數量、產品特性和進口來源。非市場經濟體制與GATT/WTO自由經濟體制之差異，使市場經濟制度國家擔心，非市場經濟制度國家在成為WTO會員國後，將無法落實其市場開放承諾及貿易自由化政策，更憂慮非市場經濟制度國家的出口產品，可能會對其國內產業造成嚴重衝擊，或在第三國形成不公平競爭關係，因此紛紛要求在非市場經濟制度國家的入會議定書中，載入特別防衛措施條款，或對非市場經濟制度國家採行特別的進口救濟措施。此亦係目前中國與WTO主要會員國間，雙邊及多邊談判的主要議題之一，亦是阻礙中國遲遲未能完成雙邊談判工作，順利入會的重要瓶頸。整體而言，中國的資源分配與市場定價，仍非由私人追求利潤及市場供需關係所決定，政府仍有實質支配左右的能力，故其屬於「非市場經濟制度國家」應無疑義。WTO會員國要求中國入會後必須接受特別防衛條款之安排，使各會員國可透過雙邊諮商的方式，對中國進口產品實施特別防衛措施，不必遵守GATT/WTO相關規範程序與要件的拘束。中國方面則不止一次公開指摘此係對中國實施的歧視性待遇，且使中國產品陷於不利的競爭地位；同時一再強調，中國願意在權利與義務平衡的條件下，遵守國際通行規則，維護無條件最惠國待遇、不歧視義務等國際多邊經貿體制中最重要的原則。

### （二）中國入會談判的主要議題

中國於一九八六年七月正式向GATT提出入會（復關）申請，原訂於一九八九年十一月入關，惟因天安門事件，西方國家實施經濟制裁而延宕。雖然一九八九年十二月中國入會工作小組復會，但各國傾向重新檢討中國「社會主義市場經濟體制」，提出中國須維持統一的外貿政策、確保外貿制度透明化、取消非關稅貿易壁壘、全面採行市場經濟制度及接受特別防衛條款等五項基本要求。對中國而言，儘管其一再強調「中國乃一開發中國家、只能承擔烏拉圭回合協議中與此相對應的義務」，並主張循序漸進的開放市場。但為避免在全球保護主義與區域主義盛行下喪失利益，以及入會攸關改革派既有權利基礎穩定等考量，自一九九一年起即開始採取降低關稅（如一九九二年調降225項產品關稅；一九九三年調降3,371項產品關稅，降幅達7.3%；一九九四年調降2,988項產品關稅，降幅更達8.8%）、取消進口替代清單及公布進出口管理內部文件等措施，以爭取各國支持[23]。

---

[23] 此外，自一九九四年起，中國當局更進行一系列的外匯體制改革，實施人民幣併軌單一匯率、管理浮動匯率制度、銀行結匯制及允許人民幣在經常帳下可以有條件兌換等措施，並陸續取消283項商品進口許可證或配額限制。一九九五年十一月十九日，中共國家主席江澤民在APEC大阪第3次非正式領袖會議中，宣布自一九九六年起調降關稅36%，範圍擴及4,000多項稅目，占中國關稅稅目的2/3，可說是近年來中國最大規模的降稅行動。

至於非關稅貿易障礙方面，中國自一九九一年起已正式取消直接出口補貼措施，但仍存在許多間接的出口補貼措施，如對國營企業的優惠貸款及出口退稅制度等。雖然中國逐步降低各項產品的進口關稅障礙，但對中國入會談判工作顯然並未產生太大的助益，實際上，各種非關稅貿易與投資障礙問題，才是一直延誤中國入會時程的關鍵。為了證明誠意並爭取儘早加入WTO，中國談判代表團於一九九七年三月在日內瓦提出一份長達120頁的入會議定書草案最新修訂版本，希望能爭取美國、歐盟及日本等WTO主要會員國的支持，協助中國順利完成加入程序。除承諾將在公元二〇〇〇年以前再調降關稅至相當於發展中國家的15%水平、加入WTO時立即取消紡織品及糖類的進口配額及加入WTO後3年內允許外資企業（包括合資、獨資企業）有自由進出口權利以外，更承諾將在12年內取消進口配額制度（一九九二年時中共約對1,200項進口產品設置進口配額，目前已減少為385項），包括在6至8年內取消摩托車及空調設備進口配額、12年內取消數位科技產品的進口配額，並將依不同的時間表，取消對外商公司禁止進出口橡膠、合板、羊毛、鋼鐵等關鍵性產品的限制。不過，中國仍堅持巴士、汽車等36項產品的進口配額制度必須延至加入WTO後15年才

---

一九九六年七月一日，中國公布修訂「結匯、售匯及付匯管理規定」，確定外資企業在經常帳下外匯收入可以保留之外匯最高數額，外資銀行、外國銀行分行及合資銀行均可為外資企業辦理結匯與售匯業務，成為外匯指定銀行。同年九月三十日，中國對外經貿部公布「關於設立中外合資對外貿易公司試點暫行辦法」，該辦法允許外商經核准後，可以在上海市和深圳經濟特區與有外貿經營權之中國企業合資設立外貿公司，打破以往由中國外貿公司壟斷進出口貿易業務的局面。中國上述各種關稅減讓與開放措施，無非是想爭取以美國為首的WTO會員國支持。詳細討論請參見蔡宏明，〈加入世界貿易組織對兩岸經貿的影響評估〉，《進口救濟論叢》，一九九七年十二月第一一期，第三四七－三五〇頁。

能取消，以保護剛起步的汽車工業。雖然中國提出的最新版議定書草案較過去有明顯的改進，尤其是開放外商企業自由進出口部分，但歐美經貿官員認為12年內逐步取消數位科技產品進口配額的時程仍然太久。歐美各國表明中國入會案究竟何時能完成雙邊與多邊談判，完全視中國政府願意在開放市場、降低關稅與消除非關稅障礙、政府補貼及行政司法程序透明化等議題上，提出多少具體的承諾而定[24]。

由於中國尚處於由中央計畫經濟制度轉型至市場經濟制度的過渡階段，基本上仍屬於管理性貿易制度，政府部門對市場與貿易的干預程度仍高，諸多政策及規範措施與GATT/WTO貿易自由化及市場機制的基本理念並不相符。最顯著者，即為各種關稅與非關稅貿易障礙：

1、關稅貿易障礙

就中國的進口關稅部分而言，根據世界銀行的估算，一九九二年時中國的平均關稅稅率是43%，而加權實際關稅稅率是32%，遠高於開發中國家平均為10%的水平。為了配合進入WTO，中國先於一九九三年調降3,371項產品關稅，平均關稅稅率降為39.9%；再於一九九四年底進一步調降2,898項進口關稅，關稅水平進一步降至35.9%；一九九五年十一月又宣布4,000多項產品關稅調降方案，將關稅水平由35.9%降至23%；一九九六年時再度表示將於公元二〇〇〇年前將關稅水平降低至15%。經過數次主要關稅調降行動，中國的關稅水平已相當接近歐美諸國要求的10%至15%水準。一九九七年十月起中國即將關稅水平調降至17%，同年十一月中共國家主席江澤民宣布將在公元二〇〇五年調降關稅至10%水平，並表示中國將在公元二〇〇〇年

[24] 有關中國貿易自由化及市場開放進程的發展，請參見蔡宏明，〈加入WTO對兩岸關係的影響〉，前揭文，第一四七－一四八頁。

以前逐步取消資訊科技產品的進口關稅。

2、配額與許可證制度

在進口關稅以外，中國並以進出口配額、限制貿易經營權及許可證管理等措施，對國際貿易實行錯綜複雜的行政管制，例如在出口方面，中國實行包括(1)計畫配額；(2)一般許可證管理；(3)主動配額；(4)被動配額等出口配額管理制度[25]；且為了配合實施配額管理制度，中國對計畫配額、主動配額及一般許可證管理下的114種商品採行出口許可證（export permits）制度，由對外經貿部授權配額許可證事務局或各省級核發，而由海關查驗出口許可證後放行。此外，出口許可證制度更對企業出口權力實行直接管制與差別待遇，如對計畫配額管理下16種特別重要商品，中國對外經貿部採取直接壟斷經營，其他配額管理商品則由各省、自治區、直轄市等經貿管理部門分配給有出口實績與經營能力之國營企業自負盈虧經營；配額管理外的商品，則任何有外貿經營權的企業均可經營，但不包括外資企業，外資企業的出口權限於自製產品[26]。上述措施與GATT第一七條不歧視國內外私營企業進出口的原則正背道而馳。

在進口配額的非關稅障礙方面，中國實施進口配額管理制度包括一般產品的進口配額及機電產品的進口限額二種[27]。進口配額一直被

---

25 除了配額產品，中共對特定產品禁止任何企業出口。這些產品包括法定禁止之出口文物、瀕臨絕種動物、勞改產品、麝香、牛黃、銅及銅基合金、白金等產品。

26 請參見中共「出口商品管理暫行辦法」。詳細討論請參見左原，〈中共加入WTO的基本分析〉，前揭文，第六九頁。

27 一般產品的進口配額係對攸關國計民生，價格敏感，壟斷性高的十五種產品，包括橡膠、化肥、木材、棉花等重要生產原料，每年按所定的進口限額數量，由具有外貿權的進口企業進口並依計畫分配，完全限制外國企業

認為係較關稅更具貿易扭曲效果的措施，也一直是阻礙中國入會的重要因素。中國在一九九四年的入會談判中提議於6年內取消其進口配額管理制度，但表示仍將維持100項商品的配額（主要是機電產品）制度，尤其對被視為策略工業的汽車業，中國方面希望引用GATT第一八條規定維持其關稅與進口配額管理。此一提議內容遭到歐美各國否決，故在一九九七年三月的入會談判中，中國另提議在加入WTO後3年內取消木材、羊毛等產品的進口配額、在5年內取消包括鋼鐵及橡膠等228項產品的進口配額、在6至8年內取消摩托車與冷氣機等產品的進口配額、在12年內取消包括數位科技產品等所有其餘的進口配額。不過歐美各國並沒有給予積極的回應，主要原因是中國要求的「調整期」，歐美各國仍然認為太長；再者，中國為保護剛起步的汽車工業，依舊堅持必須延至加入WTO後第15年，才取消包括巴士及汽車在內36項產品的進口配額，歐美各國顯然不能接受此一安排。

### 3、貿易管制透明化與合理化

GATT/WTO規範要求會員國的貿易法令應符合透明化原則，因此，會員國須依規定公開其貿易政策及相關法規，如政府補貼、技術標準、海關估價、進出口許可及關務程序等貿易制度資訊。針對國營企業貿易方面，美國已依據GATT第一七條要求中國公開詳細資料；再者，中國對國營企業的補貼方式與規模，則是另一個關切重點。在

---

插手；機電產品的進口配額係中共為了保護本國產業，對外經貿部門對車輛、摩托車、電子計算機、電冰箱、冷氣機及其主要零件等機電產品實行特別的進口配額管理。其中對重機電設備、工具機、紡織機、電傳機等資本性產品，列入特定產品目錄，採公開招標分配。在管理上，以上產品進口須事先申請進口許可證，有進口許可證，才有進口權。基本上限制外商的進口權。外商進料加工再出口，須事先經對外經貿部門批准。

逐漸減少對國營企業補貼的前提下，歐美國家同意給予中國指定的部門5年過渡調整期間，但中國方面希望能將過渡期間延長至15年，雙方差距頗大不易調和。此外，除相關貿易法規外，中國過去經常以僅對內流通而不對外公開的內部文件，來實施對外貿易管理，此與GATT/WTO所強調的透明化原則正相牴觸。在其他國家強烈要求下，中國已表示廢除使用內部文件來管理貿易，並將對國內外廠商公布已施行的各項內部文件[28]。

在外匯管制方面，一九九四年中國進行外匯制度改革，取消原有的留成、上繳、額度管理及用匯審批制度，並對境內企業開放人民幣在經常帳下可以有條件兌換。在此制度下，境內單位在指定範圍內的外匯收入，依規定均應結匯給外匯指定銀行（即所謂結匯制）；境內單位的正常對外用匯亦僅須有關憑證即可至外匯指定銀行取得售匯（即所謂售匯制）。至於外資企業的外匯收入，則允許在外匯指定銀行或境外銀行開立現匯帳戶，在現匯帳戶餘額內自行支配，但於外匯不足時則仍須申請審批。此一針對外商的外匯管制措施與TRIMs協定並不相符合[29]，中國自一九九六年七月一日起即進一步取消尚存的經常帳項目外匯管制措施，同時開放外資企業在經常帳項下自由結售匯。中國修訂公布之「結匯、售匯及付匯管理規定」中，確立外資企業在經常帳項下外匯收入可保留的最高數額，且外資銀行、外國銀行分行及合資銀行等均可為外資企業辦理結售匯業務，成為外匯指定銀行，並於一九九六年底達成人民幣於經常帳項下可自由兌換的要求[30]。

---

[28] 請參見蔡宏明，〈加入WTO對兩岸關係的影響〉，前揭註14，第一四六頁。

[29] 詳細討論請參見John S. Mo, China, the World Trade Organization, and the Agreement on Trade-Related Investment Measures, 12.3 *Journal of World Trade* 89-113(1994).

[30] 中共對匯款出境與國際資本帳交易項目，目前仍有外匯管制。中共預定配

### 4、農產品及服務貿易市場開放

除了降低關稅與非關稅障礙外，中國與歐美國家另一個談判重心在市場開放（market access）議題上，尤其針對農產品與服務貿易方面。在農產品貿易議題上，中國以往慣於利用關稅及配額等措施，對重要農產品實施進口管制，並由政府直接壟斷重要農產品進口。美國與澳洲等農產品輸出國強烈要求中國應遵循農業協定規範，取消政府壟斷及進口配額措施，將農產品貿易保護關稅化，並在此基礎上逐步降低關稅。在服務貿易市場開放方面，中國在以往雙邊談判中已表示願意局部開放運輸、建築、金融及旅遊等服務業部門，但對電訊、行銷、環保、健保及休閒等部門仍持封閉立場，歐美各國則要求中國開放電訊、銀行、保險、行銷、空運及專業諮詢等服務業市場，並對外商賦予國民待遇[31]。中國對此有相當積極的回應，一九九五年六月中國頒布「指導外商投資方向暫行規定」，鼓勵外商向高科技、出口導向、環保等行業投資，原來限制外商投資的商業、外貿、金融、保險、航空、律師、會計等行業，亦嘗試接受外商投資，同時擴大外商在土地成片開發、房地產、賓館、飯店、專業諮詢等第三產業領域的投資[32]。

---

合IMF，逐步在公元二〇〇〇年達成人民幣可完全自由兌換的目標。請參見左原，〈中共加入WTO的基本分析〉，前揭註15，第七一－七二頁。

31 請參見左原，〈中共加入WTO的基本分析〉，前揭註15，第七二頁。

32 一九九八年一月中國修訂頒布「外商投資產業指導目錄」，然其主要目的係針對國家鼓勵與支持之國內外投資項目的設備與技術給予優待。其中汽車、電子、通信設備、能源、交通、醫藥、化學、機械、環保、農業及原料等附加價值高的項目設備，輸入關稅都將免除；再者，免稅政策也適用於新材料、生化科技、航空太空等方面。僅一小部分製品及零組件未列入免稅對象，包括附加價值低的勞動密集或生產過剩的製品及零組件，均將維持課稅。

#### 5、遵守與TRIPs協定並落實智慧財產權保護

依據TRIPs協定規範，美國要求中國適用已開發國家之規定，於加入WTO後1年內即適用有關條款；中國則希望適用開發中國家規定，有5年的過渡期間。除此爭執外，如何確實執行有關智慧財產權保護法規，亦是歐美國家另一大關切的焦點，WTO中國入會工作小組一直認為中國對於商標及積體電路設計的保護程度不足。基於美國特別301條款程序，美國與中國就智慧財產權保護已達成一項雙邊協議，但美國仍然持續認為中國並沒有確實履行該項協定。例如，美國主張中國對盜版CD工廠均採取事後追查的態度，只有當美國施加壓力時，中國才會認真查辦，一旦美國放鬆壓力，中國即減緩其查緝與保護智慧財產權工作。

### （三）中國入會的重要障礙因素

如檢視中國現今的經濟與貿易制度，對其所從事的制度改革及市場開放努力，吾人可得到二種相對的結論。一方面可認為相較於許多在七〇與八〇年代加入GATT的國家而言，現今中國市場算是相當開放了；另一方面亦可認為相較於九〇年代多數已開發國家而言，中國市場開放的努力顯然還不夠。中國自身的觀點，則認為作為一個轉型中經濟與開發中國家，中國在短時間內為符合GATT/WTO規範所從事的市場開放及制度改革努力，已是相當了不起的成就。儘管如此，中國何時才能順利入會仍是一個未知數。現今WTO的加入機制要求新申請加入國必須與WTO整體及各會員國分別進行多邊與雙邊談判，WTO並沒有建立一套客觀標準來認定在何種條件與情況下申請國應被允許加入，須視多邊與雙邊談判實際進展情形而定。此一機制

允許特定國家，尤其是經貿大國，利用雙邊談判程序阻撓申請國的入會時程。就中國入會問題而言，假如歐美各國對此一議題沒有共識，顯然短期內中國入會問題不可能有所突破，歐美各國對中國入會時程與條件等任何一項爭議，均足以延宕中國的入會議程。在可預見的未來，至少仍有4項阻礙中國入會重要且不易突破的問題：

1、中美關係問題

自從中國提出入會申請以來，多邊談判程序實際上多是以雙邊談判方式來進行，其中最關鍵者即為中國與美國的雙邊入會談判。此係由於美國是中國的主要貿易對手國，且其所擁有的強大經貿實力使之在WTO中扮演極重要角色，任何WTO決策實際上不能沒有美國的支持，包括中國入會議題在內。雖然美國政府不斷表示其支持中國入會的立場，但實際上任何雙邊談判的進展仍須視中美雙邊關係是否能有實質的改善。即使在近年高層互訪以後，中美雙邊關係似乎仍處於不確定的情況，一方面仍受到諸多非經濟因素如人權問題、台灣問題及核武擴散問題的影響；另一方面，近年來中美貿易摩擦不斷增加，加上雙邊貿易逆差的持續擴大，均將影響美國支持中國入會的態度與意願。事實上在天安門事件及前蘇聯與東歐共產制度解體以後，歐美各國對中國加入GATT/WTO議題即採取相當謹慎的態度，而不若以往樂觀積極。如今美國政府雖嘗試與中國建立「戰略伙伴關係」，但美國國會反對中國情緒仍然高漲，且若中美貿易逆差不能實質的減少，要想改變美國現今對中國入會問題採取高標準與要求的態度，實在是不太可能的事。然而，如果中國持續進行經貿改革並強化產品競爭能力及出口市場，未來中國與美國及其他國家貿易逆差問題可能會更為嚴重，在歐美各國貿易利益與經濟安全優先的政策取向下，中國現今與歐美各國產生的貿易摩擦與失衡關係，實難以期待各國採行對中國入會有利的政策行動。

2、中國入會地位問題

中國入會談判的主要議題應係其經貿制度的評估，中國與WTO主要會員國（指美國、歐盟、日本及加拿大此一「四邊集團」）間的爭議即在於對中國經貿制度的評估方式不同。中國方面強調其係為轉型中經濟且尚屬開發中國家階段，因此其所從事的經貿制度改革及市場開放承諾與努力，在各國考量中國入會議題時應給予公平而善意的回應，且即使將來加入WTO，中國改革開放的努力亦會持續進行。作為一個開發中國家，中國方面強調其經貿制度不能以已開發國家的標準來審視，在考量加入WTO的條件與標準時，各方應給予中國充足的緩衝與調整期間。另一方面，由於中國市場的重要性日增[33]，歐美各國認為中國應以已開發國家身分入會，希望藉由較嚴格的多邊規範促使中國做最大程度的市場開放與制度改革[34]。雖然WTO會員國有

---

[33] 雖然中國的平均國民所得明顯仍在開發中國家的水平，然以美國為首的工業國家卻主張中國並非一般開發中國家。其國民平均實質所得若以較嚴謹的購買力平價（Purchasing Power Parity）方法計算已近二〇〇〇美元，據此推算出的中國經濟實質大小已為世界第三大實體，僅次於美國與日本。此外，中國在國際經濟的重要性正在快速攀升，其對外貿易於一九九五年已為世界第11大貿易國，其在一九七九至一九九五年吸收的外資更高達2,293億美元，在全球僅次於美國。請參見林淑靜，〈中國大陸與世界貿易組織〉，《亞洲研究》，一九九五年第一六期，第一一七頁。

[34] 開發中國家與已開發國家的不同，在於GATT第一八條及第四章規定開發中國家的貿易可以享受特別與差異性的待遇（special and differential treatment），尤其是在工業國家提供開發中國家工業產品出口的普遍優惠關稅制度（GSP）上。此外，開發中國家的身份允許會員國可以援用GATT在烏拉圭回合最終法案的特別條款，在國際收支不平衡時可以採取特別的數

3/4是以開發中國家的身分加入，但WTO協定實際上並無明確規範可處理中國與歐美各國針對入會資格產生的爭執，完全得視中國與各國雙邊及多邊談判結果決定以開發中國家身分加入。

不同的入會條件意味著不同的貿易自由化速度、幅度及深度。中國認為其作為一轉型中經濟，需要較長的過渡期來適應多邊貿易體系之規範，且為了穩定政經秩序需要，其貿易改革必須與全面經濟改革的腳步相配合，以避免發生與前蘇聯及東歐共產國家轉型時同樣的社會脫軌與市場失序現象，尤其是開放進口競爭對國營企業的可能衝擊，中國當局必須審慎以對，避免導致經濟危機進而動搖其統治基礎。但就歐美各國而言，其立場主要在維護WTO多邊貿易體系的威信並兼顧已入會國家的利益，就前者而言，各國希望中國入會能對包括中國本身及所有WTO會員國均產生正面效益，藉以加強（而非削弱）現今WTO多邊貿易體系之功能與威信，對其他轉型中國家產生示範性效果；就後者而言，WTO各會員國希望藉談判促使中國對其產品、勞務及投資做最大程度的市場開放，並確定中國勞力密集產品的出口擴張，不至於對其他國家的產業結構調整造成太大困擾，尤其長遠來看，各國更希望藉此入會談判取得有利的競爭條件，將來才能與中國產品相互競爭[35]。

---

量管制措施，並可依據GATT第一二條及第一八條規定對策略性的初級工業採取特別的保護措施。烏拉圭回合最終法案對開發中國家在進出口補貼及關稅減讓的速度及幅度上亦有較寬鬆的規定。如在農產品的關稅減讓上，開發中國家所需降低的關稅幅度僅為已開發國家的2/3，且開發中國家有十年的過渡期，而已開發國家只有六年。依據服務貿易總協定（GATS），開發中國家對服務業亦可採取較有限度的開放。

[35] 請參見左原，〈中共加入WTO的基本分析〉，前揭文。第六六－六七頁。

### 3、服務業市場開放問題

雖然中國已提出其服務貿易市場開放建議，並採取若干步驟實際開放某些服務業部門容許外資進入，但歐美各國仍然認為其開放範圍與程度不足。雖然就WTO規範整體而言，服務貿易只是其中一部分，亦僅為入會談判當中的一項議題，且開放服務業市場從未成為新申請入會國家順利加入WTO的前提條件，不過，在中國的雙邊及多邊入會談判過程中，服務業市場開放問題卻意外成為談判僵持的關鍵，某些國家如美國將中國服務業市場開放視作其等接受中國入會的前提條件之一。中國當局始終認為，相較於其他製造業領域，許多重要的服務業部門如金融、保險及海空運輸等，由於長期的政府壟斷經營使其變得十分沒有效率，一旦開放中國企業將毫無競爭力可言，因此必須加以適當的保護，絕不輕言開放。或許中國有正當理由足以認定各國將開放服務業市場設為其加入WTO的前提條件係為一「過度的要求」，首先，雖然GATS確以服務貿易市場開放為其基本原則，但同時亦容許相當的例外情形；再者，從來沒有任何其他國家像中國一般，其會員國資格的取得須以服務業市場開放為前提條件。可確定的是，歐美各國仍然會認為中國提出的服務業市場開放清單不夠誠意，而中國方面則會認為已盡最大努力來實現其服務業市場開放承諾，在這樣的情況下要想化解歧見達成合意是相當困難的。

### 4、特別防衛條款問題

中國入會議題中最特別的安排，就是各國希望在中國入會議定書中的加入暫時性的特別防衛機制（special safeguard mechanism）。由於中國產品出口在過去10年間超乎預期的快速擴張，其主要貿易對手國擔心中國貿易出口擴張情形在加入WTO後將日益嚴重，進而威脅國內產業及生產者的利益，再加上各國既有經貿利益考量，因而建議針對中國產品建立一暫時性的特別防衛機制。在中國入會工作小組多邊談判過程中，多數國家認為應對中國出口建立特定的數量限制或條件，但由於GATT/WTO規範已有適當的防衛機制，中國方面認為此一安排既多餘又係對中國產品明顯的歧視而採全力反對之立場；此外，亦有建議認為可先給予中國暫時性的會員國資格，同時由WTO建立一監督機構，如期間屆滿時該監督機構報告能使各會員國滿意的話，再正式賦予中國永久會員國資格，中國方面對此一建議更是強烈反彈，認為中國並無違反任何國際社會的公共利益，不需接受此種犯人式的監督安排及待遇。如果中國入會談判依然強調建立一些不利於中國產品出口的防衛機制或其他歧視性措施，則中國順利加入WTO的前景顯然是十分黯淡的。不過近年來和美國、歐聯的談判，已有了戲劇性的進展結果。中共已和32個提出雙邊談判要求的NTO成員完成談判，只剩墨西哥、瑞士、哥斯大黎加、厄瓜多爾和瓜地馬拉等五國尚未簽署協議。

## 四、台灣加入WTO的體制調整

### （一）台灣入會談判的主要議題

台灣自然資源貧乏，是以貿易為導向的海島型經濟體制，在自由化、國際化的經貿趨勢下，參與國際經貿組織是台灣政府既定之政策，近年來配合國際政經局勢發展，台灣積極申請加入的國際經貿組織中，最重要者即係WTO。台灣原訂有「一九九八年三月底前完成雙邊談判，六月底前加入」的目標時程，然而一來中國方面與WTO各會員國間的入會談判陷入膠著，連帶影響台灣的入會進展；再者，台灣本身與WTO各會員國間的入會談判工作亦未能如期完成。因此，台灣當局已調整加入的時程，期盼可以在公元二〇〇〇年時完成全部的入會工作，順利加入成為WTO會員國。

WTO係規範國際經貿體制的一項多邊協定，台灣申請加入WTO成為會員國，自然須遵守WTO多邊貿易體系規範並承擔各項協定的義務要求。台灣依WTO協定第一二條規定申請入會，即須承擔包括符合WTO規範架構下所有多邊貿易協定及台灣特別簽署加入的複邊貿易協定（如我國已表明將加入GPA協定）規範，以及在雙邊談判中與特定會員國達成的關稅減讓及市場開放與相關經貿法規修訂等承諾。由於台灣係以已開發國家之身分申請入會，加入WTO將使台灣承擔已開發國家在關稅調降與市場開放等義務，進而影響既有的國內市場競爭結構。目前台灣工業產品平均名目稅率為5.29%，其中有83%的產品項目稅率在10%以下，根據雙邊談判結果，在台灣入會的第1年工業產品加權平均稅率將降至4.68%，農業產品的平均名目稅率則降至13.12%；完成執行降稅計畫後，台灣工業與農業產品平均稅率將分別降為3.26%及11.34%，介於日本與韓國之間[36]。在非關稅貿易障礙方面，農業保護顯然是台灣加入WTO最大的挑戰，如稻米管制進口、雞肉、液態乳品、東方梨、動物雜碎等項目管制進口及蘋果與其他水果進口地區限制等措施，在台灣入會均須取消並開放市場或改採關稅保護措施；工業產品方面，包括汽機車自製率限制（汽車自製率50%，機車自製率90%）及汽機車進口地區限制（只准自美、加及歐洲地區進口）等措施均須廢除；服務業方面，現行對外國人投資通信服務業、金融服務業及運輸服務業等限制及專業諮詢服務（如開放外國律師、會計師來台執業）限制均面臨重新檢討的必

[36] 請參見經濟部國際貿易局，我國加入世界貿易組織現況總報告，一九九七年十二月。

要。此外，現行菸酒公賣制度也面臨改革的壓力。

台灣入會談判所面臨的經貿政策與法規調整問題相當廣泛，主要議題包括下列數項[37]：(1)農工產品關稅減讓，工業產品稅率上限不超過10%，農業產品稅率上限不超過20%；(2)農產品非關稅障礙取消，廢除不合規定的進口管制及進口地區限制措施；(3)取消汽車進口地區限制及汽機車自製率規定；(4)簽署政府採購協定及民用航空器貿易協定；(5)取消菸酒專賣制度；(6)廢止課徵商港建設費；(7)開放外商投資國內特定服務業如保險、證券、金融、運輸及電信等市場；(8)遵守TRIPs協定規範並落實智慧財產權保護；(9)簽署特別匯兌協定等。其中比較特別者，係台灣入會須簽署特別匯兌協定（special exchange agreement）的要求。由於一國的金融與貨幣政策均足以影響貿易，故GATT/WTO特別要求會員國任何匯兌或貿易措施，不得造成GATT/WTO及IMF相關規定受到損害。GATT第一五條第四項規定，會員國不得透過匯兌措施，使GATT/WTO規範意旨無法達成；亦不得透過貿易措施，使IMF規範意旨無法達成。依照GATT附件1第一五條第四項增註規定，所謂「使……規範意旨無法達成」係指如透過外匯措施違反GATT/WTO任何條文規定之情形，若實際上並無明顯偏離該條規範意旨，則不應認為其措施係違背該條的規定。

台灣並非IMF的會員國，依照GATT第一五條第六項規定，任何會員國若尚非IMF的會員國，應在WTO與IMF諮商後決定的時間內，申請加入成為IMF的會員國，或在無法履行時，與WTO簽訂特別匯兌協定。特別匯兌協定簽訂後，會員國應遵守至少6項規定：(1)避免限制經常帳國際交易支付；(2)不得採行複式匯率，或對不同國家或產

---

37　請參見侯山林，〈加入WTO對兩岸經貿關係發展之影響〉，《經濟情勢暨評論》，一九九七年八月第三卷第二期，第六九－七〇頁。

品採差別匯率；(3)准許外國持有本國通貨餘額的兌回；(4)相關外匯管理資料的提供；(5)會員國對現有國際協定進行協商；（6)準備資產合作的義務。台灣現行外匯政策與規範雖並無違反IMF規定之處，但在事實上不可能成為IMF會員國的情況下，只好接受美國提議在適當時機與WTO簽訂特別匯兌協定。

### （二）台灣入會經貿政策與法規調整

台灣在本世紀末到下世紀初所面臨的外在經濟情勢變更及內在經濟體系的變革壓力，並不完全是因為加入WTO所引發的。事實上，世界貿易及投資自由化趨勢已經形成，台灣不論在WTO體系內或體系外，均會受到此一趨勢的影響，加入WTO只是使此一趨勢更為明顯，並使變革的壓力更為急迫而已。WTO所代表的世界經濟整合，已非傳統觀念上有形商品跨國界移動的貿易所能完全體現。WTO所處理的貿易問題，不僅是有形商品的問題，還包括服務貿易；同時與這些貿易有關的投資、智慧財產權等問題，亦在規範之列。傳統上屬於生產因素而不屬貿易財貨的資本、環境保護及勞工等因素，亦漸被納入。而一般認為純粹國內法範疇的競爭法，亦開始呈現它的國際面相[38]。

各種有形之商品貿易主要係受GATT及部分TRIPs協定規範，無形商品（服務）的國際貿易則主要由GATS及部分TRIPs協定來規制。GATT與GATS除規範直接影響商品與服務跨國境流通之邊境措施外，

---

[38] 學者認為這種擴張現象是必然的趨勢，因為在傳統的關稅及非關稅貿易障礙去除後，人們將開始更深入找尋所有其他阻礙貨物、服務、資本及勞務等自由移動的因素，並逐一加以解決。這樣的趨勢將使得各貿易參與國的經濟、社會及司法體制等亦開始進行整合。進一步的討論請參見蔡英文，〈我國加入WTO與所面臨的經貿及法律環境的變革〉，《律師通訊》，一九九六年六月第二一三期，第二一三頁。

亦處理其他足以影響商品與服務跨國界移動的內地政策，諸如政府補貼及內地稅賦等措施。台灣加入WTO所涉相關經貿政策與法規調整項目甚多，實難以逐一討論，其中極具關鍵性者包括：

1、關稅與關稅估價問題

依關稅法第三條1項後段規定，海關進口稅則另經立法程序制訂公布，由此可知，海關進口稅則雖無法律之名，卻有法律之實，且其內所載之關稅稅率，係各會員國對台灣加入WTO最感興趣且提出最多要求者。台灣關稅法將關稅分為二欄，其一為一般關稅，另一為互惠關稅，台灣加入WTO所承諾的關稅係屬於互惠關稅（即最惠國稅率（MFN rate）），換言之，此二欄式稅率制度仍可繼續維持[39]。至於關稅估價[40]問題，在WTO協定附件1A所列載的「關稅估價協定」中，除規定以「交易價值」（transaction value）作為估定產品應稅價值之基礎此一基本原則外，亦訂有相當詳盡的規範要求[41]。因此，關

[39] 另一方面，台灣雖係以已開發國家身份申請加入WTO，依照「授權條款」（Enabling Clause）規定，已開發會員國得排除GATT第一條規定，賦予開發中國家特別且更優惠的待遇，此即所謂「普遍性優惠制度稅率」（GSP rate）。不過，「普遍性優惠制度稅率」固然為GATT/WTO規範所允許，但並非GATT/WTO的規範義務，因此台灣不必要對開發中國家設置較「最惠國稅率」更優惠的「普遍性優惠制度稅率」，換言之，現今二攔式關稅稅則暫無須變為三欄。請參見羅昌發，我國加入GATT/WTO所涉有形商品貿易法規之調整及其政策考量，收錄於氏著，《GATT/WTO與我國貿易》，永然文化出版（台北），一九九六年，第二一－二二頁。

[40] 所謂關稅估價，係指估定進口貨物之價格（價值）以便作為課徵關稅之計算基礎。

[41] 「關稅估價協定」就估價方式分為六種，原則上對進口貨物的關稅估價，應依照該貨品的「交易價值」為基礎。若無法依照「交易價值」估定應稅價值，則依次應依照「相同產品」的交易價直、「類似產品」的交易價值、「減除價值」、「計算價值」或其他合理方法做為估定應稅價值的基

稅估價在法律上並無做為會員國貿易或關務政策工具的空間，各會員國均僅能完全依照該協定的規範內容制訂或修改國內法。台灣關稅法所訂之關稅估價程序，大致上均能符合「關稅估價協定」的規範要求，亦係以「交易價格」為計算標準，不過其內容仍有若干待修正之處，例如，關稅法第一二條第一項但書規定，於實施交易價格之過渡期間，為簡化關稅課徵，海關得對部分貨物編製進口貨物完稅價格表，報經財政部核准以表列價格為課稅根據。雖然台灣當局已表示取消「進口貨物完稅價格表」[42]，但法律條文並未顯示台灣已不實施，為避免爭議發生應即將其刪除。

再者，「關稅估價協定」相當強調關稅估價程序的透明化，例如協定第一條第二項第(a)款規定，海關若有理由相信，買賣雙方的關係足以影響交易價格者（如母子公司間的跨國交易），應將其理由通知進口商，並給予合理的申訴機會；協定第七條第三項亦規定，海關應依進口商之請求，以書面將依其規定估定之完稅價格及其估算方法，通知該進口商；協定第一六條則規定，進口商有權以書面請求海關以書面說明其進口貨物完稅價格之核定方式。凡此透明化規範要求，對於當事人權益之保障及避免行政機關武斷行事，極具重要性。為遵守「關稅估價協定」相關規範要求，台灣當局顯有必要在關稅相關法規中訂定此等基本規範。

---

礎。除「減除價值」與「計算價值」得相互對換適用順序外，其他估價方式必須按照次序適用。有關「關稅估價協定」規範內容的詳細討論，請參見羅昌發，《國際貿易法》，前揭書，第一三七－一五八頁。

42 一九八六年十月一日財政部台財關字第7505765號函發布停止適用。

### 2、商港建設費

依照商港法第七條規定，為促進商港及相關商港建設，政府得於各國際商港就國際進口出口貨物收取商港建設費，其費率不得超過進口出口貨物價格1%；財政部並與經濟部會銜發布「商港建設費收取分配基金保管及運用辦法」，明訂其經費配置及收取費率（從價收取0.5%）。商港建設費的徵收雖行之有年，但其性質與費率卻廣受各會員國質疑[43]。依GATT第二條及第三條規定，針對進口貨物所收取之服務費，不能含有財政目的，亦不得產生保護國內產業之效果，且不可收取超過其服務成本之費率。然現行商港建設費徵收的額度及其內容，顯含有相當程度的財政目的，如為補助地方政府財政收入；又未依照法律規定「專款專用」於商港建設；且其收取並未依照服務成本計算，費率過高且違反從量徵收的原則；此外，對於利用國際商港之國內離島運輸並不徵收此一費用，違反GATT第三條國民待遇義務要求。上述種種質疑，鑑於商港建設費目前僅係規定行政機關「得」收取，也就是說，收取與否行政機關有裁量權，且依照商港法第七條後段規定，行政院得依其政策減收或免收；但條文規定其費率不得超過進口出口貨物「價格」的1%，立法原意似指「從價」徵收1%，如欲改為「從量課徵」仍應修法為之，且應在修法時中明文規定「專款

---

43　商港建設費究係屬於進出口稅捐的一種，抑或係相當於服務成本之費用性質，原本即非十分明確，若將之界定為邊境稅捐，則等於將台灣整體關稅水平提高0.5%，因而造成台灣對外關稅談判的困難（因對手國必定要求將關稅進一步削減，以平衡此0.5%之稅捐課徵）；若將之界定為內地稅，又因其並未對國內運輸（離島運輸）收取，且其名為「費」而非「稅」，亦有解釋上的困難，故當局最後將之定位為「服務費」。請參見羅昌發，《GATT/WTO與我國貿易》；〈我國加入GATT/WTO所涉有形商品貿易法規之調整及其政策考量〉，前揭文，第二五頁。

專用」原則，並對國內離島運輸一併加以考量。

3、貿易推廣服務費

貿易法第二一條規定，「為拓展貿易，因應貿易情勢，支援貿易活動，主管機關得設立推廣貿易基金，就出進口人輸出入之貨品，由海關統一收取最高不超過輸出入貨品價格萬分之五之推廣貿易服務費。」此一費用對台灣的貿易推廣扮演相當重要的角色，但在台灣入會談判過程中，亦產生若干的爭議。首先，此一費用是否與服務成本相當？再者，貿易推廣中心之出口推廣活動是否涉及應被禁止之「出口補貼」？就第2個爭議而言，只要在作法上避免構成出口補貼即可解決；至於第1個爭議，則仍待與各會員國協商說明。若無法說服各會員國，解決爭議的方式不外有三種：一是停止收取該項費用，但此對台灣貿易推廣活動將產生相當大的影響，故非上策；二是在入會談判過程中不正式處理，僅在工作小組報告中陳述各方立場，保留各會員國予以控訴的權利，然此將是台灣遲早要面對的挑戰；三是將此一收費載入關稅減讓表中，承諾受其拘束而不隨意提高，不過此舉將提高台灣整體關稅水平，且因其係從價課徵，對進口快速成長的高科技產品而言將造成沈重負擔，故其他會員國接受此一安排的機率並不大[44]。

4、貿易負面表列制度

貿易法第一一條規定，「貨品應准許自由輸出入，但因國際條約、貿易協定或基於國防、治安、文化、衛生、環境與生態保護或政策需要，得予限制；前項限制輸出入之貨品名稱及輸出入有關規定，

---

[44] 羅昌發，〈我國加入GATT/WTO所涉有形商品貿易法規之調整及其政策考量〉，前揭文，第二六－二七頁。

由主管機關會商有關機關後公告之。」此一公告之規定，即為台灣採取「負面表列」制度的法律依據[45]。但在台灣加入WTO過程中，負面表列制度受到各會員國廣泛的質疑，重點在於貨品進口限制的合法基礎。由於貿易法第一一條第一項但書規定「政策需要」亦得限制進口，因此各會員國認為許多因政策而限制或禁止進口項目，不符合GATT/WTO的規範要求。依照GATT第一一條數量限制禁止原則規定，除非符合其他GATT例外規範，否則不得針對進出口實施除稅費以外的限制或禁止措施。台灣確有若干限制或禁止進口（包括地區性限制）項目欠缺GATT/WTO規範的合法基礎，因此，台灣一方面針對若干農產品及小汽車進口地區或項目限制，要求各會員國同意以配額及其他關稅措施來取代原先的限制或禁止進口政策；另一方面，其他若干違反GATT/WTO規範的產品項目，則直接開放不再設限。故台灣加入WTO後負面表列制度雖可繼續維持，但其項目將大幅縮減，此對台灣進一步落實貿易自由化目標應有直接且正面的助益[46]。

---

45 台灣採取此一制度之目的在於促進貿易自由化，以往台灣係採取「正面表列」制度，何種產品可以進口均列載於表中，凡在表中未列舉者即無法進口（即以限制為原則，開放為例外）；「負面表列」制度則為相反的設計，係以開放進口為原則，而將不開放或有限制的項目列載於表中。

46 此外，各會員國亦質疑輸入程序管理的問題。如依WTO協定附件1A列載的「輸入許可程序協定」規定，以輸入許可程序做為限制進口措施之管理方法，必須符合一定的規範要件，如進口商申請輸入許可證之程序及相關要件，必須明確公告。台灣將來針對負面表列中各項限制進口項目，即必須配合訂定各項申請辦法，以符合協定的規範要件，此對行政機關固屬頗費周章的工作，但對於貿易管理之合理化與制度化，應具有相當的重要性。請參見羅昌發，〈我國加入GATT/WTO所涉有形商品貿易法規之調整及其政策考量〉，前揭文，第二九－三〇頁。

### 5、投資負面表列制度

台灣政府自一九八八年開始實施投資負面表列制度，舉凡在表中出現的產業項目，均屬限制或禁止外人投資事項[47]。就此些禁止或限制外人投資規範而言，由於GATT第三條國民待遇義務僅規定對於來自其他會員國的「產品」，應賦予不低於國內同類產品之待遇，並未要求會員國對於外來「投資者」亦須賦予國民待遇，故此種作法並不違背GATT規範要求。再者，烏拉圭回合談判新制訂的TRIMs協定，並未將會員國針對生產製造所設之限制，列為「例示清單」明確禁止的措施，因此上述規範亦無違反TRIMs協定之虞。不過，台灣在加入WTO的過程中，答覆各會員國詢問時曾明確表示有意放寬外人投資限制，故將來除違反公共安全、違反善良風俗、高度汙染性事業及其他外人一體受限如象牙加工業及砲體鍛製業等特殊項目外，針對外國投資者所設之限制勢將減少[48]。

### 6、汽車自製率要求

台灣現行汽車工業發展政策與規範措施中，包括「關稅障礙」、「進口地區限制」及「自製率規定」等三項，與GATT/WTO最惠國

---

[47] 例如，外國人投資條例第五條規定：「下列事業禁止投資人申請投資：一、違反公共安全之事業；二、違反善良風俗之事業；三、高度汙染性之事業；四、法律賦予獨占或禁止投資人投資之事業。」

[48] 再者，由於負面表列制度列載不許外人投資之項目中，有些係不准許外人投資於特定服務業，此部分在台灣入會談判中，受到更大的關注。可以預見的，服務業較製造業承受更大的開放壓力，服務部門之投資項目未來保留在負面表列中者，勢必會大幅縮減。請參見羅昌發，〈我國加入GATT與相關投資法規之變革〉，收錄於氏著，《GATT/WTO與我國貿易》，永然文化出版（台北），一九九六年，第四九－五〇頁。

待遇義務、國民待遇義務及數量限制禁止原則等規範要求不相一致，亦為台灣入會談判的一項重點。在關稅障礙方面，由於必須維持「整車」與「汽車零組件」間合理的關稅差距，因此目前國內小型車及大型車進口關稅分別維持在30%與42%的水平，被部分會員國認為稅率過高。進口地區限制方面，台灣目前對於小型車進口所設之地區限制，明顯違反最惠國待遇義務與數量限制禁止原則，依照GATT第一條及第一一條規定必須於入會時立即取消。至於自製率規定，依照一九九二年八月通過的「汽車工業發展策略」規定，外銷汽車無自製率限制，國產小汽車及重型車則分別有50%到31%不等的國內自製率要求，機車亦有90%零組件自製率要求[49]。此種自製率要求，顯會對零組件貿易造成衝擊，產生優惠國內零組件而歧視進口零組件的效果，故應屬TRIMs協定第二條第一項所謂「與GATT 1994第三條規定不符之TRIMs」。依照TRIMs協定第五條第二項規定，已開發國家對於其違反TRIMs協定的政策措施，應於WTO協定生效之日起2年內完全停止適用。台灣當局則已決定在加入WTO後立即全面取消自製率規定。

### （三）貿易自由化與進口救濟制度建立

在貿易協定中訂定逃避條款，允許進口國在國外產品從事公平競爭但國內產業受到損害時仍能採行進口救濟措施的作法，係起源於一九三四年美國互惠貿易法案，而此項逃避條款亦演化為一九四八年一月一日生效的GATT第一九條規定[50]。GATT第一九條（標題為「對特

---

[49] 政府規定汽、機車自製率之目的，除了為發展零組件工業，做好向下紮根的工作外，亦有鼓勵整車外銷的用意。詳細討論請參見扈永安，〈自製率取消對汽車工業之影響及因應之道〉，《經濟情勢暨評論》，一九九七年第三卷，第二期，第二〇－二三頁。

[50] 有鑑於利用此一條款，不僅須補償利益受影響的出口國，並且要遵守不歧

定產品輸入之緊急措施」，一般稱為「逃避條款」或「防衛條款」）規定允許進口國在進口出現增加，因而對其國內同類或直接競爭產品產業造成嚴重損害或有嚴重損害之虞時，得暫停履行GATT全部或部分義務，或取消或修正對該產品的關稅減讓。各國依此規定而制訂的防衛或救濟辦法，即稱為「防衛制度」或「進口救濟制度」；為達成防衛或救濟目的而實施的措施，則稱為「防衛措施」或「進口救濟措施」。雖然防衛條款之目的在於提供臨時性的進口救濟，以利國內產業從事調整來面對國外產品的競爭，但有別於針對進口產品從事傾銷、接受補貼或其他不公平競爭行為所採行的救濟措施，前者係針對從事公平競爭的進口產品，屬於狹義的進口救濟範疇；後者則是針對不公平競爭行為，屬於廣義的進口救濟措施[51]。

雖然進口救濟措施實際上與貿易自由化的精神不符，但卻一直為GATT/WTO規範所認可，主要理由有二：一是可達成公平的原則：進口增加常係導因於一些降低貿易障礙的多邊或雙邊協定，雖然這些協定將使一國經濟整體而言獲得利益，但卻往往必須由部分產業肩負

---

視原則，因此各國爭相利用「灰色領域措施」以逃避補償責任及不歧視原則，包括自動出口設限（VER）、自願設限協定（VRA）及秩序化行銷協定（OMA）等。由於這些灰色領域措施違反GATT的精神，為了重新建立防衛措施的多邊規範架構，GATT早在東京回合談判即曾討論制訂防衛協定，但未達成具體協議，直到烏拉圭回合談判時始制訂「防衛協定」，除對防衛措施做更詳盡的實體與程序規範及禁止會員國再利用灰色領域措施外，同時允許一定程度的例外情況與條件，以鼓勵各國遵照該協定實施進口救濟。詳細的討論請參見羅昌發，《國際貿易法》，前揭書，第四八三－四九六頁。

[51] 本文討論對象僅指前者，亦即狹義的進口救濟措施。至於廣義與狹義進口救濟措施的區分，詳細討論請參見尤敏君，〈反傾銷稅與平衡稅概說〉，《台灣經濟研究月刊》，一九九四年十一月一七卷第一一期，第二一－二二頁。

起完全的調整成本，因此對這些因進口增加而遭受損害的產業給予一定程度的救濟，應是符合公平的原則；二是可達成促進產業調整的正面效果：採行暫時性的進口救濟措施，將可使遭受損害之產業有足夠的調整時間，以提升效率來因應進口產品的競爭，例如，暫時性的進口限制措施，即能給予國內廠商引進新技術及開發新產品的機會，同時也能使國內廠商可在不須解雇工人及閒置資本設備的情況下進行調整，從而降低整體社會成本。此外，為鼓勵各國開放農產品市場，烏拉圭回合談判亦在農業協定中訂定特別防衛條款，允許各會員國在農產品進口量超過基準數量，或進口價格低於基準價格時，得課徵額外的關稅以保護該國農業。

一九八一年以前，台灣藉採用高關稅及非關稅障礙等保護措施，以扶植國內產業，並不依賴進口救濟制度。唯自一九八一年以後，台灣對外貿易逐漸自由化及國際化，不僅加速開放國內市場及大幅降低關稅與非關稅障礙外，並確立貨品可自由輸出入的原則；另一方面台灣因申請加入GATT，亦須開放市場並消除貿易障礙以符合GATT規範要求，使主管機關再也無法藉高關稅及行政干預等方式來防止進口損害或救濟國內產業。為因應加入GATT/WTO後可能衍生的進口競爭壓力與產業結構調整壓力，立法部門於一九九三年二月五日制訂公布「貿易法」，對於從事公平競爭的進口產品，因進口大量增加而危害到國內相關產業時，相關產業得向政府申請受害調查及進口救濟。貿易法第一八條規定：「貨品進口急遽或大量增加，致國內生產相同或直接競爭產品之產業，遭受嚴重損害或有嚴重損害之虞者，有關主管機關、該產業或其所屬工會或相關團體，得向主管機關申請產業受害之調查及進口救濟。」此即為台灣建立貨品進口救濟制度及設立貿易調查委員會的主要法源[52]。根據此一規定，經濟部、財政部及農委會於一九九四年六月一日會銜發布「貨品進口救濟案件處理辦法」，對於認定產業受害成立的救濟案件，除得採調整關稅、設定輸入配額及與出口國簽訂行銷協議等邊境救濟措施外，尚包括提供融資、研發補助及輔導轉業等具產業調整功能的境內救濟措施[53]。

依據「貨品進口救濟案件處理辦法」（以下簡稱「處理辦法」）第二條第二項規定，產業受害案件的成立應具備下列要件：(1)該案件貨品於一定期間內輸入數量急遽或大量增加，或相對於國

---

[52] 為使台灣經貿體制更符合WTO多邊貿易規範，一九九七年六月立法院三讀通過多項加入WTO相關法案，其中與進口救濟相關條文修正案包括：(1)修正貿易法第一八條第一項為「貨品因輸入增加，致國內生產相同或直接競爭產品之產業，遭受嚴重損害或有嚴重損害之虞者，有關主管機關、該產業或其所屬工會或相關團體，得向主管機關申請產業受害之調查及進口救濟。」此一修正規定刪除了原本「進口急遽或大量增加」始能申請救濟的要件，有助於減少爭議；(2)貿易法第一八條第三項增訂「依世界貿易組織紡織品及成衣協定公告指定之紡織品進口救濟案件處理辦法，由經濟部擬定，報請行政院核定後發布之。」；(3)增訂關稅法第47條之2，「依貿易法第一八條或國際協定之規定而採取進口救濟措施或特別防衛措施，對特定進口貨物提高關稅、設定關稅配額，或徵收額外關稅。至於課徵的期間與範圍，由財政部會同有關機關擬定，報呈行政院核定。」最特別者在於本條規定的「特別防衛措施」，不僅可適用於紡織品（貿易法第一八條）外，尚可包括農產品（農業協定係為一國際協定）在內。此將使台灣進口救濟制度與法律規範更為健全完整，不過，上述修正條文必須待加入WTO後才正式實施。詳細討論請參見蔡宏明，〈加入WTO對我國進口救濟制度的影響〉，《進口救濟論叢》，一九九七年十二月第一一期，第二三一－二三二頁。

[53] 此外，針對農產品的特性，農委會於一九八九年五月二十日依據農業發展條例第四〇條規定公布「主要農產品進口損害救助辦法」，並於一九九五年二月二十七日修正公布「農產品受進口損害救助辦法」，對國內農產品因進口而遭受損害或有損害之虞，但未及嚴重程度者給予救助，其救助措施以符合GATT/WTO相關規定為原則。詳細討論請參見蔡宏明，前揭文，第二三四－二三六頁；林般淵，〈WTO防衛協定與我國實施經驗〉，《台北銀行月刊》，一九九八年七月第二八卷第七期，第一二－一三頁。

內生產量或消費量為急遽或大量增加；(2)國內生產相同或直接競爭產品之產業，受嚴重損害或有嚴重損害之虞；(3)進口增加係造成產業受嚴重損害或有嚴重損害之虞的主要原因。上述規定與GATT第一九條及WTO防衛協定規範內容與精神大致相符，唯台灣對進口增加以「國內生產量或消費量」為比較基準，較防衛協定第二條以「國內生產量」的比較基準寬鬆；再者，亦未對「嚴重損害」或「嚴重損害之虞」設有類似協定第四條的認定標準；此外，台灣現行制度並無「暫時性防衛措施」設計，僅於「處理辦法」第一九條規定關於易腐性農產品之進口救濟案件，可將調查期間縮短為90日，恐難以因應台灣加入WTO後外國產品進口大量增加的衝擊。至於對認定產業受害成立者，「處理辦法」第四條規定主管機關得採(1)調整關稅；(2)設定輸入配額；(3)與出口國簽訂行銷協議；或(4)提供融資保證、技術研發補助、輔導轉業、職業訓練或其他調整措施或協助措施。基本上，前三者屬於紓緩進口壓力的邊境措施，而後者則係協助產業調整的境內措施，不過，其所允許主管機關採行的措施中，「與出口國簽訂行銷協議」明顯違反防衛協定第一一條第一項規定，而提供融資保證等政策措施亦有可能屬於SCM協定規範所禁止的補貼（或屬於可控訴的補貼），因此未來修法時應予以刪除[54]。

整體言之，隨著台灣加入WTO的腳步逼近，進口產品對國內產

---

[54] 此外，「處理辦法」第二七條規定，同一貨品實施進口救濟措施者，期滿後2年內不得再受理，此一規定亦與防衛協定第七條第五項規定不相符合。防衛協定規範要求會員國對特定產品已實施防衛後，在相當於前已實施的期間內不得再度採行防衛措施，但依台灣「處理辦法」的規定，即使針對特定產品已實施了4年的防衛措施，仍然只要間隔2年即可再度對該產品實施防衛，此一情形顯然與防衛協定規範不符，必須一併進行檢討修正。詳細討論請參見蔡宏明，前揭文，第二三二－二三四頁；林啟淵，前揭文，第一六－一七頁。

業的影響範圍日益擴大，且不在侷限於勞力密集產品及基礎或中間原料，更擴及機電產品與製成品。當然，由於台灣出口導向的經濟發展型態，外國中間原料在台灣低價銷售，某種程度上是進口商及使用者樂於見到的結果，因此，如何調和因貿易自由化導致進口大量增加而造成國內產業的損害以及國內產業與使用者的利益，是台灣加入WTO時必須注意的問題。另一方面，面對加入WTO後可能衍生的進口競爭壓力及產業結構調整壓力，為避免外國產品大量進口而造成國內產業的嚴重損害，使國內產業在市場開放與廠商產銷間得到一定的調適，台灣實有必要建立一套完善的進口救濟制度。尤其企業界以往對台灣的反傾銷及平衡稅制度，普遍存有主管機關行政作業冗長、手續繁瑣及傾銷案件泛政治化，不足以救濟國內業者急迫需要的刻板印象，近年來雖然在政府修法與縮短調查期限等努力下已漸趨改善，但若非建構客觀有效的進口救濟架構，則企業界對進口救濟制度所能提供的保護效果將普遍存疑，進而影響其對貿易自由化政策的支持。

## 第三節　兩岸加入世界貿易組織的效益與影響

### 一、兩岸加入WTO的整體效益

#### （一）對中國政府的效益

就中國立場而言，與世界經濟緊密結合，加入WTO才能在建立新的國際經濟秩序方面取得更大的發言權及主動權，增強其綜合國力。如同加入一貿易俱樂部，中國入會後將可享受WTO會員國賦予的無條件最惠國待遇及國民待遇等不歧視義務，保障中國產品獲得公平的貿易待遇，避免某些國家對其出口採取歧視性措施，如美國每年考慮是否延長賦予中國產品最惠國待遇的政策措施，在中國加入WTO之後，除非美國對中國將可引用WTO的爭端解決機制來處理與其他國家間的貿易爭執，相較於雙邊貿易衝突時的劍拔弩張，各說各話，WTO提供一個公正有效且具拘束力的爭端解決機制。由於中國與其他國家之間的貿易摩擦，預期將會隨著其貿易不斷擴張而與日俱增，WTO的爭端解決機制可提供一個多邊諮商管道，減少雙邊談判時可能失控而造成兩敗俱傷的壓力。

再者，加入WTO有助於中國加速其經貿體制的改革。中國過去為了滿足GATT/WTO會員國的要求，已經實施了一連串的經貿體制改革。但現行中國經貿體制與WTO市場經濟理念及貿易自由化政策規範仍有一段差距，如進口管理制度即存在行政審批、外匯管制、配額及許可證管理等非關稅障礙，其商品價格仍有採用國家定價，未考慮市場供需關係而偏離國際價格的情形，且其外貿政策權力不統一，經濟特區、沿海開放城市、開發區及一般地區優惠措施各不相同，凡此均與WTO一般原則及規範相違背。世界各國雖然歡迎中國加入WTO，但由於其經貿體制不完全符合市場經濟及貿易自由化精神，因此各會員國意圖援用以往對其他東歐共產國家加入成員之例，在中國入會議定書中載入選擇性的特別防衛條款，直到其完成經貿體制改革。中國為及早免除此等條款存在的壓力，必當加速其經貿體制改革工作。

長遠來看中國加入WTO對其總體經濟與貿易將會產生包括改善價格及資源分配體系、促進貿易擴張及經濟成長等正面效益。以往中國貿易產品的價格係以配合國內計劃價格為主，生產資源並非依照國際價格分配，因此產業結構並未依照國際比較利益配置，部分產業完全不具國際競爭力，尤其是國營企業。雖自一九七八年以來，中國在建立市場機能以取代原有指令經濟上已有顯著改善，但由於貿易制度的嚴重扭曲及缺乏透明化，中國國內與國際價格仍有顯著差距，妨礙其經濟效率進一步提升。在加入WTO後，中國的價格體系將與國際價格接軌而更趨合理化，國際市場價格變動將可直接影響其生產與消費活動，進而形成以國際價格主導的資源分配系統，使其資源配置能更有效率。資源分配的有效性將會促進中國整體經濟效率及生產力提升，尤其是在強大的國際競爭與國際資訊交流下，其生產效率將會實質的改善。此外，隨著外資流入的增加，引進新的技術與管理方法亦將促使中國產業技術與研發能力的蛻變。

### （二）對台灣政府的效益

對台灣而言，加入WTO最大的效益即是可享有法理上的保障，進而與貿易伙伴立於公平競爭之地位。現今台灣的對外經貿機能，主要是透過與貿易對手國之間進行雙邊諮商與談判，以化解彼此的貿易歧見並增進相互經貿關係。但由於貿易競爭愈來愈激烈，在許多雙邊經貿談判中，台灣經常被貿易伙伴要求遵守WTO規範；但是對於許多國家對台灣產品所實施的歧視性待遇，卻由於台灣並非WTO的會員國，以致於申訴無門。加入WTO不但可以獲得最惠國待遇，享有法理上的保障，且可以多邊談判替代雙邊談判，透過WTO的爭端解決機制，以消除貿易對手國的不公平待遇，進而與貿易伙伴立於公平競爭之地位。此外，台灣加入WTO將可獲得各會員國的經貿資訊，增加相互瞭解並創造貿易機會，亦可利用WTO的論壇，公開表達對某些貿易伙伴歧視性待遇或不合理要求反對立場，爭取台灣應有的國際地位與權利。

對國際政治與外交空間有限的台灣來說，加入WTO係提升國際地位與能見度的良機，特別是在中國亦申請入會的情況下，台灣加入

WTO有利於經由國際組織的參與，爭取應有的國際空間與地位，甚至取得與中國政府平等的會員國資格。由於兩岸均申請加入WTO，因此必須接受WTO的安排與其他會員國進行各項經貿議題談判，不論這些會員國與台灣有無邦交，在正式外交關係以外，台灣皆可因入會而與各國建立雙邊及多邊的諮商管道，有效開拓經貿與實質國際外交空間；兩岸政府更可在WTO架構下以平等地位進行談判，透過對經貿政策與事務所形成的共識，加速雙方的認知與交流，尋求全體中國人的最大利益。此外，由於WTO具有與IMF及IBRD密切合作，以使全球經貿政策趨於一致的功能，在台灣無法克服重返聯合國的政治障礙以前，加入WTO亦可增加與其他國際組織溝及合作的機會，為台灣重返國際社會奠定堅實的基礎。

由於WTO要求削減關稅並移除其他非關稅貿易障礙，因此加入即代表降低進口稅賦與障礙及國際競爭增加。消費者將因市場開放而享有廉價及多樣化的消費選擇；廠商亦將因激烈的進口競爭而提高經營效率，經由資源的適度配置，進而提升我國全民的經濟福祉。根據國內外各研究機構模擬分析台灣加入WTO的經濟效益，結果皆顯示出台灣加入WTO後較未加入WTO時，無論在國內生產毛額（GDP）及進出口成長均呈現正面效果；此外，對個別產業而言，除了對少數非關稅工業產品及部分農產品有負面影響外，大部分工業產品及產品皆因台灣加入WTO而獲利，對整體經濟則呈現正面效益。

### （三）對國際經貿體系的效益

自從香港主權於一九九七年七月一日改隸中國後，中國與香港已成為世界第五大經貿實體，僅次於歐盟、美國、日本及加拿大等國；即使將歐盟各國分開比較，中國與香港仍係世界第十一大經貿實體。

台灣的貿易量幾乎與中國相當，因此若將中國、台灣與香港合併計算，此一大中國經濟體出口量甚至超越日本。因此若中國與台灣仍繼續被排於WTO大門之外，所謂「世界」貿易組織或將顯得有些名實不符。換個角度來說，對WTO各會員國而言，中國12億人口所代表的廣大市場，以及台灣基礎建設與強大消費力所形成的市場機會，這也是各國極力想要利用兩岸入會談判的良機，全力爭取自身利益的原因。加上兩岸當局都認為在入會進度上不能落後對方，各國更可藉操控兩岸入會談判進程的方式，成功打開兩地市場。

貿易自由化制度對世界各國的效益是不容置疑的，WTO所象徵的就是一個全球性的貿易自由化體系。就兩岸加入WTO的議題來看，一方面杯葛中國入會同時也將遏阻WTO貿易自由化體系進一步擴張至此一重要的新興市場；從另一個角度而言，台灣係世界第十一大經貿實體，同時也是另一個重要的新興市場，假如因中國無法加入WTO同時亦導致台灣無法入會，則對WTO及世界各國而言，將是非常嚴重的損失。根據估計，自WTO成立到公元二〇〇五年時，如果中國與台灣均係WTO會員國，則世界貿易將可達14%的成長；換算成實際金額，當兩岸均非WTO的會員國，烏拉圭回合所促進的貿易擴張將有1,791億美元；但若兩岸均屬WTO的會員國，則貿易擴張將創造2,296億美元的福祉。

## 二、中國加入WTO的影響評估

### （一）對中國經濟與產業的影響

加入WTO對中國衝擊較大的應是在於各種體制的變革，包括外貿體制、價格體制及國有企業的衝擊等，但對各級產業而言亦將產生一定程度的影響。農業方面，雖然各會員國要求農產品市場開放及關稅調降，但中國若能以開發中國家身分入會，則可享受農業協定第一五條第二項對開發中國家的特殊優惠待遇，於入會10年內採取進口限制保護其國內的農業，可見加入WTO短期內對中國初級產業之衝擊不致太大。就農產品出口而言，加入WTO將有利於中國如玉米、水果及肉類等產品出口，此外，中國尚可利用農業協定之最低進口機會[55]，擴大蔬菜、鮮花等農產品出口；在進口方面，雖然農業協定允許開發中國家有較長的調整期間，但各會員國要求中國農產品市場開放及關稅調降仍將使部分農產品面臨進口衝擊之壓力，包括糧食、棉花、植物油、食糖及羊毛等，此外，過去中國對農產品價格的干預及補貼措施，由於必須根本的變革，加入WTO後勢必對中國價格體制造成不小衝擊。

相對於農業而言，加入WTO對中國第二級產業的衝擊要大很多。由於關稅減讓與全球紡織品市場逐步開放，加入WTO對中國具有國際競爭力與價格優勢（主要是勞力密集型產業）的紡織工業、玩具、風扇、皮革、鞋類及自行車等輕工業與造船工業等產品出口有所助益。但是對於高新技術產品、精密加工機械、精密化工、航空及大型精密醫療機器等發展中產業則將承受高度衝擊；其次為印刷機械、空調器、電腦、汽車及船舶等處於成長階段產業，在未形成規模經濟

---

[55] WTO農業協定基本目的之一即在於降低市場通路障礙，其所採行的基本措施係將非關稅貿易措施關稅化（ratification）。但由於非關稅障礙轉化成關稅後，理論上其保護效果應相當於原來的非關稅障礙，故維持此種關稅化後的高關稅稅率除使原來的貿易障礙變得透明化外，並無任何貿易自由化的促進效果。因此，農業部門談判時各會員國同意，若原來受限制之農產品並無貿易或僅有微量貿易進行，則進口國（即實施關稅化會員國）應提供「最低進口機會」（minimum access opportunity）給其他會員國。詳細討論請參見羅昌發，《國際貿易法》，前揭書，第三三四－三四二頁。

以前，產品、技術水準及服務品質等方面競爭力不足，亦將受到一定程度之衝擊。至於蓄電池、冰箱、鐘錶及機車等產業產品雖已形成規模，但整體競爭力略低於國外競爭商品，入會後可能會因進口壓力而暫時失去部分市場，必須進行一段期間的產業調整及技術改良工作[56]。

至於中國入會對第三級產業的影響，由於中國的服務業發展尚處於起步階段，一九九五年服務業僅占GNP比重的31%，服務業就業人數占總就業人數的比重只有24%，顯然在產業結構中偏低。中國在加入WTO服務業重要議題中，目前僅剩服務業市場開放問題尚未解決，美國、歐體及日本希望中國政府逐步開放服務業市場，允許外商銀行、保險公司直接對中國民眾提供服務，開放外國證券公司在中國設置據點及放寬外國律師事務所的營業限制，放寬外商經營航運、大型批發商、零售商及旅遊業等限制，並開放電訊市場等。面對服務業市場開放壓力，中國當局採行有限制、有選擇及有步驟的開放策略，以減低市場開放所造成之衝擊[57]。整體而言，中國當局對服務業市場

---

[56] 關於中國加入WTO對主要個別工業部門的衝擊，請參見史惠慈，〈大陸是否急於進入WTO〉，前揭文，第八三－八五頁。

[57] 例如為加入WTO，中國當局自一九九七年起有限度開放外資銀行可經營人民幣相關業務，陸續核准美國花旗、香港匯豐、日本東京三菱、興業、第一勸業、三和、上海巴黎國際及渣打等8家外資銀行在上海浦東試點開辦人民幣業務。至於中國保險及證券投資業之開放仍在談判中，中國當局表示保險市場之對外開放將考慮保險經濟發展程度、保險資源狀況及保險市場對外開放的承受能力，先開放沿海中心城市開辦產險業務，其後再開放壽險業務。上述在一定範圍內逐步擴大開放金融、保險、商業及外貿等服務業領域的「試點」策略，將使中國服務業在缺乏競爭力情況下儘可能減少衝擊層面。再者，由於中國在接納外商投資時，均規定須採「合資」型態進入中國市場，此將有助於中國服務業吸收先進的經營與管理技術。請參見蔡宏明，〈加入WTO對兩岸關係的影響〉，前揭文，第一五〇頁。

通路設有諸多非關稅障礙，特別是許可證制度，由於中國入會後必須遵守GATS規範，不可再對外國服務及服務提供者實施歧視性待遇，各種非關稅障礙之消除對中國才剛起步的第三級產業，必將造成一定程度的衝擊。

加入WTO對中國內部經濟體制而言，多年來中國相當程度靠高關稅及進口許可證來保護其國內市場，為加入WTO中國必須承擔「入門費」以換取其他會員國的互惠待遇。由於必須大幅調降關稅並撤除非關稅障礙，短期間進口大量增加的結果可能造成中國國際收支失衡，並在進口商品的消費性示範效果下帶來消費結構的重大改變。中央計劃經濟制度轉變、出口許可管理制度化、外貿企業自負盈虧及允許成立行業商會等將結束外貿經營權壟斷現象，直接衝擊到既有國有企業及特權階級，未來將使兼具行政職能的中國外貿專業總公司及其部屬公司朝向實業化、集團化與國際化方向發展。再者，中國對國有企業的補貼措施逐度取消，再加上外貿經營權的釋放，國有企業在外力競爭衝擊下，經營不善的國有企業將面臨破產壓力，但其釋出的剩餘勞動力，若無法及時受到妥善安頓，隱藏性失業轉變為實際失業的結果可能將導致中國社會之動盪不安。

### （二）對中國就業與政治的影響

長期而言，加入WTO將促進中國經濟進一步的市場化與現代化。但在中短期的產業結構調整過程中，中國當局卻須嚴肅面對可能會出現的大規模摩擦性失業問題。中國勞動力市場基本上屬於路易士雙重勞動市場（Lewis' dual labor markets）的型態。農村人口大致占8成，其間約有1.3億人的剩餘勞動力。雖然農村勞動力基數頗為龐大，然而由於鄉鎮企業及其他私營企業在加入WTO後可望能得到更大的發展空間，農村的就業問題是處於一種可以逐漸改善的狀態[58]。

但在城鎮地區，國營企業乃構成主要的就業來源。迄今中國當局仍未放棄以公有制為企業制度主體的意識型態，仍然堅持攸關國計民生的大型企業由政府主導或藉控股支配營運。雖然國營企業在中國經濟上有其重要性，然因過去指令經濟下效率不彰，虧損頗巨。為了維持社會穩定，中國政府對大部分虧損企業由銀行系統提供信貸維持其經營。由於銀行系統的信貸並非受風險和效益支配，國企虧損亦拖累到商業銀行系統的營運，國營商業銀行壞債與呆帳過高，造成利潤低薄、資本不足的問題，成為醞釀金融危機的溫床[59]。

中國的國營企業問題，在進入WTO後會變得更為尖銳。迅速增加的進口競爭對其國企部門將造成強大的生存壓力。在市場競爭法則下，估計會有1/3國營企業將面臨立即倒閉的風險。縱使中國當局可以對部分企業採取救濟措施，但在有限財力下，仍會有部分國營企業面臨破產的命運。中國目前的城鎮失業率為2.9%，登記失業人數為530萬人，一般相信此官方數值低估了實際的城鎮失業狀況。如果我們保守假設中國加入WTO後會產生額外10%的國企失業率，此即相當於3,000至4,000萬人的城鎮失業人口，在中國入會後將迅速浮上檯面。由於中國尚未建立有效的就業安全制度，加入WTO後進口競爭所可能導致的國企倒閉與城鎮失業問題，及其可能連帶引發的金融危機，將構成嚴重的社會不安及政治不穩定因素，此可謂是中國政府自一九七九年進行經貿改革以來所需面對的最大的風險[60]。

---

58 請參見左原，〈中共加入WTO的基本分析〉，前揭文，第七六－七七頁。
59 請參見左原，〈中共加入WTO的基本分析〉，前揭文，第七六－七八頁。
60 請參見左原，〈中共加入WTO的基本分析〉，前揭文，第七八頁。

### （三）對兩岸經貿關係的影響

中國終將會加入WTO，而入關所付出的代價是一連串的外貿改革。中國關稅與非關稅壁壘撤除、內外銷比例消除、智慧財產權保及特區興開放區優惠措施取消等均會對兩岸經貿關係造成直接的衝擊，尤其是在中國地區投資的台商，可能將面對人民幣貶值、通貨膨脹壓力增大及工資上漲等負面影響[61]。

首先，台灣當局長期堅守的「間接貿易」、「間接投資」等原則有可能被突破。中國加入WTO後，其外貿體制必然加速改革，關稅會再下降，內銷市場將逐漸開放，如此一來，外商到中國投資者將日益增加。台灣商界許多人總把中國視為「台灣經濟發展的腹地」，面對上述外商大舉赴中國投資情勢，自不甘落於人後，更會竭力與外商爭奪中國市場；而如果中國能以開發中國家身分入會，將享有更優越的待遇，使在中國投資的台商亦可獲益沾光。因此，台灣產業界及商業界自然會認定此為一全新的貿易契機，而掀起新的中國貿易與投資熱潮。除貿易量與投資額會持續增加外，台商赴中國投資的領域亦會逐漸擴張到資本密集與技術密產業及金融服務業等新領域。同時，中國資本與勞力亦可能逐步一小批、一小批地進入台灣地區。

再者，中國加入WTO後國際經濟地位可望進一步提高，對外貿吸引力將大為加強，歐美許多高科技產業到中國投資的結果，以中小企業為主的台商投資將會逐漸減低其重要性，因此中國當局對台商赴中國投資將會更加挑剔。且中國入會後市場逐步開放的結果，會有更

61 請參見康信鴻、廖光將、傅安民，〈中共入關對台商成本面影響之研究〉，《台灣經濟金融月刊》，一九九六年三月第三二卷第三期，第九六－一〇三頁。

多台商投資進入商業及服務業領域，但因美國、日本及韓國等大型企業或財團亦相繼赴中國投資的結果，當中國市場逐漸穩定、法令制度漸趨完備後，台商進入中國地區投資商業及服務業等必將面臨與外商之間的激烈競爭。

雖然中國入會後，台資在中國外貿總額中的比重可能會下降，但由於兩岸在WTO規範體制下關稅及非關稅障礙大幅降低的結果，台灣對中國地區的出口可望繼續成長，尤其一旦兩岸通航，轉口貿易額就會再上升，台灣對中國的出口依存度亦將隨之升高，使台灣對中國的經濟依賴程度更加深化。再者，中國加入WTO後，現行台商享有的一些優惠及獎勵措施將逐步取消，台商在中國與外商激烈競爭的結果，為保住其既得利益，只有尋求進一步降低成本，而「兩岸直航」最能為台商節省運輸費用和時間，此將使兩岸直航的壓力大增，且中國當局亦有可能以違反不歧視義務做理由，強迫台灣當局開放兩岸直接通航。

### （四）中國延遲入會的整體效應

理論上，排除中國在WTO貿易自由化體系之外所產生的不利益，應由中國主要貿易伙伴來承擔[62]；事實上，歐美各國之所以繼續延緩中國加入WTO的時程，就是想讓中國政府自行承受此不利益。當然，如果持續被排斥在WTO體系以外所需承受的負擔過重，無疑的中國政府會積極尋求入會管道而不在意其他國家所提出的任何要求，則歐美各國可藉此敦促中國政府作出更多的減讓與開放承諾。然而由現今情勢來看，中國被排除在WTO之外並沒有承受太大的利

62 中國出口產品的供給尤其是紡織品價格提高將不可避免；另一方面，作為世界第十一大進口國，其進口需求數額乃至於進口貿易障礙均將實質影響國際產品生產與價格波動。

益。雖然自天安門事件以降，中國加入GATT/WTO的進程即不斷遲延，但此不利情勢並沒有延緩中國經貿成長與擴張；再者，中國政府透過新興貿易伙伴達成各項雙邊協定，已使其有充足空間繼續促進經貿成長與擴張，不必非得靠WTO多邊貿易制度來實現[63]。值得注意的是，近來中國政府的對外貿易政策趨勢顯示，考量其入會議題並非短期內能夠解決，中國政府將較以往更加重視雙邊協定的簽署。中國廣大市場的吸力是任何國家均難以忽視的，更使其易於與任何國家達成雙邊經貿協定。進而言之，愈多雙邊經貿協定的達成，中國政府無法加入WTO所承受的負擔就愈減輕，則歐美各國要求更多減讓與承諾的目標愈難以實現。

對WTO會員國而言，延遲中國入會可能獲得的利益，在於可迫使中國必須作出更多的減讓與開放承諾，且可敦促中國加速經貿體制改革，以符合國際經貿制度與規範降低將來可能發生的不確定性及市場風險。如果僅從邏輯上來分析，當然是中國讓步的愈多，其他會員國可以獲得愈多，不過問題在於何時中國減讓與承諾的利益可付諸實現？WTO各會員國有兩個選擇，一是接受中國現今已提出的減讓與開放承諾，當然對歐美各國而言此些減讓與承諾仍嫌不足，但獲取利益雖小卻可立即付諸實現；另一個選擇當然是繼續要求中國必須作出更多的減讓與開放承諾，尋求獲取最大的利益與優勢，但由現今情勢看來，此種期待必須等到未來才可能實現。中國方面已表明「絕不接受歧視性的入會條件及超過中國經濟能力的過度且不切實際之要

[63] 以中美紡織品貿易為例，中國雖不能直接享有烏拉圭回合紡織品貿易談判取消關稅壁壘及進口配額的利益，但由於中美紡織品貿易協定的簽署，美國仍然對中國開放其紡織品市場，且美國任何片面減少中國紡織品進口配額的措施，均將導致中國對美國進口產品實施報復。

求」。由此觀之，要想中國提供更多的減讓與開放承諾以符合歐美各國之期待，未來或許有此可能，但現階段幾乎是不可能的事。當然，如果中國入會談判持續現在這種馬拉松式的進行方式，而中國經貿仍能維持如同過去十數年來的快速成長，大概僅須十至十五年中國方面即會接受所有歐美國家要求的已開發國家入會條件，不過，今天的1元不會等於明天的一元，與其等待一個遙遠且尚不確定的承諾，或許歐美各國應慎重考慮先行接受中國已提出的減讓與承諾，待其順利入會後再經由WTO多邊體制與規範運作（如各種雙邊、多邊與回合談判、各委員會及工作小組諮商、貿易政策審查建議及爭端解決機構裁判等）形成足夠的壓力，敦促中國逐步進行更深廣的經貿體制改革及市場開放承諾。

不過若繼續被排除在WTO多邊貿易體系之外，對中國政府來說確實有些許不利益之處。當WTO秘書長Renato Ruggiero在一九九七年四月訪問中國時，曾表示中國應加入WTO有3個主要理由：(1)中國將享有超過130個WTO會員國相互談判承諾賦予的全部利益；(2)中國將可透過WTO議場與各會員國討論貿易問題，並在必要時運用具拘束力的爭端解決機制來維護其權益；(3)只有加入WTO體系中國才能參與21世紀多邊貿易規範的制訂，從另一個角度而言，上述理由也是中國未能加入WTO必須承受的不利益。對中國政府而言，其真正在意的並非經濟上的不利益，而是不能入會的政治上意涵，因為能否加入WTO多少象徵著中國是否能被國際社會廣泛接受。此一政治象徵意義，對中國政府而言更重於經濟上效果，因為經濟上的不利益可經由雙邊互惠協定來減經，但政治上的不利益卻難以消除。

## 三、台灣加入WTO的影響評估

### （一）對台灣總體經濟的影響

加入WTO對台灣經濟面的影響，依經濟部彙整各研究機構對我國入會的經濟評估如下[64]：

1、GATT秘書處評估在一九九二年至二〇〇五年間，台灣入會後對國內生產毛額（GDP）及出口之影響如下：

(1) 對國內生產毛額（GDP）的影響：若模型假設在固定規模報酬及完全競爭情形下，台灣國內生產毛額（GDP）將增加51億美元，其中工業（關稅）部門增加59億美元，工業（非關稅）部門減少13億美元，農業增加5億美元。若模型假設在規模報酬遞增及獨占競爭情形下，國內生產毛額將增加102億美元，其中工業（關稅）部門增加77億美元，工業（非關稅）部門增加21億美元，農業部門增加4億美元。

(2) 對出口之影響：若模型假設在固定規模報酬及完全競爭情形下，則出口將增加4.5%。若模型假設在規模報酬遞增及完全競爭情形下，則出口將成長5.7%。若模型假設在規模報酬遞增及獨占競爭情形下，則出口成長率將達到14.4%。

2、行政院經濟建設委員會應用可計算一般均衡模型（CGE）

[64] 請參見經濟部國際貿易局，《我國加入世界貿易組織現況總報告》（3版），一九九七年一月，第九一二頁；另請參見林祐氏，〈加入WTO對我國總體經濟的影響〉，《台灣經濟研究月刊》，一九九八年六月第二一卷第六期，第一四－一五頁。

之模擬分析，在一九九二至二〇〇二年間，台灣加入WTO較未加入WTO時的國內生產額（GDP）可增加9.7%。出口值可增加16.7%，進口值可增加12.1%。

3、依據台灣經濟研究院假定我接受烏拉圭回合談判降低關稅，於一九九二至一九九九年間各國完成降稅目標後，以IO模型評估，其對國內經濟影響如下：

(1) 對國內生產額（GDP）的影響：一九九二至一九九九年間台灣國內生產額（GDP）可增加新台幣33.82億元，其中農業部門減少新台幣30.37億元，礦業減少新台幣6.8億元，製造業將增加新台幣71.76億元，其他部門則減少新台幣7,643萬元。

(2) 對出口的影響：一九九二年一九九九年間台灣出口值可增加新台幣475.58億元，其中農業部門可增加新台幣1.62億元，礦業可增加新台幣1,300萬元，製造業將增加新台幣473.62億元，其他部門出口則增加新台幣657萬元。

(3) 對進口的影響：一九九二至一九九九年間台灣進口值將增加新台幣200億元，其中農業部門將增加新台幣47億元，礦業將增加新台幣7.96億元，製造業則增加新台幣142億元，其他部門則增加新台幣2.94億元。

4、依經濟部國際貿易局委託中華經濟研究院應用可計算一般均衡模型（CGE）之模擬分析，在一九九二至一九九九年間，台灣加入WTO後國內生產額（GDP）可成長9.8%，總產值增加新台幣22.14億元；出口成長20.6%，出口值將增加新台幣3,500億元；進口成長13.17%，進口值將增加新台幣2,426億元。

5、依經濟部國際貿易局委託遠東經濟研究顧問社利用關稅減讓之產業關聯效果分析，若製造業中所有競爭力強及極強之高關稅產品調降關稅10%，將造成國內總產出減少新台幣30.93億元，但因關稅降低增加的消費者剩餘現值有新台幣46.91億元。若關稅降低至50%，雖總產出的損失剩餘現值增至新台幣154.66億元，但消費者剩餘亦增至新台幣234.66億元。

綜合各研究機構研究之結果，雖然各研究單位所使用的評估基準、模型結構及基本假設均不盡相同，但模擬分析之結果皆顯示台灣加入WTO後較未加入WTO時，無論在國內生產額（GDP）及進出口成長均呈現正面效果。然而就個別產業而言，皆將面臨更大的全球競爭力挑戰，尤其是生產成本相對較高的農林漁牧礦業、品質待提升的商業與服務業及部分在保護政策下才能生存的工業與製造業。就金融層面而言，隨著金融自由化腳步加快，金融體制相對調整幅度隨之擴大，包括對利率、匯率及資本移動的管制放寬與金融市場各項改革措施，均將加速全球或區域金融中心的成形。面對此一趨勢與壓力，各國勢將加速國內金融自由化並擴大對外開放程度，例如台灣當局已計劃在公元二〇〇〇年前解除資本帳管制；然而金融自由化將會產生企業經營風險提高、投資融資工具多元化及財務管理專門化與複雜化等效應，進而促使體質不佳的企業必須退出市場。

總而言之，在台灣加入WTO成為事業後，究竟會出現正面還是負面效果，還是要看台灣政府與民間是否有足夠的因應與調適能力。藉由WTO多邊架構及規範提升國家競爭力與國際地位已成為無可避免的趨勢，因此台灣加入WTO不論是對開拓國際活動空間或是整體經貿利益，皆應具有正面效益。雖然加入WTO短期內部分產業將立即受到衝擊，但長期而言，新競爭壓力或將促使台灣資源趨向更合理運用，有助於提高整體經濟利益、調整經濟體質及強化產業競爭力，當能使台灣加入WTO的正效益遠超過其對國內經濟的負面影響。

### （二）對台灣三級產業的影響

若要加入WTO，勢必要做相當的市場開放承諾，此表示台灣的非關稅措施必須依照規範消除、關稅必須依照規範降低、補貼必須依照規範減少或避免；這對消費者來說固然有利，但對於個別產業而言，尤其是傳統上較受到保護的產業，則將面臨重大的挑戰。根據貿易理論，降低關稅或開放市場對經濟福利將有正面影響，一方面消費者剩餘會因實際支出價值減少而增加，另一方面，國內進口競爭產業因關稅降低或市場開放而改變其比較利益的情況，雖然可能導致生產減少的損失，但由於進口競爭促使生產資源移往生產力較高部門，仍將產生正面的貿易利得。台灣加入WTO對整體經濟層面而言確屬有利，但對某些特定產業而言，調降關稅及進口競爭所帶來的挑戰，仍是台灣入會不可忽視的問題。

#### 1、農業部門

過去基於糧食安全的考量下，當局常以減稅、設限及補貼等措施，給予農業部門高度的保護。未來農產品開放進口後，農業將是遭受衝擊及影響範圍最大的產業。由歷經8年拉踞的烏拉圭回合談判中可看出，各國對農業無一不採取高度保護的措施。而自原先各國對農產品貿易政策南轅北轍的看法，及至最終協議的達成，亦重新規範了國際農產品貿易的秩序。台灣與日本、南韓等國類似，均屬於地狹人稠的地區，在農業生產上不具有比較利益，當政府以全方位之勢全力朝向公元二〇〇〇年入會的目標邁進時，台灣農業亦處於山雨欲來風滿樓的緊張氣氛中。

國內政策對農業的保護，除了經由境內政策對農產品給予價格支持、對農業生產給予生產要素補貼、對農民生活福利予以改善等外，在貿易政策方面也有關稅與非關稅的保護。就關稅保護方面，台灣目前農產品稅率約在20%，但仍有部分項目稅率高達50%，這些項目包括食用雜碎、香菇、洋蔥、瓜類、糖及飲料，以及柑橘、番石榴、芒果、鮮蘋果、葡萄柚、梨、鮮桃等各種水果，由於關稅減讓一向是GATT/WTO致力推展降低貿易障礙最有成效的項目，因此台灣入會談判中當然會面臨其他會員國要求我削減關稅的威脅。至於非關稅的邊境保護又分限制進口、限制採購地區及須檢附相關單位同意文件等，其中限制進口及須檢附相關單位同意文件的項目，包括國內主要生產的稻米、砂糖、乳製品及雞肉等各項，這些均不符合GATT第一一條數量限制禁止原則及GATT/WTO透明化規範要求，在展開入會談判時即已成為各會員國關切的焦點。尤其是對於開放稻米進口之議題上，在台灣係以已開發國家身分申請入會的情形下，將使我國面臨縮短調適期的壓力[65]。另外，為爭取加入WTO，行政院農委會更對

[65] 據學者估計，以稻米市場為例，台灣稻米市場開放後按日本限量進口模式之調適期為6年，至公元二〇〇一年將開放稻米12萬7千公噸的進口量，則預估國稻米價格降幅為27.02%，國內供給量降幅為5.09%，國內需求量增加3.04%；按韓國限量進口模式之調適期為10年，至公元二〇〇五年將開放稻米進口6萬4千公噸，預估國內價格降幅為13.98%，國內供給量降幅為2.54%，需求量增加1.52%。若依種植面積來換算，台灣省糧食局估計，按日本模式進口之衝擊，第1年種植面積將減少1萬公噸左右，至第6年時將減少3萬公噸，影響相當有限；但是若非照日、韓市場開放模式，則將來影響恐怕會很大。詳細討論請參見黃萬傳，〈我國加入GATT對稻米運銷部門之衝擊及因應對策〉，《台灣經濟》，一九九五年第二二三期，第五〇－六一頁。

糖類貿易自由化訂定時間表，將以6年的時間，從開放國內消費量的13%，逐漸增加至28%，關稅稅率則由186%遞減至143%。此外，鮮柿及桃限向歐美採購、鮮蘋果不准自日本進口之規定，也將在各會員國的要求下取消。凡此種種，都將使得過去受高度保護的農業，面臨著空前的挑戰。

整體而言，依據烏拉圭回合談判協議內容，台灣農業部門在加入WTO對內支持及出補貼的影響不大，主要的衝擊係來自來市場的開放。由於我國是小農制國家，農作物生產規模小，產品較缺乏國際競爭力，因此一旦市場開放之後，將使我國相關產業及農民利益受到相當影響。目前國內農業部門因應入關當務之急的對策是降低市場開放後之衝擊。主要的作法包括[66]：

(1) 加強邊境管理。對於農產品進口，積極爭取較有利之調適條件。例如稻米方面，比照日、韓市場開放模式，其他農產品則爭取產業調適期或採關稅配額進口的方式。另外，在補貼措施上，應逐步以直接給付（對地補貼）取代保價收購，徹底落實「生產與所得分離理念」。

(2) 調整國內農作物之產銷結構。稻米方面，為防止市場開放之後產量過剩，應繼續推動稻米轉作；其他農作物則加速改善生產環境，提高機械化作業程度，加強改進生產技術及新品種選育，以增強市場競爭力。

---

[66] 詳細討論請參見楊豐碩，〈加入WTO對國內農業發展之影響及其因應〉，《經濟情勢暨評論》，一九九七年八月第三卷第二期，第一六－一七頁；張耀仁，〈加入WTO台灣農業部門之因應對策〉，《台灣經濟研究月刊》，一九九六年七月第一九卷第七期，第二〇頁；陳武雄，〈爭取調適期因應農產品自由貿易〉，《貿易週刊》，一九九五年八月三十日第一六五三期，第一三－一四頁。

(3) 提升農產品品質與多樣化利用。良質米是入關後可作為國產品與進口米市場區的利器，亦是迎合消費者注重高品質的良方，因此建立國產稻米分級選銷及檢驗，塑造國產米優良品牌的形象有助降低入會後的衝擊。另外，農產品之多樣化利用以提升附加價值，亦是可行的方法。

(4) 擴大經營規模，降低生產成本。規劃集團栽培班，以代耕代營隊為核心，按灌溉區規劃25至30公頃農田為集團栽培班；100至150公頃為集團經營隊，接受小農及兼業農之委託之代耕或代營，並提升生產自動化與機械化，降低生產成本。

(5) 進口損害救助措施。市場開放後，政府雖致力於降低整體社會之衝擊，但是對於部分農產品及農民利益仍無法完全兼顧，因此必須有一套完善的進口損害救助措施，以補償農民的損失。

(6) 在農民福祉因應策略上，應著重於農民年金制度之建立、天然災害救助之強化，以及加強農村整體建設。

2、工業部門

台灣工業產品在面臨入會議題上，整體而言所表現出的因應能力，似乎較農業產品為佳。原因是台灣目前的工業產品稅率中，零關稅的工業產品約占13%、0.1%至5%稅率的工業產品約占46.28%、5%至10%稅率的工業產品約占23.67%。亦即，逾八成的工業產品稅率，均在10%以下。因此，台灣加入WTO後，降低關稅對一般產業的影響程度不若農業般嚴重。即便如此，仍有部分產品之稅率較高而存在有向下降稅的壓力，這些產品包括汽機車、電機工業、消費性電子業、機械工業及鋼鐵業等。其中，又以汽機車所面臨的衝擊最為嚴重。

由於汽機車業的產業關聯效果大，因而在政府扶持幼稚產業政策下，對於汽機車業形成高度保護。除對進口汽機車課以30%以上的高關稅外，更有50%自製率與進口區域限制等非關稅障礙措施。一旦台灣加入WTO並遵循烏拉圭回合談判協議，可以預見的，汽機車業將是工業部門中受衝擊最大的產業。台灣加入WTO對汽車工業的衝擊，主要來自進口汽車的價格競爭，其影響因素則為「匯率」與「關稅」。再者，全面撤除現行自製率規定後，對成車廠而言，一些不具生產利益的零件可自國外進口，不但可增加採購彈性，且可增加開發成本，有助於價格競爭力之提升；然而對於零組件廠而言，其影響恰巧相反[67]。其實自製率全面取消後，國內汽車零組件業是否即因門戶洞開而面臨內需市場萎縮的窘境，關鍵因素還是在於汽車製造廠的態度，如果汽車製造廠為提升價格競爭力，而大量採購技術母廠或其海外生產基地價格相對低廉的零組件，則對於國內OEM零組件業者就可能產生致命的打擊，而汽車工業也將淪為裝配業，附加價值不過5%。因此，「整車」固然帶動「零組件」產業的發展，但零件組件業的興衰卻也牽動整個汽車工業的榮枯，二者相輔相成，缺一不可[68]。

---

67 國內汽車零組件廠雖有2000家以上，但主要以售後服務市場為主，供應OEM零組件的僅300家左右，而其中具國際競爭力的不到100家。產品方面，扣除一些因運送不便，必須現地採購的項目如安全玻璃與座椅等，僅35%左右的項目具有國際競爭力。此外，「汽車工業發展策略」規定中15項主要零組件應選5項在國內自製的項目中，僅有車門及活塞等約15%零組件具有次佳的競爭力，其餘零組件則可能面臨被進口零組件取代的威脅。請參見扈永安，〈化危機為轉機——談加入WTO對我國汽車工業的影響〉，《台灣經濟研究月刊》，一九九七年十二月第二〇卷第一二期，第六一頁。

68 對整車廠而言，自製率取消後，一些不具生產利益的零組件自國外進口，固然有助於競爭力之提升。然而必須注意的是，就長期及整體而言，汽車

另外，國內菸酒市場將因加入WTO而開放，現行菸酒專賣制度亦有回歸稅制的壓力。再者，烏拉圭回合談判新制訂的TRIMs協定規範，對台灣當局藉由投資管理達到引進技術及發展產業的政策有所影響。台灣目前存在的外銷比例、自製率、技術移轉、製造限制及外資比例等相關投資法規，都將因加入WTO後必需有所調整。台灣工業部門因個別產業結構與競爭能力的差異，所面臨的調整壓力各有不同，短期內為降低因門戶洞開而受之衝擊，可在WTO規範下盡力爭取調適期間，亦可藉由進口救濟制度來紓緩國內產業所遭受的影響；長期而言，應協助國內產業結構調整，培植廠商研究發展的能力，厚植工業基礎，以高科技產業為台灣未來經濟發展的重心。

3、服務業部門

台灣要想加入WTO必須符合GATS相關規範。雖然加入WTO可使台灣服務業者在國際上處於公平競爭的地位，長期而言對台灣服務業之發展有正面助益，但短期間內亦有可能對台灣服務業部分產業造成衝擊。遵守GATS可謂台灣帶來的具體效益包括：(1)擴大商機：GATS的基本原則是用於所有WTO會員國，亦即相對於台灣服務業市場的逐步自由化，其他會員國亦須對台灣開放服務業市場，並且符合最惠國待遇、國民待遇及透明化等基本原則，因此台灣服務業者正可

工業若放棄零組件產業，其嚴重後困可能如同自斷前途。雖然短期可能因為進口零組件成本較低，而與進口車一較長短；但長遠考量，由於裝配整車的附加價值低，加上技術、材料及零組件受制於人，一旦遭到對手打壓亦束手無策。因此不論從自身或整體的利益考量，中心廠仍應於自製率取消後，一本強化零組件產業的初衷，在適度增加採購彈性的情形下，依然使用國內零組件，但同時亦應給零組件業者適度壓力，要求其強化管理、降低成本。更積極的作法則是透過國外商業或技術合作廠家，輔導零組件業者加入國際分體系，邁出國際化的腳步。

藉此機會輸出服務，逐漸開拓國外服務業市場：(2)提升國內服務技術水準：服務業市場的漸進自由化，除可減低保護政策所帶來的社會成本外，並可藉由外國服務業者的加入市場競爭，加速台灣服務業國際化，引進外國公司優良的管理技術，以較低成本提供較佳的服務品質，提升從業人員素質與經營績效同時帶動新產品開發，對台灣服務業的長遠發展有產生正面效益；(3)增進消費者福利：市場競爭愈激烈，不僅可刺激業者提供較高品質的服務，並且增加消費者的選擇機會，消費者無疑將成為市場開放的最大受惠者。至於許多人擔心一旦服務業市場開放，會減少國內的就業機會，實際情況卻未必如此。因服務貿易與一般商品貿易的特性不同，大部分服務之提供均需透過當地投資，設置經營廠所並僱用本地勞工，故開放外國服務業進入國內市場，並不至於造成國人就業機會的流失[69]。

相對的，台灣加入WTO後遵守GATS規範的結果，原先只對少數特定國家開放之服務業市場，必須無條件開放所有其他WTO會員國；一切有關服務貿易之措施必須公開化、透明化，本國業者與外國業者亦須適用同一套投資經營標準，短期而言國內業者將面臨外來競爭的嚴重衝擊，尤其在各會員國最感興趣的電信、金融、保險及運輸等行業。整體而言，由於GATS的實質義務及規定可分為一般原則及特定原則二類，因此，在台灣加入WTO時，不符合GATS最惠國待遇等一般原則的法規或措施，必須立刻加以調整；不符合GATS國民待遇等特定原則的法規或措施，則須受限於台灣服務業特定承諾表上所

[69] 詳細討論請參見侯山林，〈台灣服務業的新紀元——GATS對服務業之影響與我國的因應之道〉，《台灣經濟研究月刊》，一九九七年十月第二〇卷第一〇期，第三十九頁；盧素蓮，〈加入WTO對我國服務業之影響及對策分析〉《經濟情勢暨評論》，一九九七年八月第三卷第二期，第五十八頁。

作之承諾，換言之，承諾表上尚未開放的法規或措施，仍可繼續適用。實際上，各國服務業承諾表並非可片面單獨決定，而須經多邊談判方能定案，因此與台灣經貿關係密切的會員國所關切與重視的相關法規，勢必難逃開放壓力；而各會員國所承諾開放的程度，亦將影響台灣承諾表的開放範圍[70]。

為符合GATS規範，台灣現行不符合最惠國待遇義務、國民待遇義務及市場開放原則的法規與措施，服務業部門主管機關應盡速研擬調整方案[71]；另一方面，亦應檢討是否可利用GATS各項例外規定，替台灣服務業者爭取調整時間，在合理競爭環境下提升業者的國際競爭力。就個別服務業部門而言，雖然台灣承諾開放的行業涵蓋商業服務、通訊服務、營造及相關工程服務、行銷服務、教育服務、環境服務、金融服務、觀光及旅遊服務、娛樂、文化及運動服務與運輸服務等十大類服務業[72]，但依經經濟部之調查顯示，加入WTO對台灣個別服務部門影響較大者在於金融、電信及服務運輸等行業。至於因應之道，短期而言仍在於加強業者本身及早調整營運的觀念，並增強自身的競爭能力，而政府對於極可能面臨嚴重衝擊的產業部門，亦應透過

---

70　請參見侯山林，前揭文，第三十九頁：盧素蓮，前揭文，第五十六頁－五十八頁。

71　有關台灣現行政策與GATS最惠國待遇、國民待遇及市場開放及市場開放等原則不符者，可參見盧素蓮，前揭文，第五十九頁－第六十二頁，表二，表三及表四。

72　台灣得服務業承諾表，主要係秉持下列四大原則研擬：（1）依據我國經濟發展需要；（2）依據其他締約國市場開放程度；（3）依據國內產業接受競爭能力；（4）依據開放後國內法則、秩序等之可能衝擊；至於承諾表的具體內容，可分為水平承諾、特定行業承諾及豁免最惠國待遇清單等部分。詳細內容請參見經濟部，《我國加入世界貿易組織參考資料，（三）——服務業篇》，一九九六年。

談判協商，儘量爭取分階段開放市場的承諾方式，並給予業者必要的輔導協助，以利其轉型或升級；長期而言，政府需建立一套完善的法則架構及符合國際規範要求的競爭規則，並在公平競爭的基礎上加強維持市場經營及交易秩序，確保國內消費者能因競爭而享受更多樣化且服務品質提升的利益[73]。

### （三）對台灣勞動就業的影響

加入WTO對台灣勞動者就業狀況所可能產生的影響，源自於各產業在入會後的衝擊、適應能力以及衍生的產業結構轉型。加入WTO後，透過國際市場的開放與貿易自由化，雖可增加台灣的貿易出口能力，但同時也必須承受各國產品的進口與競爭。雖然依據經建會的估計，未來加入WTO後，10年內台灣的國內生產毛額（GDP）將增加500億美元，亦將增加10萬個工作機會，但對於部分長期受政府關稅保護、規模較小及不具競爭力的產業，仍將造成一定程度的負面衝擊，進而減少勞動者就業情況與機會。再者，產業結構轉變、市場開放及貿易自由化，加上WTO規範體系對智慧財產前保護的重視，皆促使台灣未來必須增加具備專門技術能力人才的聘用。此外，近年來由於經濟不景氣，產業界多主張外籍勞工不應適用台灣勞動基準法與基本工資等相關規定。然而未來加入WTO後，台灣必須符合對外籍勞工賦予國民待遇之國際要求，因此對於現今已開放30萬外籍勞工將造成相當衝擊，進而影響企業對本國勞動者雇用狀況[74]。

---

73 請參見侯山林，《台灣服務業的新紀元——GATS對服務業之影響與我國的因應之道》，前揭文，第三十九頁－第四〇頁。

74 詳細的討論請參見洪毓甡。〈加入WTO對我國勞動市場衝擊之剖析〉，《台灣經濟研究月刊》，第二十一卷第一期，第一〇四頁－一〇七頁。一九九七年一月；洪毓甡，〈加入WTO對我國勞動者就業之影響〉，《經濟情勢暨評雖然加入WTO有助於台灣產業結構健全化，且透過在WTO架構下進行的關稅減讓談判與拘束，以出口為導向的台灣經濟型態將有長足發展。但不可諱言的是，加入WTO將會影響部分勞力密集產業生存，產生摩擦性失業問題，甚至因技術無法轉換其他職業而造成結構性失業問題。在失業人口增加且失業問題日趨嚴重的情況下，強化台灣的就業安全體系變成十分重要的工作。一般說來，就業安全體系包括職業訓練、就業輔導及失業保險三大部分，就業安全體系功能的優劣，能直接影響勞動者的實際就業狀況。勞動市場中介業服務功能越健全，勞動者的摩擦性失業狀況亦能實質減少。因此，未來加入WTO後，政府除了應重新思考現行就業安全體系的適當性與健全性外，更重要的是提供符合時代需求的職業訓練與就業服務功能給需要協助的勞動者；對於特定對象，例如因產業環境變化而成為怯志工作者[75]。

另一方面，外籍勞工的引進對台灣就業市場同時具正面與負面的效果，一方面引進藍領外勞可解決勞工密集產業的勞工短缺現象，引進白領外勞則可解決企業缺乏專業人才的問題，且其所具備的專業知識更可作為本地勞動者學習的對象；另一方面，引進外籍勞工所產生的替代本國勞工就業機會情形，卻是政府相關單位不可忽略的重要問題，尤其農業部門及勞力密集產業將因入會衝擊而釋出大量勞動人口，未來如何避免外勞的替代效果及對失業勞工就業機會的剝奪，應是政府必須妥善規劃的重點。再者，雖然引進白領外勞有助於解決台灣短期內對專業人才的需求，但如何引進適當的白領勞工，使其一方面可作為本土勞動者學習新知的來源，另一方面卻不會產生替代效

論》，一九九七年八月，第三卷第二期，第九十六頁－一〇二頁。

75 請參見洪毓甡，〈加入WTO對我國勞動者就業之影響〉，前揭文，第一〇二頁－一〇四頁。

果，才是政府必須詳加審酌的關鍵。政府宜重新思考白領勞工引進的適當性與人數，並定期評估引進外勞對本地勞動者的影響，避免因過度引進外勞而產生替代效果及更嚴重的失業問題[76]。

---

[76] 請參見洪毓牲，〈加入WTO對我國勞動者就業之影響〉，前揭文，第一〇五頁－一〇六頁。

# 第三章　世界貿易組織架構下兩岸經貿新秩序

世界貿易組織（WTO）已於一九九五年一月一日正式成立，為爭取儘早加入WTO，兩岸均積極與各會員國進行雙邊及多邊入會談判，面對不同範圍及程度的經貿體制調整及市場改革開放要求。對兩岸政府而言，除為爭取至少2/3多數WTO會員國的支持，同時調整國內經貿體制以面對入會可能產生的不利衝擊外，加入WTO對兩岸經貿互動的影響，更是一關鍵性課題。

雖然自一九八〇年代中期以來，兩岸貿易與投資關係日趨密切，但根據現階段中國經貿政策和「兩岸人民關係條例」、「台灣地區與大陸地區貿易許可辦法」、「在大陸地區從事投資或技術合作許可辦法」、「台灣地區與大陸地區金融往來許可辦法」等法規，台灣政府對國內資金流向中國、中國資金進入台灣、雙邊貿易進行、人員進出、資源移動、金融往來乃至於糾紛處理等各層面，均存在有別於台灣與其他國家經貿往來之規範與限制。究竟兩岸加入WTO後，對兩岸經貿互動關係有何影響？實取決於兩岸是否適用WTO規範及兩岸加入WTO後的經貿體制改革、市場競爭及兩岸產業發展方向，甚至於國際經濟環境因素均將實質的影響兩岸關係的發展。

本章將針對兩岸在WTO架構下所衍生的若干經貿法制與政策問題，做主題式的討論。本章分為三大部分，首先將針對兩岸應否排除WTO相互適用關係及兩岸是否適用WTO規範的可能互動架構，提出假設與分析。當然，WTO會員國間的排除適用相關規定，包括GATT/WTO

規範體系中的國家安全例外條款，均將做重點式的說明。第二節將針對兩岸三地在WTO體制架構下的法律關係與定位，分別檢討台灣的中國經貿政策與規範，尤其是間接貿易、間接投資及間接通航政策，在WTO規範體制下是否仍可維持不變，以及適用WTO互動架構對兩岸經貿關係的影響。必須先予說明的是，探討中國經貿政策與規範在WTO規範體制中的適用，必須基於兩岸任何一方均未援引排除適用條款的前提下，亦即兩岸相互適用WTO規範架構時，探究此一問題才有意義。

最後一節將針對許多學者分別提出的兩岸三地經貿整合構想，分析其概念、形式、層次及各項有利與不利因素，同時也將一併說明區域性貿易組織與GATT/WTO多邊貿易規範的相互適用關係。必須強調的是，雖然兩岸三地經貿整合對各方均有實質的政經利益，但兩岸間長期的意識型態與主權爭議，不僅影響雙方正常的經貿交流，更不利於兩岸推動任何形式的經濟合作方案。因此，如何真正使政治色彩遠離經貿議題，使兩岸三地經貿合作之目的在於經濟上共同獲得「盈利」，而不是建構在政治企圖上的「角力」，進而促使三邊經貿交流正常化與制度化，開創「互利三贏」的局面，應是兩岸政府決策者必須深思熟慮積極努力的目標。

## 第一節　排除適用條款與兩岸經貿關係

### 一、GATT/WTO會員國間的排除適用

#### （一）GATT 1947會員國間的排除適用

GATT大部分的條款是從ITO憲章規定轉化而生的，ITO憲章中並無排除適用規定，同樣的在一九四八年生效的GATT條文中，亦沒有

排除締約國間權利義務的相關規定。當時的GATT總共只有34條，對新國家的加入原係要求須締約國全體一致同意始可加入，但隨後各締約國代表認為此一要求過苛，故協商要求將全體一致同意的規定改為只要2/3締約國多數同意即可。一九四八年三月締約國整體決議修改GATT第三三條規定，將接受新國家入會的程序由共識決改為2/3多數同意，然鑑於各締約國係經由相互進行各種關稅減讓及其他實質經貿議題的談判，以產生GATT權利義務關係並受規範拘束，如果兩國之間既未進行談判亦無任何實質經貿利益的交換，即使其中一國係經由2/3多數締約國的同意加入，也不應強使兩國相互適用GATT規範體系，因此締約國整體在修改GATT第三三條規定的同時，增設第三五條規定，使不願發生GATT權利義務關係的締約國，得以相互排除GATT規範的適用，此即「排除適用條款」規定。

GATT第三五條（標題為「特定締約國間互不適用本協定」（Non-application of the Agreement between Particular Contracting Parties））第一項規定「本協定，或本協定第二條，在符合下列情形時，並不適用於任一締約國與任何其他締約國間：(a)若此二締約國未曾進行關稅談判；且(b)其中任一締約國在任何一方成為締約國時，並不同意此項適用。」依此規定，新加入國或原來的締約國均有權主張排除適用條款，但其主張的時點須為其中任何一方加入時，且必須此二國之間未曾進行關稅減讓談判[1]。GATT第三五條並未規定引用的法定方式，亦未限制其引用的理由，因此原締約國或新加入國家，無論係基於政治

---

[1] 然若此二國之間曾經進行非GATT贊助的關稅談判，或此二國均曾以觀察員身份曾出席GATT會議，甚或此二國間曾經進行非關稅議題談判，均尚不能謂已進行本條規定所稱之「關稅談判」。請參見羅昌發，我國加入GATT所設兩岸法律關係若干問題，收錄於氏著，《貿易關係之法律問題》，一九九四年，第二七九－二八〇頁。

上或經濟上的理由，在後者加入時以照會（communication）方式通知GATT秘書處，或以宣告（announcement）方式表達援引排除適用條款，均可達成同樣目的[2]。至於排除適用的範圍，可以主張排除全部GATT權利義務關係，亦可僅排除適用第二條的規定。然而，迄今的實踐尚未發現有締約國引用第三五條規定排除第二條適用的案例，一般均係不適用GATT全部規範，因為第二條乃關於減讓表的規定，若不適用第二條，則兩國之間無關稅減讓與拘束關係，在某種程度上適用其他條款亦毫無意義[3]。

值得注意的是，GATT理事會於一九九四年三月二十三日通過一項決議，讓締約國與欲申請加入GATT的政府得進行關稅減讓談判，且不影響任何一方對他方引用GATT第三五條規定的權利[4]。此一決議表面上係為避免加入國有意不接受GATT規範義務而迴避與特定締約國進行關稅減讓談判，實際上該決議係為符合美國的需求，使其可光明正大的與中國及保加利亞政府進行入會關稅談判，另一方面仍保有對二國

---

2 不過GATT第三五條第二項規定「當任何締約國請求時，締約國整體得審查本條規定在特定案例下之運用情形，並做成適當建議。」本項規定顯係為了避免排除適用條款遭受濫用，因而賦予締約國整體審查的權力。雖然條文僅要求締約國整體做成「適當建議」，其法規範效力不足，但政治上的影響力仍不可輕易忽視。如多數締約國認為一國有濫用權利的情形，對該國經貿關係的拓展與國際合作的進行，均有相當不利的影響。

3 靖心慈，〈海峽兩岸未來如何排除世界貿易組織權利義務關係〉，《經濟前瞻》，一九九八年三月五日第一三卷第二期，第八九頁。

4 GATT, L/7435, Decision of 23 March 1994: “A contracting party and a government acceding to the General Agreement on Tariffs and Trade may engage in negotiations relating to the establishment of a GATT schedule of concessions by the acceding government without prejudice to the right of either to invoke Article XXXV in respect of the other.”

引用排除適用條款的權利[5]。不論如何，該決議實質上修改了GATT第三五條的要件，但並非經由第三〇條規定的協定修正程序，而係另以決議方式規避了GATT的條文義務，在法理上實有可議之處。

## （二）WTO會員國間的排除適用

GATT第三五條規定在一國申請入會時，原來的締約國或新加入國家，均得援引排除相互間的權利義務關係，此一規範精神為WTO協定所延續[6]。WTO協定第一三條（標題為「特定會員國間多邊貿易協定的排除適用」（Non-Application of Multilateral Trade Agreements Between Particular Members））第一項即規定「若任何二會員國之一方，在任何一方成為會員國時，並不同意相互適用，則本協定及附件1與附件2的多邊貿易協定應不適用於此二會員國之間。」由於WTO協定所規定排除「多邊貿易協定」的適用，在範圍上應包括GATT，故WTO協定第一三條事實上已經修改了GATT第三五條的規定，亦即在WTO規範下，若欲排除GATT的相互適用（或其他附件1與附件2列載之多邊貿易協定如GATS、TRIPs協定及DSU等），只能援引WTO協定第一三條第一項的規定，而非主張GATT第三五條第一項的規定[7]。

---

5　請參見羅昌發，《國際貿易法──世界貿易組織下之法律新秩序》，月旦出版社（台北），一九九六年，第四〇頁。

6　WTO協定將會員國間的排除適用分為二種情形，第一種為WTO協定本身及多邊貿易協定的排除；第二種為複邊貿易協定的排除。關於後者，請參見WTO協定第一三條第五項規定，於茲不贅。

7　但有疑問者，係援引WTO協定第一三條第一項規定時，是否必須將所有的多邊貿易協定（包括WTO協定本身、GATT、GATS、TRIPs協定及DSU）一併排除，可否選擇性的排除一或數項協定，甚至僅排除某協定一或數項條文規定之適用。關於此點，WTO協定本身並沒有明示，但觀察WTO協

應說明者，引用WTO協定第一三條第一項規定時，應係對WTO協定本身及附件1與附件2的多邊貿易協定規範全部排除適用，並不能選擇其中一項或數項協定排除適用。再者，二國間互不適用的決定，必須在任一方成為WTO會員國的時點提出，不論是新加入國家或已加入會員國，或二者均係新加入國家，在任一方加入時他方或自己即須提出排除適用的要求[8]。依照WTO協定第一三條第三項規定「限於在部長會議通過載明加入條款之協定前，不同意相互適用之會員國曾通知部長會議，始可適用第一項之規定。」故主張排除適用的最後時機，應是在部長會議（或總理事會）表決程序完成前，任何一方若已表決通過成為WTO的會員國，則任一會員國均無權利對任何其他會員國引用WTO協定第一三條第一項規定，即使是原始會員國，亦復如此[9]。

不過，由以往GATT 1947的實踐經驗顯示，是否同意新申請國加入

---

定第一三條第一項之規範用語，似乎不可選擇性排除適用，且其並無如GATT第三五條第一項規定之安排（可排除整個GATT，亦可僅排除GATT第二條）。事實上，如果允許會員國選擇性的排除適用，則將使所有WTO會員國問的權利義務關係變得十分複雜，回復到烏拉圭回合談判前的混亂情況，進而使WTO整體規範架構被割裂數套甚至相互衝突的制度。因此，如果會員國間想要排除一或數項協定或條文規範之適用，應該援引WTO協定第九條第四項的棄權（waiver）規定，而不是援引第一三條第一項的排除適用條款，如此才符合WTO協定之整體規範設計。

8 至於引用排除條款的法定方式，WTO協定第一三條亦未明確規範，同樣的也沒有限制其引用排除條款的理由。因此原會員國或新加入國家，無論係基於政治上或經濟上的理由，在後者加入時以照會方式通知WTO部長會議（或總理事會），或以宣告方式表達援引排除適用條款的意圖，均無不可。

9 就WTO原始會員國間的相互排除適用而言，依照WTO協定第一三條第二項規定，只有當該等會員國在仍為GATT 1947之締約國時曾引用GATT第三五條規定，且在WTO協定生效時其排除適用仍為有效的情形下，原始會員國間方能引用WTO協定第一三條第一項規定。

與是否援引排除適用條款，在觀念上係屬不同層次的二件事。因此，會員國可以同意新申請國家加入WTO，亦即在部長會議（或總理事會）表決時投下贊成票，但另一方面卻對該國援引排除適用條款。再者，與GATT第三五條規定相同者，援引WTO協定第一三條第一項的排除適用條款，並不需要任何理由說明，一國就係基於經濟上的原因或政治上的考量，並非所問[10]。此外，在WTO協定第一三條第一項規範下，並無二國間不可進行關稅減讓談判的條件限制，此與一九九四年三月二十三日GATT理事會所做成的決議內涵相同，但並無法理上的瑕疵。

### （三）GATT/WTO國家安全例外條款

如前所述，GATT第一條規定會員國不得歧視其他會員國的產品；第三條規定會員國對於進口產品，應賦予與國內同類產品平等的待遇；第一一條則規定，會員國不得運用任何形式的數量管制措施，限制或禁止其他會員國產品的進出口。但此等原則並非毫無例外，例如GATT第二四條規定允許會員國間成立自由貿易區或關稅同盟，使其彼此之間消除關稅及其他貿易障礙，卻可對區域整合成員以外的GATT/WTO會員國產品，賦予差別的待遇；又例如已開發國家可對開發中國家賦予普遍性優惠制度（GSP）待遇，而無須對其他國家賦予相同的優惠待遇。上述例外情形，或係基於經濟上的理由，使GATT/WTO各會員國認為有此必要性；但在GATT/WTO規範體系中，亦非全然不許以政治上的理由作為限制貿易自由化的正當

---

[10] 不過，WTO協定第一三條第四項亦設有與GATT第三五條第二項相同的審查機制，只是負責審查的機構在WTO成立後應改由部長會議來執行。除審查機構不同外，其他條文規定內容均相同，亦顯示WTO會員國間普遍存在相互尊重其選擇排除適用權力的心態，而不願給予過多的干涉。

性基礎，例如前述之GATT第三五條或WTO協定第一三條規定。除此之外，特別值得注意者，係GATT第二一條、GATS第一四條之一及TRIPs協定第七三條均設有類似規定的「國家安全例外」（Security Exceptions）條款。

一國最根本的利益在於生存，故若此一基本的生存利益遭受威脅時，GATT/WTO規範體系允許會員國採行適當的限制措施以維護其國家安全。GATT第二一條規定「本協定不應被解釋為：(a)要求任何締約國提供任何資料，且該締約國認為該資料之揭露違背其重大安全利益（essential security interests）者；或(b)阻止任何締約國採取其認為保護重大安全利益之下列必要行動：(i)關於原子分裂物質或用以製造該物質之原料；(ii)關於武器、彈藥、及戰爭物質之運輸，及其他可用以直接或間接提供軍備之物品及物質之運輸；(iii)在戰時或其他國際關係緊急情況所採取之行動；(c)阻止任何締約國依照聯合國憲章，為維持國際和平及安全所採取之任何行動。」GATS第一四條之一及TRIPs協定第七三條規定雖在條文用語上與GATT第二一條規定稍有不同，但其實質內涵均屬一致[11]，且依照以往GATT的實踐經驗

---

[11] GATS第一四條之一第一項規定：「本協定不應被解釋為：(a)要求任何會員國提供任何資料，且該會員國認為該資料之揭露違背其重大安全利益者；或(b)阻止任何會員國採取任何其認為保護重大安全利益之下列必要行動：(i)關於服務的提供，係為直接或間接供應軍事設施之目的；(ii)關於可分裂或可融合之物質，或其所衍生的物質；(iii)在戰時或其他國際關係緊急情況所採取之行動；(c)阻止任何會員國依照聯合國憲章，為維持國際和平及安全所採取之任何行動。」另外，TRIPs協定第七三條則規定：「本協定不應被解釋為：(a)要求任何會員國提供任何資料，且該會員國認為該資料之揭露違背其重大安全利益者；或(b)阻止任何會員國採取任何其認為保護重大安全利益之下列必要行動：(i)關於可分裂物質或其所衍生的物質；(ii)關於武器彈藥戰爭用品之交易及直接或間接供應軍事設施目的之貨品或物資的交易；(iii)在戰時或其他國際關係緊急情況所採取之行動；(c)阻止任何會員

顯示，各國對於國家安全例外的主張，傾向採較為寬鬆的認定標準，此係該等條文較為特殊之處。各國在決定安全利益之範圍時，有相當大的裁量權限，除第(c)款係由聯合國安理會決定外，第(a)款及第(b)款均規定「締約國認為……違背其重大安全利益」及「締約國……認為保護其重大安全利益之……必要」，故條文雖要求必須一國之安全利益係屬「重大」（essential）者，但各國對於何者為重大安全利益有認定之權利，因此各國對於該等條文的運用，實際上擁有最終決定之權利[12]。

不過，假如會員國在主張國家安全例外條款規定時，無須提出採行限制措施的理由，則該等條款規定極容易造成濫用的情形。故一九八二年十一月三十日GATT締約國整體曾做成一項決議，要求各國依GATT第二一條規定採限制措施時，在符合第二一條第(a)款規定的前提下，應儘可能將該限制措施的內容，通知其他受影響的國家，以減低國家安全例外規定被濫用的可能；同樣的，GATS第一四條之一亦

國依照聯合國憲章，為維持國際和平及安全所採取的任何行動。」上述規定可知，為符合各協定的特殊需要及規範內容，GATS第一四條之一第一項及TRIPs協定第七三條規定條文與GATT第二一條規定稍有不同，但若仔細分析，其規範精神與內涵均屬一致。

12 例如，一九四九年美國對捷克依GATT第二一條規定主張限制出口時，即認為「每一個國家對關於其自身安全問題所需採取的最後手段，應為有權決定者」；一九八二年美國對阿根廷採行貿易限制措施時，亦聲明「GATT將何者構成維護國家安全利益所必要者，留給各締約國自行決定，締約國整體對其決定並無權質疑」；同樣的，歐體代表亦表示「依照GATT第二一條規定，並不須通知，不須陳述法律上的理由，亦無須獲得批准，此係GATT長久以來的實務作法」。不過，向來有許多國家質疑此種主張，認為在明顯無國家安全利益存在時，締約國若仍主張GATT第二一條的例外規定，應提出法律上的正當理由。請參見羅昌發，〈我國加入GATT所涉兩岸法律關係若干問題〉，收錄於氏著，《貿易關係之法律問題》，一九九四年，頁二七八－二七九。

規定，會員國應儘可能將其依照第一項第(b)款及第(c)款規定採行的限制措施及其終期，通知服務貿易理事會。此等通知要求雖無法完全避免國家安全例外規定成為保護主義措施的溫床，但其遭受濫用的可能性應能實質降低，且各受影響的國家仍可保有GATT/WTO全部規範權利，包括提出控訴。

必須說明的是，WTO協定第一三條（或GATT第三五條）與GATT第二一條（或GATS第一四條之一及TRIPs協定第七三條）規定的適用時機不同，前者（排除適用）係在「任何二會員國之一，在任何一方成為會員國時，並不同意相互適用」，不論是原來的會員國或新加入國家，均只能在後者入會之時點主張，一旦加入之後，任何一方均不能再援引排除適用條款；而後者（安全例外）之適用，就原來的會員國而言，可以在新國家加入的時點引用，亦可在其加入成為會員國後援引，但就新加入會員國而言，其權利須自加入生效之後始得享有，故似無法在入會的同時援引GATT/WTO國家安全例外規定，理論上須自加入生效以後才有援引的可能。再者，當一國認為有國家安全上的顧慮時，於入會時同時引用排除適用條款及國家安全例外規定，作為其實施貿易限制措施的正當性基礎，並無不可，故雖然此二種規範的適用時機有所不同，但二種規範之間並不具有互斥性。事實上，二種規範允許會員國採行的貿易限制措施，並無本質上的差異，任何違反GATT/WTO規範義務的限制措施（通常是數量管制），如賦予歧視性待遇或採取全面禁止貿易或通航管制，均屬會員國可自行裁量的範圍。

## 二、兩岸是否排除適用的整體政策考量

### （一）兩岸經貿交流的互利因素

經貿往來始終是兩岸關係中最活躍的因素。目前台灣與中國已互為第四大貿易伙伴，由經貿帶動資金流入中國亦呈持續上升之勢。台商對中國投資規模由小變大，投資區域由沿海向內陸擴張，投資行業由勞力密集與低附加價值型產業提升為資本及技術密集與高附加價值型產業。兩岸經貿交流之所以出現持續的量與質之提升，顯係由於兩岸經貿交流活動上的互補互利。一方面中國可作為台灣經濟發展的腹地，改變台灣經濟「淺碟經濟」的脆弱性；另一方面，中國亦可利用台灣相對充裕的資金，先進的管理經驗及應用科技與多樣化的行銷網路，擴大其改革開放的深度，促進現代化建設。儘管兩岸經貿往來造成某種程度的相互依賴及在國際市場上形成競爭局面，但互補互利畢竟是主流，因此交流的雙方應共同採取開放性而非對抗性的經貿政策。台灣的中國經貿政策即使有較為濃厚的防衛色彩，但從「禁重於導」到「禁導並重」再到「導多於禁」終究仍係大勢所趨；而中國方面，從中央到地方各省、市級特區先後制訂大量獎勵與優惠台商投資法規或辦法，對兩岸經貿交流活動的成長，均有推波助瀾的功效[13]。

根據德國基爾世界經濟研究院（Kiel Institute of World Economics）於一九九六年公布中國加入WTO後的經濟效益研究報告指出，中國入會後不只是本身受益良多，與中國有密切貿易往來的國家及地區，實質國民所得的增加也都非常可觀。這份報告指出，假設中國為加入WTO而將其平均關稅稅率由一九九六年超過35%降到16%，該研究機

---

[13] 詳細的討論，請參見李華夏，〈兩岸在WTO架構的調適〉，《經濟情勢暨評論》，一九九六年八月第二卷第二期，第一五七－一五八頁。

構發現最大的獲利者仍是中國本身，從一九九七年到二〇〇五年，中國平均每年實質國民所得可增加219億美元。其次是香港，平均每年實質國民所得將增加170億美元；至於台灣，平均每年實質國民所得亦可增加33億美元。在亞太金融危機中，台灣與中國的經貿卻表現出逆向成長情形，一九九七年台灣對中國輸出、輸入金額均創下歷史最高紀錄，兩岸共存共榮的經貿事實，彼此互相依賴的程度愈來愈高，此一互利因素是現今台灣在考量是否應對中國援引WTO排除適用條款時，不能輕忽而須慎重考慮的事實。

如果說中國方面對兩岸相互適用WTO規範持保留態度，想當然係出於政治上的考量，不願將台灣問題「國際化」，以符合所謂的「一個中國」原則。台灣之所以想要援引排除適用條款，卻有相當程度是基於經濟上的顧慮，擔心完全適用WTO規範義務的結果，將使兩岸經貿交流門戶洞開，台灣的產業發展及貿易與投資等活動都會遭受強大的「吸力」與「推力」衝擊，長久下去甚至可能淪為中國經濟的附庸體。其實，在兩岸經貿交流已持續十多年的情況下，台灣內部最劇烈的一波結構調整事實上早已完成，因此，在前一階段可稱允當的中國經貿政策，展望未來卻未必是最佳策略。未來的世界將是一個資金流動無遠弗屆、跨國企業全球運作的整體環境，競爭力最重要的來源是資訊、組織、速度、效率及研發新產品的能力。明顯的一個開放型體制遠比一個封閉型體制更能培養企業、產業乃至於國家整體的競爭力，特別是台灣若想達到「亞太營運中心」的境界，目前對兩岸經貿交流所施加的種種限制，包括貿易、投資、人員及資金流動等各種領域，未來勢須進一步放寬與正常化。因此，兩岸「經貿關係正常化」並不只是符合WTO多邊貿易規範的要求而已，長期而言亦符合台灣本身的利益與需求。

### （二）兩岸政治矛盾的互斥因素

在兩岸經貿往來已有相當規模並日趨密切的同時，政治方面的對抗性矛盾，卻因兩岸對「一個中國」問題的認知及國際活動空間的詮釋差異，日益尖銳。過去幾年，台灣政府一系列的「務實外交」、「南向政策」、「戒急用忍」以及尋求參與聯合國及各種國際組織的努力，再加上兩岸事務性談判遲遲未有進展，已使兩岸透過經貿交流所建立的共識與互信顯得格外脆弱，更凸顯兩岸雙邊經貿關係與政治關係發展不均衡的現象。

兩岸經貿往來各層面一向受到許多非經濟因素的影響。主要原因固然是兩岸當局互信不足所致，但也有很多現象顯示係因兩岸執政者常將經貿交流與政治議題混為一談，甚至以經貿作為政治目標的手段。以台灣的政治情勢而言，依照「國家統一綱領」規定，開放兩岸直接通郵、通航、通商係屬「中程」階段，然須在雙方「不否認對方為政治實體」、「不危及對方之安全及安定」、「在國際間不相互排斥」的前提下，始能進入「中程」階段；再者，台灣現行中國經貿政策與規範均要求兩岸經貿往來須以間接方式為之，且對中國產品進口種類與數量多有限制，中國人民或法人來台設立商業據點或從事經貿活動亦受嚴格管制，凡此均與WTO規範體制建立的各項原則與義務相違背。依照「國統綱領」揭示的標準，兩岸顯然尚不能進入「中程」階段，但在WTO多邊規範要求下，若不排除相互間的權利義務關係，則兩岸事實上將進入「中程」階段，至少必須維持直接貿易關係。故就國內政治情勢而言，台灣如須符合以「國統綱領」及「兩岸人民關係條例」為核心的中國經貿政策與規範體系，似乎沒有太多的選擇，必須援引WTO的排除適用條款。

再就中國的政治態度而言，早期似乎亦有傾向排除適用WTO規範的趨勢。由於兩岸均係依照WTO協定第一二條規定申請加入，在WTO法律架構下，兩岸均為具有充分主權的政府，若兩岸在WTO架構下相互適用，似乎意味著兩個獨立政治實體間的適用，將在國際間造成「對等關係」，使台灣問題因而「國際化」，違背中國向來堅持的「一個中國」原則。因此，避開兩岸在WTO的適用問題，似乎成為中國當局在國際間堅持「一個中國」政策的必要手段，中國外經貿部長吳儀即曾多次宣稱「兩岸經貿問題已有暢通管道，不須假手多邊架構解決」。然而，中國在一九九六年底WTO新加坡部長會議後態度丕變，宣稱其入會後將不會對台灣主張排除適用，以期建立兩岸正常經貿關係；更不會運用經貿手段逼迫台灣當局開放三通，希望台灣不要對中國援引排除適用條款。這樣的轉變，主要係因受到WTO各會員國表態不希望兩岸將政治問題與經貿事務混為一談的影響所致。

兩岸將來究係以國際經貿組織架構（WTO）、區域經貿組織架構（APEC）抑或以雙邊談判互動模式來促進雙邊經貿關係的發展，有相當深遠的意義與影響。當然，三種互動架構是可以並存不悖且相輔相成的，但若台灣將來在加入WTO時對中國援引排除適用條款，或於入會後引用GATT第二一條（或GATS第一四條之一及TRIPs協定第七三條）的國家安全例外規定，則兩岸勢必無法維繫正常的多邊經貿互動架構，而須改以雙邊談判為處理兩岸經貿交流議題的主要模式。鑑於台灣整體對中國出口依賴程度居高不下，兩岸政治、經貿及外交實力差距懸殊，及因兩岸雙邊談判所可能引發的島內政經情勢動盪，在在顯示此種作法必須承受相當高的政治成本。反之，若兩岸經貿互動直接適用WTO體系架構，由於擁有國際經貿組織的會員資格，事實上已具彰顯主權意味的平等法律地位，兩岸任何經貿爭端從此可循多邊程序尋求解決，取代常因政治齟齬而徒勞費時的雙邊談判模式，節省國家與社會成本，促使兩岸民間與官方交流正常化及制度化。由此一觀點出發，兩岸似乎不應輕易援引排除適用條款，至於「國統綱領」及「兩岸人民關係條例」相關規範，似乎應該採取彈性作法，以試圖營造兩岸互利雙贏的新局面。

（三）國際政治局勢的現實因素

對其他國家而言，基本上WTO係處理貨品貿易、服務貿易及與貿易有關的智慧財產權保護等經貿議題，不考慮政治上的因素。為避免無謂的政治爭端，早在ITO憲章第八六條中即規定「避免就任何政治問題作決定，該問題應遵從聯合國的決議」，此一精神始終為GATT/WTO所沿襲。目前WTO各會員國雖未明確表態反對兩岸援引排除適用規定，但仍普遍希望兩岸能將政治與經貿議題分開處理。事實上，不論是接受中國堅持的「一個中國」原則，容許兩岸以雙邊談判方式解決經貿交流問題；抑或是將政治議題與經貿事務分開處理，讓兩岸雙邊及多邊關係均能真正「政治歸政治、經貿歸經貿」，均不違背任何國家的利益，畢竟各國真正在意的是，兩岸是否因加入WTO而更為開放市場並降低各種關稅及非關稅障礙，至於兩岸政治與主權爭議，留待雙方自行解決是比較明智的作法。

就國際政治的觀點而言，由於GATT/WTO均係以「國家」或「獨立關稅領域」政府為加入的主體，故本質上不處理亦不涉及「主權」問題。欲藉加入WTO而使台灣在國際法上立即獲得「主權國家」地位及各國的外交承認，是不切實際的想法。不過，若同為一正式國際組織的會員國，兩岸在WTO架構下的會員地位、權利義務乃至於將來進行的各回合談判，均完全立於政府與政府間的對等地位；

再者，倘若中國的經貿法令與措施有任何損及台灣在WTO的權益時，亦可利用WTO的爭端解決程序提出控訴，此時兩岸亦係立於對等地位來接受WTO爭端解決機構的判斷與建議，此對台灣的國際政治與法律地位，應有間接但正面的助益。台灣既然選擇加入WTO，即應在最大限度內儘量適用WTO協定所有規範，若台灣一方面加入WTO，另一方面又立即對中國援引排除適用條款，在國際觀感與評價上，難免引起各國的議論及不滿，此點實應詳加考慮。

依照WTO協定第一三條第三項規定，無論是WTO會員國或新加入國家，要援引第一項的排除適用規定，必須在部長會議表決通過載明加入條款以前，將其不同意相互適用的主張通知部長會議（或總理事會）。雖然依照GATT/WTO實踐經驗顯示，是否同意新國家入會與是否對其援引排除適用條款，係屬不相干的兩件事，但此係針對WTO會員國而言；對新加入國家，如其在入會表決前主張對其他會員國援引排除適用條款，無疑將會影響WTO會員國投票的意向與結果，因此WTO各會員國的態度不可不察。以兩岸入會問題而言，由於在國際經貿體系中的重要性不同，中國入會問題顯然是各方關切的焦點，一旦陷入膠著的雙邊談判工作完成，中國加入WTO的進程將會一日千里，在入會表決時應該不會受到什麼阻力；反之，台灣在雙邊與多邊經貿談判中雖然受到較小的阻力，但在部長會議表決台灣入會案時，WTO會員國的態度就變得非常重要了。如果台灣在入會表決前主張對中國援引排除適用條款，是否仍能得到2/3多數會員國支持（以現今會員國數計算，至少須獲89張同意票)，尤其是與中國一向交好的開發中國家，是否仍會投下同意票，應是值得深入分析的關鍵因素。

## 三、WTO架構下兩岸經貿互動可能模式

### （一）排除適用條款的不確定因素

WTO為一多邊經貿組織，GATT第一條（及GATS第二條）所規定的最惠國待遇義務是WTO會員國必須遵守的基本原則，因此理論上當兩岸加入WTO後，台灣不能再對中國採行間接貿易與通航。然而事實上在GATT/WTO規範體系中，鑑於經貿往來原屬會員國的自主權限，為顧及會員國間可能因政治或經濟上理由而必須相互排除GATT/WTO權利義務關係，WTO協定第一三條（以往係GATT第三五條）允許特定會員國間在入會時援引排除適用條款。就兩岸經貿互動關係而言，加入WTO後兩岸是否適用多邊經貿架構或仍屬於雙邊互動關係，即須視台灣與中國之間有無任何一方在入會時引用「排除適用條款」，以及兩岸政經互動情勢而定。

兩岸間如欲相互排除適用，除可援引WTO協定第一三條外，亦可引用GATT第二一條（或GATS第一四條之一及TRIPs協定第七三條）的國家安全例外規定。依照前述對WTO協定第一三條的分析，台灣引用排除適用條款在法律上並無疑義，因為不論係WTO的會員國或新加入國家，均有權引用此一規定。不論係台灣先成為會員國，或中國方面先我而加入，抑或是同時入會，其結論並沒有不同。就GATT第二一條國家安全例外規定而言，台灣在入會以前固無引用餘地，但在加入WTO之後則有引用的機會，然依據GATT/WTO的實踐經驗，台灣如欲引用國家安全例外規定，在目前兩岸敵對狀態漸趨緩和的情況下，似須提出有利的說明，始能合理解釋為何與中國直接貿易，會產生根本的國家安全利益危害。相反的，援引排除適用條款並不需要任何理由說明，但實際上WTO各會員國的態度與意向，尤其

是與中國方面友好的開發中國家，將成為台灣是否選擇排除WTO權利義務關係的主要考量[14]。

必須注意的是，排除適用條款並非一恆常不變的機制，亦即WTO協定第一三條並非一經主張即須永久排除適用，而是可以在適當的時機，恢復WTO的權利義務關係，此點兩岸政府亦可善加利用。雖然援引排除適用條款時，必須對WTO協定本身及附件1與附件2的多邊貿易協定全部排除適用，不能選擇僅排除其中一項或數項協定，但由於排除適用關係可以調整，故兩岸政府亦可採取折衷辦法，先申明互不適用WTO多邊經貿架構，然後再相互進行關稅減讓及其他權利義務談判，決定哪些項目可以給予對方優惠，逐步建立共識與互信，待時機成熟後再恢復適用WTO權利義務關係。當然，兩岸經貿與政治互動關係的發展，將實質影響此一進程的期間長短與方向。

另須說明者，會員國間相互排除適用之方式，除援引WTO協定第一三條規定外，亦可於入會議定書中申請保留。例如一九五一年西德加入GATT時，即於入會議定書中明訂「西德之入會將不要求修改德國產品在德國境內交易之現行規定與地位」。準此，台灣或中國亦可藉將兩岸互動關係定位為國內事務，而在入會議定書中聲明保留，以維持現行兩岸經貿及航運政策。然須注意者，西德之所以在入會議

---

14 整體而言，台灣在入會以前雖暫時不能引用GATT第二一條規定，但仍可在援引WTO協定第一三條排除適用條款的同時，兼引國家安全利益做為強而有力的說理。雖然主張排除適用條款無須附帶理由，但實際上若能附帶具有說服力的理由，顯然較不易引起WTO會員國的反感。如台灣可以主張「中國政府迄今仍表示不放棄對台灣使用武力，對台海和平造成持續性威脅，此係台灣重大的國家安全利益；台灣政府期待援引WTO協定第一三條排除適用條款，能對中國方面形成經貿及國際輿論壓力，導引中國政府放棄以武力解決兩岸問題。」請參見羅昌發，〈我國加入GATT所涉兩岸法律關係若干問題〉，收錄於氏著，《貿易關係之法律問題》，一九九四年，頁二八四。

定書中為保留的聲明，係因當時西德曾給予東德方面若干貿易優惠待遇，為避免其他GATT締約國因最惠國待遇義務之適用而產生搭便車效應，遂有上述保留的聲明，兩岸的情形卻恰好相反，是否能援用此例尚有疑問。再者，入會議定書之接受與否，須經WTO會員國2/3多數同意，故能否順利將兩岸經貿關係定位為純粹國內事務，須視WTO會員國的態度而定，尤其是歐、美、日等主要會員國及與中國關係良好的第三世界會員國。

### （二）排除WTO架構的兩岸經貿關係

若兩岸不相互適用WTO規範，則兩岸加入WTO以後的經貿互動結構，仍將以現行國統綱領及兩岸人民關係條例為核心所建立的中國經貿政策與法規制度為主要依據。在兩岸雙邊互動模式中，台灣政府堅持的間接貿易、間接投資及權宜通航等政策措施均可維持不變，對兩岸經貿關係的影響也較為間接。不過由於中國在WTO架構內必須對其他會員國履行WTO整體規範義務，也可以享有WTO規範體系所賦予的權利，是故其他會員國在正常情況下（亦即並未對中國援引排除適用條款或其他例外規定），必須賦予中國產品最惠國待遇及國民待遇等不歧視義務，現今中國產品在各國所受的歧視性待遇（包括配額、關稅等）均需消除，其國際競爭力與市場占有將持續擴增，對台灣產品仍將產生一定程度的衝擊，尤其是紡織品、農產品及其他勞力密集產品。

另一方面，在區域互動關係上，目前兩岸政府均已參加的區域經貿組織是一九九一年同時加入的亞太經濟合作會議（APEC）[15]。

---

15　亞太經合會（APEC）是一九八九年由澳洲首創的一個非正式經濟諮商組織，由於涵蓋了美、加、日、澳、紐、亞洲四小龍、東協六國及中國等亞太主要經濟力量，並且在美國主導下積極推動區內貿易與投資自由化，故

由於APEC是以開放的區域主義、自願主義及共識與合作等基本原則為運作基礎，因此兩岸目前均在二〇一〇及二〇二〇年達到貿易與投資自由化目標及大阪「行動綱領」架構下，依照本身的產業與經濟情況及自由化進程，提出個別的行動計畫，尚未面臨相互適用問題[16]。未來若APEC進一步形成如WTO協定一般具實質拘束力的協定規範架構，則兩岸政府勢必又將面臨相互適用或排除適用的選擇。

APEC大阪「行動綱領」總共揭櫫了8項「基本原則」及12項

近年來逐漸成為與西半球的歐洲聯盟（EU）分庭抗禮的一股新興經濟勢力。早期的APEC只是會員國間彼此進行對話與諮商的議場，經濟合作的性質並不明顯。直到一九九三年西雅圖會議時，美國一改過去對APEC多所保留的態度，積極主導舉行「非正式領袖會議」，並且在會中由各國元首通過「亞太地區貿易暨投資自由化」架構，打算以此架構促進區域內貨物、勞務及資金的自由流通，才使APEC逐漸具有若干體制化的色彩。一九九四年，APEC第6屆領袖會議在印尼召開，會後發表「茂物宣言」，宣示各會員國將致力於在西元二〇二〇年以前實現區內貿易及投資自由化的目標；旋即於一九九五年大阪會議中，通過執行上述自白化目標的「行動綱領」，內容涵蓋貿易與投資自由化、便捷化以及經濟與技術合作三大主軸，藉此敦促各會員國本著「片面協調措施」的精神，早日達成亞太區城內貿易及投資自由化目標。請參見鍾琴，〈亞太經合會非歧視原則與兩岸經貿正常化〉，《經濟前瞻》，一九九六年七月五日第一一卷，第四期，第六八頁。另有關兩岸參與APEC涉及的各項爭議如入會名稱、國家標誌及參與層級與官銜等問題，請參見詹滿容，〈兩岸參與亞太經濟合作之現況與前瞻〉，《台灣經濟研究月刊》，一九九四年十月第一七卷，第一〇期，第七五－八二頁。

16 事實上，一九九一年兩岸同時加入APEC時，曾引起各國矚目未來兩岸將如何解決彼此在APEC架構下相互適用的問題。台灣原先準備等正式加入WTO後再來面對此一問題，但因兩岸入會的時程一再延宕，APEC反而率先成為測試兩岸在國際場合如何互動的第一現場。兩岸迄今並未對是否適用APEC貿易及投資架構表明立場，而其他會員國亦多基於「不干涉他國內政」的心態，將兩岸相互適用問題留待雙方自行解決。因此，台灣實有必要在APEC貿易及投資架構漸趨成熟之際，檢討現行兩岸經貿管理政策及利弊得失，方能在其他國家（包括中國在內）尚未提出質疑以前，事先有所規劃因應。

「特定綱要」，其中對兩岸經貿關係影響最大的，應是「基本原則」中的「不歧視原則」。不過，儘管台灣目前對兩岸經貿交流的管制明顯有別於其他國家，實質違反了「不歧視原則」的精神，但中國方面迄今未在APEC中提出任何抗議。實際上，由於APEC目前推動的是一種「協調性的片面措施」，亦即容許各會員國根據APEC「行動綱領」的精神與規範，自行訂定執行貿易與投資自由化的具體措施及時間表。因此，只要符合「行動綱領」的基本原則，並經其他會員國同意，理論上各國採行的措施與自由化時程可以不同。此一安排亦容許了類似GATT/WTO排除適用的情況與可能性，對處於特殊情況下的兩岸經貿關係，頗具獨特的意涵。

如果兩岸相互排除WTO權利義務關係，則兩岸經貿交流究竟應否適用APEC架構，抑或僅以雙邊談判與諮商方式來進行，對未來兩岸關係的進展將會產生深遠的影響。實際上，兩岸排除適用後的雙邊談判架構，對台灣未必真正有利。如前所述，以台灣目前對中國貿易依賴程度之高、單向貿易出超之鉅，以及雙方因政治爭議而長期陷於緊張對峙的痛苦經驗來看，欲循雙邊途徑解決兩岸經貿交流問題，無異給予中國對我片面施加壓力的空間。再者，根據過去台灣與中國進行事務性磋商的經驗，兩岸雙邊談判經常無法避免陷入「一個中國」的爭議，對於實質經貿議題的解決，不但沒有幫助更是平添變數，兩岸漁事糾紛的處理懸而未決，就是一個最明顯的例子。相較之下，將兩岸經貿議題帶到國際場合，依照國際規範尋求解決，反而有助於雙方爭議的單純化及實質經貿議題的解決，諸如投資保障協定、避免雙重課稅等問題，皆可循APEC的投資規範加以解決，且若雙方衍生經貿爭議，也可訴諸APEC爭端調解機制，由第三者出面公平仲裁。捨棄APEC區域互動架構，台灣想要透過雙邊談判方式獲取相同的待遇與保障，可能必須付出極高的政治成本，顯而易見的，由於兩岸政經實力相差懸殊，台灣在與中國方面進行任何形式的互動交流時，多邊或區域架構顯然都要比雙邊互動環境對我方來得有利[17]。

### （三）適用WTO架構的兩岸經貿關係

若兩岸適用WTO規範體制，則台灣原則上不能再對中國採行間接貿易及間接通航政策，兩岸關係將進入國統綱領「中程」階段。屆時若能摒除敵對狀態，並在「一個中國」原則下以和平方式解決所有爭端；在國際間維持相互尊重且互不排斥的狀態，則兩岸將進入直接通郵、通商與通航的自由往來階段，兩岸可在WTO架構下進行諮商，經貿摩擦亦可透過對等官方談判或WTO爭端解決機構妥善處理。透過部長會議、各理事會或委員會的參與及對各項議題的發言，將使兩岸在既有雙邊經貿互動關係及APEC區域經貿互動關係外，再增加WTO多邊經貿互動模式，使兩岸關係形成「多邊一區域一雙邊」的互動網路；此外，雖然兩岸對WTO各項議題的利益不盡相同，但對持相同立場者，如限制反傾銷措施的濫用、爭取關鍵性產業保護緩衝期等，兩岸政府亦可進行實質經貿議題的互助與合作。經由WTO架構的多邊互動關係，兩岸將可逐步累積建立雙方共識與互信，促進兩岸關係的穩定發展與制度化。

當然，在相互適用WTO多邊經貿架構後，若兩岸關係發生緊張情勢，台灣仍可引用GATT第二一條（或GATS第一四條之一及TRIPs協定第七三條）的國家安全例外規定，並採行適當措施維護基本國家安全利益，包括禁止直接通商或通航，甚至全面中斷兩岸交流活動，

[17] 鍾琴，〈亞太經合會非歧視原則與兩岸經貿正常化〉，《經濟前瞻》，一九九六年七月五日第一一卷第四期，第七〇－七二頁。

均無不可。換言之，即使台灣入會時未能對中國主張排除適用，當台灣認為對中國履行WTO規範義務將影響重要的國家安全利益時，仍可以「中國未放棄武力犯台」等理由，拒絕繼續對中國履行WTO的規範義務，如此一來，兩岸經貿關係將可回復到雙邊互動模式，對台灣的國家安全與經貿利益均不致遭受嚴重損害。

另一方面。中國在加入WTO後勢必持續其經貿體制改革，台灣也將進一步放寬中國貨品進口管制，兩岸經貿交流會更加速進行。在WTO架構下兩岸經貿互動與接觸更為頻繁的結果，未來市場力量在兩岸經貿關係中所能揮灑的空間必定更為寬廣，進而對兩岸經貿關係發展產生重大衝擊。對兩岸貿易關係而言，未來兩岸加入WTO後，中國在WTO規範要求下降低關稅與非關稅障礙及開放國內市場等連串貿易自由化措施，將為台灣企業提供更廣大的商機；另一方面，隨著台灣政府逐步放寬中國貨品進口限制的政策刺激下，兩岸間的貿易依存度將進一步升高，同時在中國貨品進口增加的情況下，台灣對中國的貿易順差可能會逐步縮小。對兩岸投資關係而言，中國如以開發中國家資格加入WTO，或將得到已開發國家提供的較最惠國待遇更優惠的GSP關稅，致使赴中國投資台商相較於台灣同業可享受更優惠的待遇，即可能引發另一波赴中國投資熱潮；另一方面，過去台灣當局一直禁止中國資本進入台灣地區，惟近年來此一單向投資政策似乎有鬆綁跡象，中國企業已可間接、有限度的來台灣投資，如國泰航空、港龍航空及亞東銀行等具有一定比例的中國資本企業已陸續在台灣設立據點，台灣政府亦繼續研究放寬香港中資企業來台投資的限制，隨著香港九七主權回歸中國及兩岸加入WTO後雙邊經貿交流更為深廣，未來中國企業來台投資的情形或許將更為普遍。

不過，隨著台灣政府近年來逐漸放寬中國貨品進口政策，已產生中國貨品低價進口，甚至有傾銷嫌疑的現象。遭受威脅的國內產品有許多尚屬未開放間接進口的項目，顯示中國貨品非法進口活動日益猖獗，可能係因中國貨品的原料、人工等成本低廉，再加上中國政府政策性出口補貼的緣故。台灣廠商多認為中國貨品低價進口競爭及走私情形猖獗的結果，已使國內產業遭受嚴重損害，進而降低台灣產業的國際競爭力。面對此一嚴重威脅，台灣當局除已於一九九六年七月一日宣布將中國貨品進口改採「負面表列」制度，使中國貨品進口納入整體進口管理制度，減少偽造原產地證明及遏止走私進口情形外，建立有效的中國貨品進口救濟制度，並配合現行進口預警制度，以因應未來中國貨品進口激增可能造成的國內產業損害，實為當務之急[18]。

[18] 現行中國貨品進口管理制度係以經濟部於一九九三年一月二十六日依「兩岸人民關係條例」第三五條第二項規定，公布「台灣地區與大陸地區貿易許可辦法」（以下簡稱「許可辦法」）為主要架構。其中，為避免中國貨品進口對相關產業造成衝擊，「許可辦法」第八條第一項規定「主管機關……公告准許輸入之中國地區物品項目，以符合左列條件者為限：一、不危害國家安全。二、對相關產業無不良影響。」同條第二項則規定「因情勢變更……有未符前項各款規定之一者，主管機關得停止輸入。」此一規定賦予主管機關當開放進口項目對相關產業造成不良影響時，可以停止中國物品的輸入，不過「許可辦法」並未定義何謂「不良影響」，亦未規定受影響產業的申請程序、資格及損害認定標準等，此將使該條款規定之適用屢生爭議。詳細討論請參見蔡宏明，〈加入WTO對我國進口救濟制度的影響〉，《進口救濟論叢》，一九九七年十二月第一一期，第二四三－二四四頁。

## 第二節　世界貿易組織架構下兩岸三地經貿關係

### 一、兩岸三地經貿關係的法律上定位

#### （一）中國經貿政策的現況與定位

兩岸政府間正式官方接觸雖仍方興未艾，但民間交流與經貿互動關係卻早在一九八七年起即已如火如荼的展開。兩岸間由於意識型態、經濟與社會制度迥異及政治上的主權爭議，以往一直維持在隔閡與對立的狀態，或雖有經貿往來活動，但多半暗地裡進行且數量相當有限，兩岸經貿關係始終未引起普遍注意。一九八七年政府開放民眾赴中國地區探親以後，隨著雙邊交流日益熱絡，兩岸關係發展始成為各方注意的焦點，而經貿互動關係攸關國家生存利益與企業發展前景，更成為台灣整體中國政策的焦點。

在解除戒嚴、開放港澳觀光及赴中國探親以前，台灣政府對兩岸經貿交流，採取嚴格管制的政策，如一九七七年的取締匪偽物品管理辦法及一九八一年要求外匯指定銀行應拒絕受理國外開發在中國受益之信用狀等措施，均係以國家安全為首要考量，即使自一九八五年起確立「對兩岸轉口貿易不予干涉」的原則，也始終是採取嚴守策略。一九八七年政府開放民眾赴中國地區探親，雙邊交流日益熱絡，台商亦隨之進入中國地區投資；另一方面中國開始採行改革開放的經濟政策，促使兩岸雙邊貿易漸趨熱絡，故自一九八七年八月台灣首度開放27項中國農工原料間接進口開始，一九八八年八月公布中國產品間接輸入處理原則，就准許輸入的產品項目可以明白標示中國產製；一九八九年六月開放與中國地區民眾接通話（報），並公布中國地區物品管理辦法；一九九〇年三月及五月分別開放政府及學術機構、民間團

體或個人赴中國參加國際會議或赴中國考察及參展；一九九〇年八月公布中國地區間接輸出貨品管理辦法，使台灣地區廠商對中國間接輸出貨品的出口報單可以直接將中國列為目的地；一九九〇年十月公布對中國地區間接投資或技術合作管理辦法並制訂相關輔導作業要點，一九九一年八月及十一月陸續公布對中國地區間接匯款作業要點及中國出口台灣押匯作業要點，後者更使中國出口、台灣押匯的貿易運作模式得以合法化。凡此措施均係為配合開放赴中國探親及兩岸貿易快速成長與台商大舉進入中國投資後，有關人員、資金、技術與通訊等交流實際需求情形，採取所謂「企業活動在先，政府措施在後」的經貿活動滿足政策，使兩岸貿易與投資等經貿活動往來，逐漸形成法制架構體系。不過，上述各項規範仍係維持既有不直接三通的間接交流政策，開放項目與範圍大多屬正面表列或許可制，並強調以對國家安全、國內經濟及產業發展無不良影響者為審查依據。

一九九二年九月十八日公布施行的「兩岸人民關係條例」，係兩岸經貿交流法制化的開端。該條例可視為國內對兩岸經貿與人民往來相關問題的處理方式形成初步共識，亦為行政部門的政策與規範措施提供明確法源基礎。在此一法制交流架構規範下，兩岸經貿關係得以穩定迅速發展，不僅在台灣經濟轉型過程中為傳統勞力密集產業提供生存與發展空間，也在國際景氣低迷的不利因素下，為企業對外貿易提供廣大出口市場，帶動台灣經濟進一步成長；另一方面隨著兩岸經貿關係的穩定發展，政府為配合國內經濟發展與企業實際需求亦不斷檢討改進，持續進行簡化手續及擴大開放範圍與幅度的工作。但由於台灣對中國市場的依賴逐漸加深，企業界對開放兩岸貿易、運輸、金融、投資及人員往來限制等要求亦日益升高，一九九四年底行政院連院長提出以「經貿為主軸的中國政策」，總結自一九八七年以來的開放經驗並為積極推動台灣成為亞太營運中心，指出將來兩岸經貿交流將以(1)推動兩岸互利互惠經貿關係，建設台灣成為亞太營運中心；(2)建立兩岸經貿交流秩序；(3)加強對台商的輔導與聯繫等為主要工作方針。因此，政府自八四年以來陸續推動擴大准許間接輸入項目與赴中國投資項目、簡化申請流程、放寬銀行海外分支機構辦理兩岸金融業務、設置境外航運中心、開放中國經貿人士來台及放寬中資企業來台限制等措施，凸顯出政府在務實經貿政策上擁有極大的彈性空間，固然兩岸在政治上的歧見無法立即解決，且中國方面未必有善意回應，台灣仍應掌握推動中國經貿政策的自主權，使台灣藉著經濟持續發展與在國際社會中存在的事實，在兩岸關係中擁有更大的自主性。毫無疑問的，台灣今後的中國經貿政策將是以主動規劃為主流的積極開放策略[19]。

### （二）香港中介交流地位的維持

自一九八七年政府開放中國探親後，兩岸間貿易、投資以及各項經貿交流快速發展，香港成為台灣緩衝與降低兩岸直接經貿互動風險的中介場所，也加深兩岸三地的經貿依存關係。一九九七年七月一日，中國恢復對香港行使主權，依據一九八四年「中英聯合聲明」及一九九〇年制訂的「香港特別行政區基本法」[20]，中國承諾九七後將維持香港現行社會、經濟制度五十年不變；香港保留獨立關稅領域的地位，繼續奉行貿易自由化制度；在主要國際及經濟組織的會員地

---

[19] 關於台灣歷來中國經貿政策原則與趨勢的討論，請參見蔡宏明，中國經貿政策展望與兩岸分工策略，台灣經濟，一九九六年七月第二三五期，第七七－七九頁；蔡宏明，〈新政治格局下的大陸經貿政策與兩岸分工策略〉，《貿易週刊》，一九九六年六月十九日第一六九五期，第五頁。

[20] 詳參王泰銓，《香港基本法》，三民書局（台北），一九九五。

位，亦保持不變。雖然「香港基本法」明訂維持香港在主要國際及經濟組織的會員地位等原則，且在香港特別行政區的對外事務上，賦予特區政府參加外交談判、國際會議或國際組織，以及簽訂國際協議的權限，亦即特區政府在經貿、金融、航運、旅遊、文化及體育等領域，可以「中國香港」名義，單獨同世界各國、各地區及國際組織簽訂並履行相關協議。但由於「香港基本法」對台港關係並未明確定位，加上中國可透過對基本法的解釋權及修改權；對特別行政區立法的發回重議或撤銷權；對行政長官的任命、指令及監督權與對主要官員的任免權等方式，干預香港對外關係，中國對「台港關係」的定位與態度，成為九七後台港互動的主要制約因素。

為因應台港澳新的互動局勢，台灣政府已於一九九七年四月二日公布「香港澳門關係條例」，該條例可望分別自一九九七年七月一日及一九九九年十二月二十日起作為處理及規範「九七」與「九九」後台港澳關係及人民往來事務的主要法律基礎。就台港關係而言，鑑於九七後香港雖然成為中國的一部分，但不論是依「香港基本法」或國際社會對香港的定位，均將香港視為與中國不同的自治區，為避免政治主權的敏感爭論，並避免將香港視為中國一般地區對現行中國政策造成衝擊，以及符合台港經貿、對中國間接往來與台港在區域及多邊組織互動的需要，「港澳關係條例」將香港定位為有別於中國其他地區的「特別區域」，在「兩岸人民關係條例」外，以特別立法方式，規範台灣與香港間關係及居民往來事務。該條例為維持現有規範，採正面管理方式立法，而不採「兩岸人民關係條例」的負面管制立法方式。為使行政部門能因應九七後台港關係的不確定性，該條例對港澳地區人民出入境、居留、定居、就業、緊急情況之援助、專業資格及學歷、航空、海運、金融往來、原產地認定等均係以委任立法方式，由行政部門另訂管理辦法，以維持其應有的彈性空間。

依據「港澳關係條例」的規範架構，台灣對九七後台港關係的基本原則是以「直接往來」、「原則自由」的方式，繼續推動台港經貿交流[21]。但一九九五年六月二十二日中共國務院副總理兼外交部長錢其琛提出中國中央處理香港涉台問題七點基本原則和政策後，以「錢七點」為主的中共政策，已成為制約台灣擬定對港政策的主要因素，尤其是「錢七點」特別強調的須以「一個中國」原則作為台港關係的基礎，與「港澳關係條例」將香港定位為有別於中國其他地區的「特別區域」，未來台港關係只要涉及公權力與定位等問題，勢必產生不小的政治性爭議。此外，為適應台港在區域及多邊組織互動需要，「港澳關係條例」對台港直接貿易、金融保險、著作權、專利、商標及其他工業財產權，均係依照台灣對國際多邊規範義務來制訂規範，以減少干預為目標；相對的，「錢七點」並未有明確規範，因此仍應依「基本法」架構來處理，不過，由於「基本法」對台港關係並未明確定位，「錢七點」在此一方面有凌駕基本法的意味，尤其是航空、海運協定和官方接觸、諮商及簽署協議等，均由基本法的具體授權提升到須經中國中央政府批准或授權，顯示其欲掌握主導權的心態，故今後台港相關事務凡涉及官方接觸、諮商及簽署協議等事項，均難避免須經中國中央批准或授權而衍生的爭議。

「中英聯合聲明」明訂，「香港特別行政區為獨立關稅領域」、「香港特別行政區可參加各有關國際組織，並有權商訂協議；如有需要，可經『中國』政府授權處理該等事宜。香港亦可繼續參與關稅暨

---

21 有關九七後兩岸三地互動關係架構與規範的討論，請參見蔡宏明，〈九七後兩岸三地經貿關係之研究〉，《經濟情勢暨評論》，一九九七年五月第三卷第一期，第七〇－七二頁。

貿易總協定等協議。」1986年中英聯合聯絡小組商定，香港應被視為關稅暨貿易總協定（現為世界貿易組織）的獨立關稅領域締約國（現為獨立關稅領域會員國），並應成為海關合作理事會（現稱為世界海關組織）的單獨成員。聯合聯絡小組亦同意一九九七年七月一日後香港應繼續參加其他27個國際組織，包括國際海事組織（IMO）、國際電信聯盟（ITU）、國際勞工組織（ILO）、聯合國貿易暨發展會議（UNCTAD）、世界衛生組織（WHO）、國際貨幣基金會（IMF）、國際復興暨發展銀行（IBRD）及國際智慧財產權組織（WIPO）等重要國際組織，以確保與香港有關的國際權利與義務繼續適用。對兩岸三地而言，目前兩岸積極進行雙邊與多邊談判以尋求在公元二〇〇〇年時順利加入的WTO，將成為今後兩岸三地互動的主要國際論壇。未來在WTO架構下，不論是依據「錢七點」或「港澳關係條例」，台。港間屬於「兩個獨立關稅領域間」的經貿關係，應無疑慮，即使台灣對中國（或中國對台灣）援引WTO排除適用條款，台、港間的經貿互動關係，與一般WTO會員國間的相互適用關係也沒有差別。但須注意的是，香港是否會成為中國政府對台施壓的代言人？即使香港當局表示只會爭取本身的利益而不會做為其他經濟體的代言人，當然也包括其宗主國——中國政府在內，但由台港航運談判經驗及香港不斷藉故拖延與台灣簽署WTO入會雙邊協議等跡象顯示，香港政府的言行並不一致，在此一情況下台灣當局應及早預謀因應策略。

### （三）關稅領域間的經貿互動架構

欲說明兩岸關係的法律上定位，經常無法避免陷入「一個中國」、「一中一台」或「兩個中國」的主權爭辯當中。不過，若純粹就經貿關係而言，此種爭議或可避免。此係由於在GATT/WTO規範架構下，創設了「獨立關稅領域」的概念，進而規定基本的加入主體為代表該獨立關稅領域的政府。因此就兩岸政治關係而言，由於彼此間的意識型態與主權爭議，其政治交流乃至於整合均需花費相當長久的時程；然而，經貿關係的拓展並不必要涉及政治爭議，經貿事務在國際規範架構下，各領域之間可以不涉及主權而相互為經貿事務的交流，且相互間經貿利益的考量亦對其整體關係改善有引導的作用。由此可見，兩岸三地間的經濟整合將比政治整合更容易且有效。

主權國家是國際法最重要的主體。根據國際法理論，國際法主體是指具有獨立參加國際關係並直接承受國際法上權利義務能力的集合體，其最主要特徵即為能建立外交關係、締結國際條約並承受國際條約規範的權利與義務。以香港為例，香港在國際法上的地位，在九七以前，作為英國的一個殖民地，它不具有獨立的國際法主體資格；九七以後，根據「中英聯合聲明」，中華人民共和國政府於一九九七年七月一日起，恢復對香港行使主權，香港特別行政區只是中華人民共和國此一主權國家概念下的一個地方政府，仍然不具有獨立的國際法主體地位。不過，雖然香港不具有國際法上的國家主體地位，但其作為一「獨立關稅領域」，仍可以成為由GATT/WTO所建構的國際經貿法律關係主體。根據中英聯合聲明及GATT 1947加入議定書規定，香港於一九八六年四月二十三日開始脫離英國的保護，以一獨立關稅領域身分成為GATT第91個締約國，及至WTO成立後，香港更成為WTO的原始會員國之一；「香港基本法」第一一六條也規定：「香港特別行政區為單獨的關稅地區。」目前，中國、香港及台灣三地各自與其他國家或地區保持著獨立經貿互動關係，各有獨立的關稅制度與稅率，各自實行獨立的對外貿易規章，兩岸三地實際上屬於三個獨立的關稅領域。台灣與中國正各自申請加入成為WTO的會員國，一且加入後中國、香港及台灣在GATT/WTO建立的國際經貿法律關係中，係屬三個獨立的經貿主體，此與國際法上的主體定位，並無直接的關聯。

至於兩岸政府間，以GATT/WTO所建構的不同關稅領域間經貿往來為交流架構，在「兩岸人民關係條例」中已有明確的法律依據。兩岸人民關係條例第四〇條規定：「輸入或攜帶進入台灣地區之大陸地區物品，以進口論；其檢驗、檢疫、管理、關稅等稅捐之徵收及處理等，依輸入物品有關法令之規定辦理。」其既稱以「進口」論，自與純粹一國國境內不同地區之貿易情形有所區別，而可與GATT/WTO之下二個獨立關稅領域之間的貿易情形相互呼應[22]。基於此種認識，兩岸之間將來在各自成為WTO會員國後，其相互間的經貿往來，自應被定位為「非純粹的國內貿易」，而係「WTO會員國間在WTO體制架構下的貿易」。換言之，兩岸在WTO之下既均為不同的關稅領域，其相互間往來或不往來，均應在WTO架構下尋求法律上的依據。目前香港、澳門均已成為WTO的會員國，中國與台灣相繼入會後，則四方均屬WTO的會員國。在WTO規範架構下，GATT及GATS均明文允許在特定區域內實行經濟整合成立關稅同盟或自由貿易區，經濟整合區域內可以實行更低的關稅甚至取消關稅，而對整合區域以外國家或地區的產品與服務仍然給予一般性的最惠國待遇。因此隨著兩岸入會，對建立中國、台灣、香港及澳門四方合作與整合有實質的促進作用，對整個亞太地區經濟整合及繁榮穩定亦有重大意義。

---

22 此外，依貿易法施行細則第二條規定：「本法所稱外國、他國或對手國，包含關稅暨貿易總協定所指之個別關稅領域。」中國政府申請加入GATT/WTO，其所代表的正是「中國關稅領域」。因此，兩岸在GATT/WTO架構下的貿易關係應可直接適用「貿易法」，且其位階高於現行「台灣地區與大陸地區貿易許可辦法」。

## 二、間接通商與通航政策的檢討與維持

### （一）間接貿易與投資政策的檢討

目前規範兩岸經貿關係的法律主要為「兩岸人民關係條例」第三五條規定：「台灣地區人民、法人、團體或其他機構，非經主管機關許可，不得在大陸地區從事投資或技術合作，或與大陸地區人民、法人、團體或其他機構從事商業行為。台灣地區與大陸地區貿易，非經主管機關許可，不得為之。……」不過由於兩岸間的經貿往來，仍有相當程度受限於政治上的對立，故其關係並未正常發展。一方面中國政府雖高喊「三通四流」，但其亦以「一個中國」、「一國兩制」作為基本對台政策，使台灣方面無法接受此一交流模式，以免自陷於地方政府的地位；另一方面，台灣政府本於國家安全利益的考量，乃提出「三不政策」，其後更因國統綱領的制訂，使短期內雙方經貿往來必須限於間接的形式。

就兩岸貿易關係而言，我方規定必須採取間接輸出及輸入方式。輸出方面係採負面表列方式，除少數高科技產品及影響我國家安全與經濟發展者外，基本上並無限制。輸入方面，為促進台灣經濟發展並配合產業需要，依國統綱領的指導原則，以漸進務實方式自一九八八年八月起逐步開放中國物品間接進口，由農工原料逐漸擴大到勞力密集產業產品；又為擴大開放中國物品間接進口，在不危害國家安全及對國內相關產業無不良影響的前提下，經濟部於一九九六年七月一日起實施中國工業產品負面表列制度，至於農產品則因中國產品的類似性極高且成本低廉，開放進口對國內農業衝擊過大，故仍採正面表列制度。再就兩岸投資關係而言，我方目前不准許中國資金或台灣資金以直接方式赴相對地區進行投資，另在不影響國家安全與經濟發

展前提下，並符合「在大陸地區從事投資或技術合作審查原則」所揭櫫的各項審查原則時，得准許台灣地區人民、法人、團體或其他機構對中國地區從事間接投資或技術合作。至於有中國資本的外國公司（包括港澳公司）來台投資，目前台灣尚缺乏明確法令規範，但已明示必須該外國公司中國資本在一定比例（通常是20%）以下，始可來台從事投資或設置據點。另就服務業而言，我方已將若干服務業列入准許赴中國投資類別，否則即須以專案核准方式處理，然實際上多數服務業仍無法與中國方面直接交流。

在GATT/WTO規範的基本原則要求下，台灣現行的中國貿易政策顯有嚴重牴觸。就間接貿易政策而言，由於台灣輸往中國的產品無法直接運往中國地區，但對其他WTO會員國我方政策及法令均無如此限制，顯係在「與出口有關的規則與程序方面」歧視輸往中國地區的產品；另一方面，由於中國產製的產品亦無法直接銷往台灣地區，而須透過第三地轉運，但源自其他WTO會員國的產品並無相同的限制，此即係在「與進口有關的規則與程序方面」，歧視源自中國地區產製的產品，均與GATT第一條揭示的最惠國待遇原則相互違背。再者，就工業產品與農產品進口表列制度而言，由於台灣開放中國物品進口政策排除許多其他WTO會員國並不受限制的產品項目（尤其是農產品），就此等物品而言顯屬被「禁止進口」的情形，而與GATT第一一條第一項規定的數量限制禁止原則直接牴觸，且其禁止的理由絕大多數無法在同條第二項的例外規定中找到正當化基礎。兩岸在成為WTO會員國後，台灣如仍欲維持現行間接貿易政策及管制進口措施，必須另外尋求適當的規範上依據，如GATT第二〇條的一般例外或第二一條的國家安全例外規定，始有繼續採行該政策措施的可能。

就台灣對中國的投資政策而言，應區分產品投資與服務投資二部分來討論。就產品投資事項而言，由於以GATT為首的WTO協定附件1A多邊貿易協定部分基本上只對產品貿易事項設有規範，故除TRIMs協定規範涉及部分投資措施以外，原則上產品投資事項均不在GATT及其他多邊貿易協定規範範圍內。而TRIMs協定的規範內容，如自製率之要求（違反GATT第三條國民待遇原則）或限制內外銷數量之措施（違反GATT第一一條數量限制禁止原則）等，均與台灣目前對中國採行的間接投資政策與規範措施無關，因此兩岸成為WTO會員國後。對於台灣現行的間接投資政策並無直接的影響。就服務投資事項而言，由於服務貿易與服務投資本質上即難以區分，故GATS第二條規定的適用範圍包括「服務」與「服務供應者」，亦包括服務投資者在內。因此，未來兩岸加入WTO後，除非台灣不開放特定服務貿易項目或將中國服務供應者列入GATS最惠國待遇豁免清單中，否則台灣對其他WTO會員國開放的服務項目，亦須對中國開放，且不能對中國的服務及服務供應者造成歧視，必須賦予平等的待遇。不過，GATS第二條第一項與GATT第一條第一項規定的適用範圍稍有不同，GATT第一條第一項適用上包括產品的「輸出」及「輸入」，但GATS第二條第一項僅規定不能歧視「輸入」的服務及服務供應者，因此台灣對於輸往中國地區的服務及服務供應者，要求以間接方式為之或設定與輸往其他地區不同的規範要件，並不受GATS第二條第一項規定的拘束。

綜合言之，根據「國統綱領」及「兩岸人民關係條例」所制訂的中國經貿政策與規範措施，包括「台灣地區與大陸地區貿易許可辦法」、「在大陸地區從事投資或技術合作許可辦法」、「在大陸地區從事投資或技術合作審查原則」、「大陸地區產業技術引進許可辦法」、「台灣地區與大陸地區金融往來許可辦法」及「大陸地區人民來台從事經貿相關活動許可辦法」等法規，對台灣資金流向中國、中國資金來台、雙邊貿易進行、人員進出、資源與技術移動及糾紛處理等各層面，均存在不同的限制，有別於台灣與其他國家經貿往來的規範。台灣實有必要就現行中國經貿政策及規範是否與WTO體制架構相抵觸，予以通盤檢討並尋求解決之道。

### （二）GATS海空運輸服務附件

烏拉圭回合談判的重要成就之一係將服務貿易納入多邊貿易規範架構中，WTO協定附件1B列載之「服務貿易總協定」有（GATS）將十二種服務業部門，包括運輸服務業納入規範體系內。GATS係由協定規範條文、各會員國特定承諾表及附件等三大部分構成，由於各會員國尚未對所有的服務貿易部門作出承諾，除使GATS規範適用上顯得較複雜且不完整外，對於性質特殊的服務貿易部門，則須另以附件做更詳細的闡釋或例外規定，以避免在適用GATS規範上產生困難。就海運服務業而言，由於烏拉圭回合談判結果各國無法達成具體承諾與共識，因此，部長會議通過了「海運服務談判決議」（Decision on Negotiation on Maritime Transport Services），成立「海運服務談判小組（Negotiating Group on Maritime Transport Services = NGMTS），以執行海運服務業的後續談判任務。該決議除要求NGMTS應在一九九六年六月以前提出最終報告，更重要的是各會員國同意「在談判工作完成以前，海運服務業暫不適用GATS第二條及豁免第二條附件第一項與第二項規定，且各國無須列舉最惠國待遇豁免清單。當談判工作完成時，會員國有權改進、修正或撤回其在烏拉圭回合所做成的任何海運服務業承諾且無須提供補償，不受GATS第二一條規定的拘束；同時會員國應確定關於海運服務業豁免最惠國待遇的立場，不受豁免

第二條附件條文規範的限制。……」

然而，NGMTS在經過十六次會議討論後，由於各會員國代表的意見仍甚為分歧，無法在一九九六年六月一日以前就海運服務規範達成最終協議，故NGMTS在一九九六年六月二十八日的會議中，決議中止（suspend）海運服務談判，直到公元二〇〇〇年時再依照各國重新提出的承諾表為基礎恢復談判工作。依據GATS本身的「海運服務談判附件」（Annex on Negotiation on Maritime Transport Services）規定，針對國際海運、輔助服務及港埠設施利用等方面，GATS第二條及豁免第二條附件規定，包括要求各會員國在附件中列舉其所維持任何違背最惠國待遇措施的規定，只有當(1)依照「海運服務談判決議」第四項規定決定的實施日期；或(2)如談判工作失敗，依照「海運服務談判決議」規定NGMITS提出最終報告日期，始發生效力。雖然海運服務談判工作已於一九九六年六月二十八日中止，但NGMTS卻在最後一次會議中，決議將生效日期延至再恢復的海運服務談判工作完成時，至於再恢復的談判工作期間，關於GATS第二條規定的暫停適用，將交由服務貿易理事會進行檢討。

至於空運服務業方面，GATS亦設有「空運服務附件」（Annex on Air Transport Services）規定，適用範圍包括影響空運及其輔助服務貿易的措施，不論是否已列載於特定承諾表中。比較特別的是，該附件明確規定「會員國基於GATS所承擔的任何義務或特定承諾，不應減損或影響該會員國在WTO協定生效時基於有效的雙邊或多邊協定所承擔的義務。」顯然係對其他國際航空協定或公約予以禮讓，因而壓縮GATS對空運服務業的適用空間與效力。再者，「空運服務附件」第二項規定，GATS（包括GATS爭端解決程序規定）不應適用於影響下列事項的措施：(1)航權（traffic rights)，不論係以何種方式授予；或(2)與航權行使直接相關的服務，但不包括該附件第三項的規定。「空運服務附件」第三項係以正面方式規定該附件應適用的事項，包括(1)航空器修理與維修服務；(2)航空運輸銷售與行銷服務；(3)電腦定位系統服務等。

上述規定可知，空運服務業方面問題比較單純，凡涉及「航權及與航權行使直接相關的服務」，均不在GATS適用範圍內；再者，會員國在WTO協定生效（就新加入會員國而言，應係指其加入生效）時基於有效的雙邊或多邊協定所承擔的義務，均可優先GATS規範而適用。空運部分只有「航空器修理與維修」、「航空運輸銷售與行銷」及「電腦定位系統」等服務適用GATS規範。因此，台灣入會談判所提出的服務業承諾表，空運部分並沒有包括航權等項目。至於海運服務業方面，由於海運服務談判將在公元二〇〇〇年時恢復進行，為使台灣將來能在NGMITS中居於有利地位，故採取說服各會員國同意在特定承諾表中暫不記載海運服務部門的入會談判策略。換言之，即使台灣加入WTO，由於並未就海運服務部門之市場開放及國民待遇等做出任何承諾，台灣的海運服務業在公元二〇〇〇年重新展開的海運服務談判有所結論以前，尚不至受到對外開放的衝擊。不過，台灣入會後仍須順應國際趨勢及其他會員國的期望，參加NGMTS並與各會員國進行多邊海運服務貿易自由化談判。

### （三）間接通航政策的檢討與維持

依照台灣目前中國政策最高指導原則，即「國家統一綱領」之規定，當兩岸關係進入中程互信合作階段時，始可開放兩岸直接通郵、通航及通商。《國家統一綱領》已於2006年2月27日由行政院正式決議「終止適用」，並經總統陳水扁核定生效。這意味著該綱領在法理上已不具效力。故而，目前兩岸關係仍處於分治狀態，尚未達到可直接通航的條件。因此兩岸間的海、空運輸事務均係以「間接通航」方式為之。不過，兩岸面臨加入WTO的關鍵時刻，間接通航政策與規範事實上並不符合GATS基本義務。原則上，海運及空運服務均屬於GATS的適用範圍[23]，依照GATS第二條最惠國待遇義務規定，台灣原則上不得僅禁止中國船舶、航空器航行於兩岸之間，或僅禁止中國船舶、航空器進入台灣地區，必須對所有WTO會員國一體適用。又依照GATS第一七條國民待遇義務規定，如果台灣承諾開放海、空運輸服務市場，依照特定承諾表內所載之條件或限制，必須對所有WTO會員國之服務及服務供應者，賦予不低於國內同類服務及服務供應者的待遇，亦包括中國地區服務及服務供應者在內。

依照兩岸人民關係條例第二八條及第二九條規定，台灣船舶、航空器不得航行至大陸地區，大陸船舶、航空器亦禁止進入台灣地區。上述規定表面上雖相互平衡一致，但在GATS規範架構下，卻有極不相同的規範效果。由於GATS第二條規定僅適用於服務的「輸入」而不包括「輸出」部分，因此當局禁止台灣船舶、航空器航行至中國地區，並不違反GATS最惠國待遇義務規範；不過，政府禁止中國船舶、航空器進入台灣地區，如未同樣禁止其他WTO會員國的船舶、航空器進入台灣地區，即係違反GATS第二條的最惠國待遇義務。再者，依照交通部公布的「境外航運中心設置作業辦法」第五條規定，直接航行於境外航運中心與中國地區港口間之船舶，以外國及兩岸船

23 GATS所適用的服務業類別可分為12大項：(1)商業服務業；(2)通信服務業；(3)建築服務業；(4)供銷服務業；(5)教育服務業；(6)環境服務業；(7)金融服務業；(8)健康及社會服務業；(9)觀光及旅遊服務業；(10)娛樂、文化及運動服務業；(11)運輸服務業；(12)其他服務業。

舶運送業所營運的外國船舶為限，換言之，台灣籍與中國籍船舶均不得參與營運。雖然不論外國或兩岸的船舶運送業均可參與境外直接航運，並未對任何一方的「服務供應者」造成歧視；但上述規定限制僅外籍輪或權宜輪始能參與營運，對兩岸國籍輪所能提供的「服務」即係一種歧視性措施。在兩岸加入WTO後，中國方面是否會進一步要求台灣政府開放中國籍船舶亦得參與境外直航，值得仔細觀察。

雖然依照NGMTS的決議，海運服務談判將在公元二〇〇〇年時，依照各會員國重新提出的承諾表為基礎，恢復談判工作；且在談判完成以前，海運服務業暫不適用GATS第二條及豁免第二條附件的規定，各會員國亦無須列舉最惠國待遇豁免清單。但事實上，兩岸加入WTO不論係在談判工作完成前或後，所須面臨的相互適用問題均屬一致，差異只在時間早晚而已。必須注意的是，GATS與GATT的規範架構不同，為避免搭便車效應並保留無條件最惠國待遇的優點，GATS第二條第二項設有最惠國待遇的例外規定。台灣如欲對中國維持間接通航政策與措施，可以將中國海運服務及其供應者列載於豁免清單中，使其被賦予不同於其他WTO會員國同類服務及服務供應者的待遇。惟須注意者，由於GATS第一六條市場開放原則規定，會員國應對任何其他會員國之服務或服務供應者，賦予不低於依特定承諾表所同意並列載之待遇，因此若會員國已於特定承諾表中承諾開放某一項服務業市場，則其就該項服務不得以將特定會員國列入最惠國待遇豁免清單的方式，歧視並限制該特定會員國享受服務市場開放的利益。因此，台灣當局固可排除兩岸航運於市場開放承諾範圍中，使所有航商均不可直接航行於兩岸港埠間；但無法僅排除中國航商於台灣對外海運服務業開放範圍以外，或僅禁止中國籍船舶進入台灣地區提供運輸相關服務，凡此均與GATS市場開放原則相違背。

至於空運服務業方面，依照GATS空運服務附件規定，凡涉及「航權及與航權行使直接相關的服務」，均不在GATS適用範圍內。因此，兩岸間航空運輸通航與否既屬航權事務，當然不受GATS規範原則拘束。國際間的航空運輸服務，一般均須先由雙方簽訂航約（即雙邊空運協定）加以規範，然後才進入通航階段，故將來在進入國統綱領中程階段開放兩岸通航前，台灣與中國須先展開航權及空運事務談判，共同達成協議並簽署通航協定，然後再進行兩岸通航。由此觀之，顯然空運服務業部分較為單純，兩岸加入WTO後即使不立刻通航，也不會違反GATS規範義務。不過須注意的是，由於GATS第二條最惠國待遇義務之適用，禁止兩岸直航必須對所有WTO會員國的服務與服務供應者一體適用；再者，依照GATS空運服務附件規定，仍有「航空器修理與維修」、「航空運輸銷售與行銷」及「電腦定位系統」等項目應適用GATS規範，台灣現行法令禁止中國航空器進入台灣地區，更遑論允許中國民航業者或航空器維修業者來台投資設廠或設立分支機構，凡此均與GATS基本原則與義務相違背。

目前政策上雖已開放小三通，事實上，金門和廈門早已「暗通」，民眾以漁船往返兩地已非秘密。另外為降低兩岸三通對台灣本島政治、經濟和社會帶來的衝擊，舊政府末期，即二〇〇〇年二月二十一日立法院通過〈離島開發建設條例〉，明訂金門、馬祖、澎湖等離島得先行試辦與中國通航（小三通），不受〈兩岸人民關係條例〉限制。不管是離島小三通或全面通航，我們並不抱懷樂觀的看法，以目前中國的心態，我方開放了，還得跟中國方面協商，否則難以達到通航目的，何況台灣方面諸多部會陸續反應，不宜貿然實施「小三通」，兩岸三通的問題，應該是兩岸在WTO架構下，以平等地位談判，簽訂相關協定才對。不過陸委會決定二〇〇一年年底就「操之在我的部分」先行開放。

## 三、WTO架構下兩岸三地經貿互動因素

### （一）兩岸直接通商與直接通航的影響

由於兩岸直接通航涉及複雜的航權談判，其推動受到國家安全、政治對立、主權意識乃至於台灣「國統綱領」及「兩岸人民關係條例」等因素的制約，為避免兩岸無法直航形成兩岸經貿營運與推動台灣成為亞太營運中心的障礙，台灣交通部於一九九五年五月頒布「境外航運中心設置作業辦法」，一九九六年總統大選後，更積極規劃成立「亞太營運特區」，顯示台灣的中國經貿政策已逐漸走出「三不政策」的僵化思維，嘗試以開放局部通航做為建立兩岸良性互動與共識的基礎。境外航運中心於一九九七年四月十九日正式啟動，象徵兩岸直接通航的局部實現，進而使兩岸互動關係逐漸改善，帶動台商赴中國投資及兩岸經貿交流，且由於中國對台灣境外航運中心或亞太營運特區，傾向以大連、天津、青島、上海、廈門及廣州等港口，做為兩岸試點通航港口，故有意藉台灣作為轉口或加工再出口的台商，尤將選定上述通航港口或腹地做為投資重點，促使台灣與中國相關地區間形成經貿整合關係。

基本上，在以「不通關、不入境」且單純轉運為主的境外航運中心階段，權宜性通航的直接影響是台灣的高雄港或其他港口有機會吸引原來以香港為轉運港而銷往歐美地區的貨物，尤其是在香港及中國東南沿海採購當地原料加工出口至歐美的台商，基於轉運成本考慮，將改以台灣為轉口港[24]；至於境外航運中心的功能雖然擴張到簡單加

---

[24] 同樣的，各國航商若認知中國港口效率低落對船舶灣靠時間延長及港埠費用等成本高於往來中國與台灣「境外航運中心」的航程時間與作業效率時，台灣地區各國際港口顯然較具競爭優勢，可吸引各國航商將其進出口集貨船改

工、分裝、標籤及倉儲等與轉運相關項目，但由於中國貨品在「中心」或「專區」內的處理工作並未改變其「中國製」本質，對兩岸貿易與投資即無明顯的實質助益。不過，若亞太營運特區順利推動，則由於兩岸對人員、資金、貨品及服務等流通的限制逐步撤除，中國產品在一定條件下可通關及入境，加上兩岸貿易所需的海運成本亦因境外航運而實質降低，配合自一九九六年七月一日起實施的中國貨品進口負面表列制度，兩岸貿易與投資必將產生結構性的變化。除中國產品進口大幅成長，台灣原有的貿易順差逐漸減縮外，兩岸分工型態亦將產生變化，掌握中國投資生產活動重要原料及零配組件的廠商，可能將中國生產的勞力密集組件，移回特區裝配再出口，此外，台商亦可能將運銷功能移回台灣，以便於從事訂單處理、包裝、分裝及全球配銷等工作。

進而言之，若兩岸入會後能突破政治及意識型態等無謂爭議，相互適用WTO規範體制並開放兩岸直接通航與通商，則兩岸間貨品、服務、資本及人員等相互交流將達到一定的自由化程度。直接通航與通商的結果，兩岸產品貿易將依照比較利益法則自由決定其流量與結構，中國貨品尤其是農產品及中國具比較利益且屬負面表列的產品，其進口將快速成長[25]；再者，由於兩岸經濟結構互補性及中國經濟成

以高雄港或其他國際港為轉運中心，並成為其遠洋母船停靠的樞紐港。

25 根據魏啟林教授的估計，中國鞋類與成衣製品將對台灣造成貿易創造效果，雜項產品將產生貿易移轉效果，至於潛在的出口貿易移轉商品則仍以農工原料為主；相對地，台灣的紡織與金屬製品、電子電機產品及其工具將對中國產生貿易創造及移轉效果，而附加價值較高的製造業產品，將成為台灣對中國最可能的潛在出口貿易移轉商品，而這種貿易移轉效果將使台灣對中國的出口依賴加重。請參見魏啟林，《未來兩岸直接通商對台灣地區產業與經貿之可能影響》，行政院陸委會委託研究計畫，第七八－八六頁，一九九五年。此外，台灣經濟研究院的研究顯示，當中國貨品可

長所帶來的市場機會與台灣本身經營環境改變等因素影響，台商赴中國投資活動仍將持續進行，但鑑於中國近年來土地與勞力成本不斷上揚，加上勞動法與新稅制施行以及各種優惠條件逐步取消等投資環境轉變，台灣中小企業赴中國投資的意願將逐漸降低，轉而使中大型企業成為兩岸直接通航後赴中國投資的主流。由於兩岸間具有血統、文化、語言及生活習慣等相同背景與條件，一向被跨國企業視為台灣成為亞太營運中心的利基，兩岸直航將實質增進跨國企業與台灣中大型企業合作進軍中國市場的意願，進而改變現今多數台商單打獨鬥的投資行為模式。同時，此種策略聯盟投資型態也將出現在台灣中大型企業與中國國有企業的合作模式中。

就兩岸運輸合作而言，台灣在海運業發展方面，由於擁有強大實力的貨櫃船經營業者、豐沛的資金及航運經營經驗，一直係國際間矚目的對象，惟最近幾年由於船員短缺及航運成本增加等因素，在國際競爭上已產生劣勢。中國航運公司的營運成本遠低於台灣，台灣航運業者雖仍在經營效率方面較占優勢，但中國運輸業的低價策略，使其在攬貨能力上已造成台灣業者強大的競爭壓力。兩岸直接通航後，台灣業者雖可向三資企業、承攬運送人、卡車貨運公司、報關行及中國企業攬貨，但若不能在中國自設分公司或代理商，面對中國「外運」及「外代」公司

---

自由進出時，其貿易創造效果占台灣產業總產值比重較大的包括成衣服飾製造業、雜項工具製品製造業、精密器械業、皮革毛衣及其製品製造業、木竹製品及非金屬傢俱製造業等；而貿易移轉效果較大的產業則除上述產業外尚包括紡織業及塑膠製品製造業。綜合來看，若全面開放中國產品進口台灣市場，則受影響最大的將是成衣及服飾製造業，其次為雜項工業製品製造業，顯示兩岸直接通商對台灣內銷產業市場將造成極大衝擊。請參見李芳齡、洪吉慧，〈兩岸加入GATT對台灣製造業的的影響——預估全面開放中國產品進口之貿易效果〉，《台灣經濟研究月刊》，一九九四年十二月第一七卷第一二期，第四三－四五頁。

掌握豐沛的貨載資源，台商將處於更不利的競爭地位。雖然一九九五年二月二十二日中國發布「外商投資大陸國際貨運代理企業審批辦法」，允許外商以合資、合作方式設立國際貨運代理公司，經營攬貨、訂艙、包艙、租船、包機、國際多式聯運、倉儲、貨櫃併拆裝、繕制單證、簽發提單、報關、報驗、保險及結算運雜費等業務，但其設立須「有較穩定貨源，有一定數量的貨代網點」，此一條件即令外國及台灣航運或代理業者，難以輕易進入該服務市場。如何維持公平競爭的大環境，進而促成兩岸運輸業者共同合作，解決貨載來源與分配問題，應是開啟兩岸直航的重要課題與挑戰。再者，能否克服兩岸直航後可能衍生的海事糾紛、海運事業課稅及台灣海峽分道航行等實質性問題，乃至於船舶報位、航標系統、船岸通信及海上救助等技術性問題，亦是影響未來兩岸直航及運輸事業經營與合作的重要因素。

### （二）兩岸產業與競爭環境改變的影響

兩岸在加入WTO的過程中，必須各自推動各項經貿規範的自由化，此一努力對於兩岸貿易與投資的往來，具有推波助瀾的作用，這又可從促進交流擴大的「拉力」與「推力」兩股力量來觀察[26]。在拉力方面，中國入會將獲得各國賦予的最惠國待遇，加上「多種纖維協定」（MFA）將於十年內撤除，許多產品的自動出口設限（VER）措施亦將逐年取消，這些改變將使中國生產的紡織品、成衣、手工及輕工業等產品，在全球市場上享有更大的競爭力[27]；同時，中國承

---

26 蔡宏明，〈加入WTO對兩岸交流的影響〉，《經濟前瞻》，一九九五年十一月五日第一〇卷第六期，第五〇－五一頁。

27 根據GATT秘書處的研究，烏拉圭回合協議執行後所造成的貿易自由化環境，將使中國出口每年成長6.1%（在固定規模報酬且完全競爭假設下）至26.5%（在規模報酬地增且寡占競爭假設下），遠高於台灣的4.5%至

諾加入WTO後，將賦予外商國民待遇，開放銀行、法律、建築、旅遊、運輸及廣告等服務市場，再加上其經濟改革深化及貿易法令透明化等政策措施逐一落實，亦將進一步吸引台灣「內銷導向」的中大型企業前往中國投資；此外，由於中國加入WTO必須取消既有對機電、汽車、製藥、家電及化工產品等產業的保護，而該等產業正是中國現行鼓勵外商投資的項目，顯示其以「策略聯盟」化解進口壓力的政策目的，因此，中國所提供的政策性優惠與市場機會，將對相關產業台商形成極大吸引力。

在推力方面，台灣入會勢必面臨高關稅項目調降稅率的壓力，其中工業產品影響最大的莫過於鋼鐵、金屬製品、紡織、機械、家用電器、汽車零組件及汽、機車等運輸工具業，由此衍生的經營壓力，將促使該等產業加速外移的腳步，而隨著產業逐步外移，兩岸分工關係將促使兩岸產業內貿易快速成長。為因應加入WTO對台灣產業的影響，廠商或因競爭力不足或為提升競爭力，而赴中國投資或進口中國低價半成品與零組件，將成為廠商尋求產業分工以降低成本的重要策略之一。此策略將帶動廠商赴中國投資及擴大對中國貨品的進口需求，特別是隨著大幅開放中國貨品進口及「負面表列」制度的實施，資本設備自中國地區進口的比重將逐年升高，未來台灣自中國進口機電設備及零組件將呈現大幅成長，連帶使中國進口貨品對國內產業的影響範圍日益廣泛。隨著台灣加入WTO及兩岸產業分工與進口需求的增加，受影響的產業已不再侷限於勞力密集產業及基礎與中間原料，而擴及機電產業及製成品。在貿易自由化過程中，承受進口產品尤其是中國貨品低價威脅或因進口增加而面臨結構調整壓力的產業範

14.4%。此種出口能力的差異，將使台灣持續對中國投資。請參見蔡宏明，前揭文，第五〇頁。

圍日益擴大，這是台灣加入WTO過程中必須重視的問題。

另一方面，由於台灣對中國出口結構，一向反映了台商對中國投資型態、台商投資種類多樣化及產業技術層次提高等特色，使台灣輸往中國貨品主要集中於機械、電機設備及其零件、塑膠及化纖加工原料等，至於貿易結構則呈現資本與技術密集化的趨勢。但值得注意的是，由於台灣上、中游廠商前往中國投資，甚至衛星工廠也分赴中國生產，使得下游廠商「當地採購」情況漸趨普遍，連帶使「投資帶動貿易」效果遞減，未來台灣對中國地區的出口成長將受限制。再者，市場開放與關稅降低將使中國新興科技產品與幼稚產業遭受挑戰，缺乏價格和質量優勢的產品在進口競爭下逐步淘汰，此對近年來傾向以技術密集產業和內銷市場為主的台商而言，將面臨強大的競爭威脅[28]。目前台商固然在設廠區位、產品層次及以外銷為主的投資型態上與中國現有外資企業相互區隔，加上台商在中國具有社會、文化及語言上的便利與先進入市場的優勢，但在其他國家的企業極力拓展中國市場與進行投資活動及中國市場開放的趨勢下，美、日、韓等大型企業或財團逐漸進入中國地區，一方面將對以中小企業為主的台商造成極大壓力，另一方面台灣進口產品亦將在中國市場面臨強大競爭，除非台灣產業能持續提升其製造與研發能力，強化產品競爭力並提高服務品質，否則台灣對中國的出口成長將受限制。

---

[28] 根據台灣經濟研究院的實證研究，台灣對中國之出口被競爭者取代比重較高的產業包括機器設備業（約占7.6%，主要被日、德、韓、義、美等國所取代）、紡織業（約占2.5%，主要被東南亞國家、日、韓等國所取代）、電力及電子機械器材業（約占2%，主要被新加坡、日、韓、美等國所取代）及化學材料產品（主要被韓國取代）等。請參見蔡宏明，〈加入世界貿易組織對兩岸經貿的影響評估〉，《進口救濟論叢》，一九九七年十二月第一一期，第三七二頁。

### （三）國際因素對兩岸經貿互動的影響

中國加入WTO後，中國經濟與世界經濟趨於結合，進而使其融入全球一體化的整體發展後，亦將使兩岸經貿融入多邊互動架構。由於台商在中國生產產品多數出口到其他國家，中國入會後能獲得其他WTO會員國所提供的最惠國待遇及關稅拘束，對赴中國投資的台商甚為有利，但另一方面對台灣傳統的勞力密集與低技術密集產業則形成嚴重競爭威脅。如果中國能以開發中國家身分入會，根據GATT締約國整體於一九七九年通過的「授權條款」規定，中國可享有已開發國家會員國提供的GSP關稅優惠待遇，更是吸引台商赴中國投資的重要誘因，甚至可能形成另一波中國投資熱潮。不過應注意的是，GSP並非GATT/WTO規範體系賦予已開發國家的義務，已開發國家可自行決定賦予哪些國家的哪些產品GSP優惠待遇，其他國家乃至於GATT/WTO均無置喙餘地，更無最惠國待遇及國民待遇等基本原則的適用。由於已開發國家為保護其國內產業，多半對GSP受益產品範圍、金額與數量設有限制，且隨著已開發國家對開發中國家市場開放、智慧財產權保護及勞工權益與環保標準等要求日益升高，GSP已逐漸成為提供國與受益國間的談判籌碼，中國勢必亦將面臨同樣問題。

另就貿易救濟制度問題而言，固然中國加入WTO後有助於其國際形象的提升，並可透過WTO爭端解決程序爭取平等及互惠的待遇，但在現今世界各國保護國內產業的政策趨勢下，中國出口產品可能涉及的反傾銷或補貼控訴勢必有增無減，如此亦增加台商在中國原產出口產品的涉案機率。再者，雖然中國申請加入WTO時主張其為低所得的開發中國家，但由於中國係實施中央計畫經濟制度國家，使各會員國主張於其加入議定書中載明「特別防衛條款」。此一條款不但係屬歧視性貿易措施且對諮商的要求不若WTO防衛協定嚴格，對中國政府與產業構成極大威脅。固然由過去波蘭、羅馬尼亞及匈牙利等國的經驗顯示，西方國家甚少利用特別防衛條款，但那是由於冷戰時期東西方貿易量少且該三國又屬小型經濟體，如今以中國的貿易規模及出口滲透力，各會員國勢必加重該條款的利用機會。由此觀之，台商在中國投資生產的出口產品，若依各會員國的原產地規則被認定原產國為中國，勢必將因中國特定產品對進口國相關產業造成嚴重損害，而受到特別防衛措施的波及。

中美關係是中國入會談判陷入膠著的關鍵因素之一，對中國、台灣及美國三邊經貿關係亦有決定性的影響。無疑的，中國貿易自由化及市場開放，尤其是服務業市場開放政策與措施，有助於緩和中美日漸擴大的貿易失衡關係與摩擦，若美國賦予中國永久最惠國待遇，更將有助於兩岸經貿交流。此係由於台灣輸往中國的原材料及生產設備所涉及的產業多與中國輸往美國的產業相同，且該等產業亦是台商赴中國投資的主要產業部門，此三邊結構關係使中國與美國的貿易關係不但影響在中國投資的台商，亦對台灣產業造成影響。由於美國國內對中共人權、核武擴散及台灣與西藏等問題的關切與壓力，即使中國順利加入WTO亦未必能獲得美國賦予最惠國待遇，美國仍可援引WTO協定第一三條排除賦予中國最惠國待遇義務。果真如此，不但將造成台灣對中國出口減少，甚至可能導致產品回銷或移往東南亞其他地區。此外，智慧財產權保護一直是美國對中國加入WTO最關切的問題之一，美國貿易法特別301條款對中國智慧財產權相關法律的制訂，扮演重要的催化劑角色。未來即使中國成為WTO會員國，美國仍會以特別301條款報復清單做為促使中國履行承諾的工具。在此情況下，由於台商在中國投資與智慧財產權有關的項目日增，未來中國在智慧財產權保護的執行成效及其與美國間的爭議，恐將對台商及台灣產業的出口與發展，均造成一定程度的影響。以上焦點問題，隨著中美談判的成功，兩岸逼近入會的時候，紓解了一些關鍵性的課題。

## 第三節　兩岸經濟整合的可能性與發展趨勢

### 一、兩岸經濟整合的意義與形式

#### （一）兩岸經濟整合的構想

自從東西方冷戰時代結束後，世界局勢的重心已由軍事對峙轉為經濟競爭與合作關係。近十年來，國際經貿新秩序正朝向自由化、全球化與區域化的方向快速發展。全球化的形成，主要是因資訊科技的發達以及跨國企業的興起，加上產業內貿易活動大幅提高，國與國之間的經貿依存度不斷上升，以往經濟國家的界線正逐漸消失；但另一方面，基於經濟運作上的地緣關係，各種區域性經貿組織也相繼出現，其中歐洲共同市場及北美貿易自由區的建立與形成，更為國際經貿區域化活動樹立楷模。從世界大局觀察，廿一世紀的國際經濟，將出現三大集團，即西歐經濟集團、北美經濟集團與亞太經濟集團，此三大集團間的經濟競爭與合作關係，將主宰未來整個國際經濟發展趨勢與進程。世界各國家與地區尤其是歐美等工業先進國家，為了避免受到新興工業化國家的競爭威脅，確保本身的經濟繁榮及領導地位，各種區域性經濟整合組織正逐漸形成，儼然將成為跨世紀的潮流與趨勢。

隨著國際政經局勢的變化，兩岸政治對立關係漸趨和緩，台灣、香港及中國三地之間的經貿交流與互動關係也愈來愈密切，華人地區經貿合作問題開始受到各方的重視。面對世界經濟新秩序及區域經濟勢力的逐漸形成，海峽兩岸經濟發展似乎都無法置身事外，台灣、香港、中國及海外學者亦開始思考兩岸三地是否有可能在現有的基礎上，進一步進行經濟整合，並先後提出許多有關兩岸三地經濟整合的構想，希望能藉此促進兩岸三地的經濟發展與繁榮。各種泛稱為「大中華經濟圈」的兩岸三地經濟整合構想，基本上均強調世界局勢已經進入區域經濟整合階段，如果台灣、香港、及中國等華人社會地區能摒棄政治上的對立，從經濟利益著眼而相互合作，不僅符合世界經濟區域化的潮流，有助於此一地區的經濟繁榮，更可藉此提升中國人在世界經濟體系中的地位[29]。早在一九八〇年代初期，香港學者黃枝連教授首先提出「中國人共同體」的概念，主張成立共同市場的經濟整合形式，將中國福建、廣東、廣西與香港、澳門及台灣等地加以統合；隨後其他華人學者亦先後提出不同的構想，如香港大學陳坤耀教授及北京中國社會科學院陳憶村教授，分別主張成立「中國圈」及「中國經濟圈」，將台灣、香港及中國兩岸三地經濟統合成立共同市場，旅美華裔經濟學家鄭竹園教授及高希均教授，亦分別提出「大中華共同市場」及「亞洲華人共同市場」的概念，涵蓋範圍除兩岸三地外更主張將新加坡也容納進來，仿照歐洲共同體的模式成立屬於華人的共同市場[30]。這些經濟偏向的考量，忽略了歐洲共同體政治上的架構理論基礎[31]。

---

29 陳自創，〈歐洲共同體之發展看「大中華經濟圈」〉，《亞洲與世界月刊》，一九九三年五月十五日第一八卷第三期，第五三－五六頁。

30 詳細討論請參見謝昌生，〈兩岸三地經貿整合限制因素之分析〉，《共黨問題研究》，一九九八年八月第二四卷第八期，第四二－四三頁；陳德昇，《兩岸政經互動——政策解讀與運作分析》，永業出版社（台北），一九九四年，第一一七頁。

31 參照王泰銓，《歐洲共同體法總論》，三民書局（台北），一九九九年。

兩岸經貿整合的概念，係指兩岸三地透過政府間的協商，彼此同意依照經濟整合的精神，共同建構一個具有整合意義的區域性經濟組織，藉以加強兩岸三地間的經貿合作，形式上可能是一個自由貿易區、關稅同盟或共同市場，甚至是更高層次的經濟同盟。經濟整合不管程度是深是淺，都可使參與整合的國家或地區發揮各自的比較利益（不論是貿易面或投資面），從而創造各方人民更高的經濟福祉。至於在實質意涵上，前述各項主張似乎均傾向成立經濟整合第三階段的「共同市場」，亦即使生產要素能在盟員國間自由流通不受限制。主張應加強兩岸經濟合作關係的學者，所持理論大致係基於經濟與非經濟兩個層面來考量。就非經濟層面而言，台灣、香港、澳門及中國地區的人民都是中國人，具有共同的血統、歷史、文化、語言及生活習慣等背景，雖由於歷史及政治因素使四個地區分離且各自為政，但民族認同意識將成為兩岸四地自然整合的有利基礎。積極推動台灣、香港與中國間的經貿交流與合作，進而成為緊密的經濟共同體，將有助於建立共識以逐步促進中國的統一，更可提升華人在世界政治及經濟舞台上的地位。

若純就經濟層面而言，兩岸四地華人的經濟整合，不但可以發揮經濟資源的互補性，使四地互蒙其利，更可形成一股強大的經濟集團力量，應付來自其他國家及經濟共同體的競爭壓力[32]。事實上，台灣、香港、澳門與中國地區在資源、技術、資金及市場方面，各有所

32 有認為自由世界華人中香港、新加坡在金融業、保險業、交通運輸業、行銷業、資訊管理業及個人服務業等具有競爭力；台灣地區的製造業、農業研究上具輝煌成果，且具生產及管理的能力，加上過去所孕育的人才及累積的資金具比較優勢，使台灣在知識、生產及資金上具有競爭優勢；中國則具有市場大、勞動力充沛、相對豐富的天然資源及良好的基礎研究等比較利益。各地區在經濟條件上具有互補性，經濟整合可互利互補。請參見邊裕淵，〈兩岸由經貿統一之可行性分析〉，《中共研究》，一九九五年九月第二九卷第九期，第三四頁。

長亦各有所短，若能建立相互間緊密的經貿合作關係，截長補短，必能促進亞太區域的發展。具體言之，中國地區雖然擁有豐富的自然資源、充沛的勞動力與廣大的消費市場，但由於缺乏充足的資金、現代化的生產技術及企業管理與行銷能力，故其經濟發展的成就有限且進度緩慢；至於台灣及香港兩地，雖積極致力於產業與經濟成長，但由於先天發展環境的限制，地域狹小且資源匱乏，再加上面臨勞力短缺、工資上漲及國際保護主義盛行的壓力，近年來經濟發展已遭遇瓶頸。因此，兩岸四地間若能通力合作、互通有無、發揮優勢，必將使兩岸四地經濟發展均同獲其利[33]。目前兩岸四地經濟發展水準差距甚大，依照一般學者以經濟發展階段為準的觀察，會判定兩岸四地較適合垂直性的整合，但因中國過去累積的科學研究實力，使其部分產業可能與台灣產生水平整合的現象。由是觀之，兩岸四地經濟整合將會是垂直整合與水平整合並存的情形，不同產業會有不同的最佳整合模式，最後交由市場力量來引導決定。

### （二）兩岸經濟整合的形式

經濟整合的定義雖迄今仍缺乏共識，但一般說來所謂的經濟整合係指「為求達成區域內資源的充分利用，促進經濟最適成長並追求經濟福祉最大化，由區域內各國家政府相互談判或協商，逐步增進兩國或多國間經貿交流自由化的一種過程。」一般說來，經濟整合最初期的形式為「優惠性貿易安排」（Preferential trading arrangement），顧名思義，成員國間同意相互授予較優惠的貿易上待遇，而不將此種優惠待遇授予非成員國家。但嚴格說來，這種優惠性貿易安排只是一般

[33] 請參見高長，《大陸經改與兩岸經貿關係》，五南圖書出版公司（台北），一九九四年，第三一八頁。

貿易優惠待遇的賦予，並沒有進入任何整合的形式，故一般均不認為此係經濟整合的基本型態，如在WTO規範體系下，除GATT第一條第二項規定宗主國傳統上授予附屬地的優惠待遇，可做為最惠國待遇義務之例外等少數情形，原則上此種貿易優惠待遇均非GATT/WTO規範體系所允許。第二種經濟整合的形式係「自由貿易區」（free trade area），在此種整合架構下，自由貿易區的成員國相互同意對內消除彼此間的貿易障礙，但成員國仍可保有獨立的對外關稅與貿易政策，換言之，自由貿易區的成員國間並無共同的對外關稅與貿易政策。第三種經濟整合程度為「關稅同盟」（customs union），關稅同盟的成員國一方面相互同意消除彼此間的貿易障礙，另一方面更相互協議制訂共同的對外關稅與貿易政策，故產品由整合區外進口到區內任何一個盟員國家所必須面對的關稅均為相同。第四種經濟整合程度即「共同市場」（common market），在此種整合階段中，成員國除相互同意消除彼此間所有的關稅與非關稅貿易障礙，更允許生產要素（如勞力及資本）在成員國間自由流通。最高階段的經濟整合程度為「經濟同盟」（economic union），在此種整合階段中，除包括上述各階段的整合程度外，成員國更將制訂共同的經濟、財政及貨幣政策，使成員國間的內外經濟結構及發展方向均趨於一致。

國內外學者對經濟整合的分析一般都著眼於貿易障礙的消除，以及經濟、財政、金融等政策的調和一致，惟鑑於現今各國間的經濟關係主要係以貿易與投資為主軸來進行合作談判或整合協議，故亦有學者係以商品及要素市場自由化階段為分析的基礎，將經濟整合程度分為下列四個階段[34]：(1)為降低或消除區域內國家的貿易障礙而整合；

---

[34] 詳細的討論請參見陳麗瑛，〈兩岸經濟整合的可能模式與影響〉，《經濟前瞻》，一九九五年五月五日第一〇卷第三期，第六二－六三頁。

此係經濟整合的最低程度，參與國間經由談判相互同意降低彼此間的關稅及非關稅貿易障礙，如簽訂「優惠關稅協定」或「自由貿易區協定」等，均屬之。此種整合的最高形式可能係由兩國簽訂「關稅同盟」，除完全消除成員國間的貿易障礙外，並對外採取共同的關稅與貿易政策；(2)除消除貿易障礙外，並為消除區域內資金流動障礙而整合：亦即將要素市場的自由流通分為二個階段處理，第一階段僅開放資金自由流通，第二階段才開放資金與勞力等均自由流通。此係因考量「人」的自由流動會影響到成員國居民的生活品質，故對於經濟發展程度、政經體制及生活品質差距較大的成員國間，宜分段協商逐步開放；如果將要素市場驟然整合，可能會使較富裕國家之人民感覺到生活品質被拉低，因而喪失追求經濟福祉最大化的意義；(3)為區內商品及生產要素均可自由移動而整合：此即如前所述的「共同市場」，不僅將各種關稅及非關稅貿易障礙均消除，亦使資金及勞力等生產要素可在成員國間自由流通不受限制；(4)為區內財政、金融與經濟政策的協調或一致而整合：此即所謂的「經濟同盟」或「經濟共同體」階段，除使商品及生產要素均可自由流通外，各成員國進一步協商制訂共同的經濟、財政、金融及貨幣等政策。一九九四年後的歐洲經濟共同體，是目前世界上唯一成功的案例。各項經濟政策整合到最高的程度，可能由各成員國協商設立一個超國家機制來掌管區域內共同的金融、財政、經濟及社會政策，甚至政治與法律體制。雖然歐盟有此一「政治整合」的發展趨勢，但目前世界上尚無真正成功的實例。

各種不同程度的經濟整合，對各成員國間原來的國際貿易優劣勢、產業發展乃至於總體經濟及貨幣供需情形等，均會產生不同的影響。對兩岸四地而言，近年來雖已進入以經貿為主軸的互動協商時代，兩岸四地顯將經歷長期由淺入深的經濟整合談判過程，但由於目前全世界跨國投資活動盛行，對中國而言取得資金與技術並非十分困難，故兩岸四地經濟整合對相關產業的發展，影響最大的不會是資金整合而是其他生產要素及工業生產體系的互補。直言之，在僅消除貿易障礙而不處理投資障礙的整合模式下，兩岸商品市場將依照比較利益法則來運行，由於兩岸四地市場容納差距大，故市場小但專業分工及外貿能力較強的台灣與香港，顯將獲得較多益處；相反的，市場大但工業體系不精且外貿能力較弱的中國產業，則將受益有限。進而言之，若採行同時消除貿易與投資障礙的經濟整合模式，由於台灣及香港方面僅企業經營者或管理者可赴中國投資尋覓商機，因此中國對台灣或香港人力資源的利用僅限於赴中國投資的企業經營者或管理者，若中國對台商或港商在任何產業的投資都不設限制，則相信台商與港商的經營管理能力及善於發掘商機的本事，會使困擾中國多年的僵硬產業組織及失衡產業結構，快速調整成功；反之，中國企業若到台灣投資，為適應台灣激烈的市場競爭態勢，則在國際生產分工原理與趨勢下，也會和台灣本土廠商一樣走向專業化[35]。

如果兩岸四地採行區內產品及生產要素均可自由流通的經濟整合模式，即前述多數學者主張的「中國人共同體」、「大中華共同市場」或「亞洲華人共同市場」概念，則對兩岸四地的影響層面均相當廣泛而複雜，尤其是人員的移動，經常會影響到地主國的人民與社會生活。工資高出中國數倍的台灣與香港，可想見將吸引大量的中國勞工前往工作，但以兩地投資者的判斷，勞力密集產業還是會以赴中國投資較為划算，因為引進勞工也須適應本地的昂貴生活費用。獲益最大的應是科技產業或中小企業的研發部門，因為長期要素市場可自由

[35] 請參見陳麗瑛，〈兩岸經濟整合的可能模式與影響〉，《經濟前瞻》，一九九五年五月五日第一〇卷第三期，第六四頁。

流動的結果，將造成資本生產力在兩岸三地間均衡發展。低技術勞力產業將以中國為生產基地，而高科技研發人員將大量被台灣及香港吸收，由此觀之，透過兩岸的技術分工，台灣的科技產業有機會在日益激烈的國際競爭中，漸以低研發人力成本而獨占鰲頭。

### （三）兩岸經濟整合的層次

由於諸多學者對當前兩岸四地經濟整合提出的各種構想，不僅在名稱上互異，連其所涵蓋的範圍與整合層次也各有不同闡釋，顯示出整個兩岸四地經濟整合概念的複雜性、多樣性與不確定性。有認為「大中華經濟圈」涵蓋的範圍應該包括整個亞洲地區的華人社會，包括台灣、香港、澳門、中國及新加坡等地區；亦有認為應僅限於台灣、香港及中國三地之間。兩種主張的重要差異在於是否應將新加坡乃至於東南亞其他華人地區納入經濟整合範圍。如以現階段兩岸四地經貿互動關係來觀察，由於政治上、文化上與地緣上的遠近關係，兩岸經貿交流主要是以香港、澳門作為中介橋樑，以節省轉運時間及費用並降低整體營運成本與風險，不但符合經濟效益，更因而加速兩岸四地間的經貿互動與合作關係。若是將新加坡或東南亞其他華人地區納入整合範圍，不但貿易、投資與運輸各項成本費用將急遽增加，且航運時間加長，基本上並不符合經濟效益，對兩岸四地經貿關係亦無正面作用，因此，現階段兩岸四地間的經濟整合活動，仍應以台灣、香港、澳門及中國為主體，似為較恰當且較符合經濟效益原則。當兩岸四地間的經貿合作關係逐漸成熟融為一體時，亦可以此主體開放其他亞太國家加入，或與其他區域經濟組織如APEC及東南亞國協（ASEAN）等相互整合，進一步結合成為「亞太經濟共同體」。就如同西歐共同市場初期只有6個成員國，後來擴充成為12個成員國，一九九一年十月歐洲共同體與歐洲自由貿易聯盟（EFTA）在經過16個月的談判後，同意自一九九三年起組成一個北起冰島、南到地中海，涵蓋18個國家的自由貿易區，除歐市原有12個成員國外，增加芬蘭、冰島、挪威、瑞典、奧地利以及列支敦斯登等6個國家，成為18個成員國，擁有3億8千萬人口的區域經濟組織[36]。不過在政治結構上的本質問題，必須有基本的不同設計。

至於兩岸三地經濟整合的層次而言，學者間對於「大中華經濟圈」的整合層次與定位，並未有一致的定論。有些學者認為「大中華經濟圈」應是一個有組織架構、有談判議場且有規範體制的自由貿易區或經濟共同體，如類似「北美自由貿易區」或「歐洲共同體」的經濟合作模式；亦有學者認為台灣、香港與中國三地間的經貿交流與合作關係，現階段只要維持自然鬆散的互動模式即可，並不需要急於尋求建立正式的組織架構與規範體系。基本上，上述兩種主張的差異在於，前者係屬於政府介入主導談判而形成的區域性經濟整合架構；後者則是在政府不作為型態下所自然形成的兩岸三地經濟合作與分工體系，其與有正式組織架構或以雙邊或多邊條約、協定等為基礎的經濟共同體或自由貿易區不同，係以經貿及產業體系間的互補互利關係為基礎，逐漸形成的經濟合作與分工體系[37]。

另外誠如中華經濟研究院高長教授進一步指出，任何兩個國家之間只要有經貿往來關係，基本上鬆散式的經濟圈就已經存在，不受地理距離、意識型態乃至於政治對立關係的影響，完全是基於共同經

---

36 請參見鄭竹園，《海峽兩岸經濟發展與互動》，聯經出版社（台北），一九九四年，第三八八頁。

37 詳細討論請參見周添城，〈區域主義與多邊主義的互動〉，《理論與政策》，一九九四年二月第八卷第二期，第七三－八六頁。

濟利益而自然結合在一起，無所謂可行或不可行；但就有組織架構與規範體系的經濟整合關係而言，實際上需要由各成員國協商建立一個「經濟政府」，共同制訂有關貿易與投資等經濟交流及合作的主要政策與法規，或簽訂相關條約與協議交由各成員國政府落實執行。由於組織架構與規範體系的建立係區域經濟整合的關鍵因素，若將「大中華經濟圈」視為鬆散式的經貿合作與分工模式，則探討兩岸三地經濟整合的可行性與進行方式，並沒有太大意義，因為就兩岸三地經貿交流日益密切的互動關係而言，鬆散式的經貿合作與分工體系早已逐漸形成，因此，唯有建立一個具有正式組織架構與規範體系的華人「共同市場」或「經濟同盟」，才有實質的研究意義[38]。

## 二、區域經濟整合與GATT/WTO多邊貿易體制

### （一）GATT/WTO與區域性經貿整合

GATT/WTO均為多邊貿易組織，多邊貿易組織設立的主要目的即係為避免會員國片面採行各種貿易政策與措施，導致世界各國各行其是而使國際貿易運作困難且充滿不確定性；另一個重要目的則在於避免各國利用區域集團之整合，而產生區域集團間或區域集團與個別國家間的對抗。今日世界各國的經濟若要成功，除須各國採行貿易自由化政策與措施，以吸引國際貿易與投資活動外，更須其產業及產品能在國際市場具有競爭力，對世界上任何國家而言，其貿易自由化的政經結構有賴於貿易伙伴國相對的自由化，因此各國基於互惠互利的原則，經由談判制訂各種貿易協定以達成全球化、區域化及自由化目

[38] 請參見高長，〈大中華經濟圈的理想、現實與展望〉，《中國大陸研究》，一九九二年十月第三五卷第一〇期，第三二頁。

的。在尋求互惠自由化時，各國可依照地緣區域或全世界整體的方式來進行。原則上全球性的方式當然比較優越，因其將達成自由化的外國市場數目極大化，且避免了更多的扭曲性措施及歧視性待遇之實施；不過，當全球競爭性自由化快速興起時，區域整合方式卻逐漸成為主流，理由很簡單，與鄰近國家間相互達成一項協議比和WTO超過130個會員國達成一項協議容易得多；再者，區域經濟整合的目標也較明顯，成員國多半會同意採行完全的自由貿易。相反的，目前尚未有全球性的經貿集團或會議考慮如此宏大的目標，現今大約有60%的世界貿易量是在區域貿易組織成員國間創造的，以往所謂區域主義與全球主義無法並行的主張早已突破，但未來仍須具有前瞻性的溝通與協商，以避免兩者可能產生的衝突，GATT/WTO多邊貿易規範應肩負起此一任務，除提供各項談判及協商的議場外，更應對區域貿易組織詳加規範與監督，避免區域集團過度發展而分裂全球貿易自由化秩序[39]。

區域貿易組織引起的爭議不僅在規範層面，更在經濟與貿易運作層面。區域貿易組織對國際貿易的運行顯會產生兩種不同效果。對整合區域內的成員國而言，區域貿易組織會產生所謂「貿易創造」（trade creation）效果，成員國間原有的貿易障礙消除後，市場機能充分運作的結果將使具有比較利益的國家，可將更多的產品銷往其他成員國，因而使整體貿易量增加；另一方面，經濟整合區內與區外國家間的貿易，由於區域貿易組織內外差別待遇的影響，將造成部分被區內貿易取代之結果，因而產生「貿易轉向」（trade diversion）效

39 詳細的討論請參見陳嵩璋，〈自由貿易全球化及區域化——兼論我國因應之道〉，《台灣經濟研究月刊》第二〇卷第一期，第九七－一〇二頁，一九九七年一月。

果。話雖如此，區域經濟整合未必一定對區外國家產生不利的衝擊，理論上若區域貿易組織能採行開放政策，非但不提高甚至降低對外的貿易障礙，則該區域經濟整合亦可能產生外部貿易增加的效果，因此，區域經濟整合對全球貿易自由化的影響，不能一概而論，須視各區域貿易組織所採行的對外貿易政策，始能詳加判斷。

不論如何，區域經濟整合對國際貿易的進行確實造成一定程度之影響。GATT起草者一方面認知GATT本身對貿易自由化的要求仍有不足，區域貿易組織對全球貿易自由化將有相當的貢獻；另一方面亦認為應主動避免區域貿易組織破壞GATT根本的最惠國待遇義務，故在承認關稅同盟與自由貿易區的同時，亦制訂了GATT第二四條各項要件，使經濟整合後的區域貿易組織，不至於對外提高貿易障礙[40]。烏拉圭回合談判仍然肯定區域貿易組織的功能，「一九九四年關稅暨貿易總協定第二四條釋義瞭解書」（Understanding on the Interpretation of Article XXIV of the General Agreement on Tariffs and Trade 1994，以下簡稱「GATT 1994第二四條釋義瞭解書」）前言即表示，WTO會員國認知關稅同盟及自由貿易區在GATT 1947成立後的數目及重要性均急遽增加，已占現今全球貿易相當大的比例，而不同經濟體間進一步的整合對世界貿易之擴張應有相當助益。儘管如此，在WTO規範架構下，只有GATT與GATS明文（GATT第二四條及GATS第五條規定）承認區域貿易組織，TRIPs協定並無承認區域貿易組織可作為最惠國待遇義務例外的規定。換言之，WTO會員國若實施區域經濟整合，在符合一定規範要件的前提下，區域貿易組織可作為WTO貨品及服務多邊貿易協定中最惠國待遇義務的例外，但仍不

---

[40] John H. Jackson, Reflections on the Implications of NAFTA for the World Trading System, 30 COLUMBIA J. TRANS. L. 505(1992).

能排除TRIPs協定的最惠國待遇義務要求。

### （二）GATT規範下的區域性經貿整合

ATT第二四條規定及「GATT 1994第二四條釋義瞭解書」對在GATT規範下成立區域貿易組織設有相當詳細的規範，原則上只要該組織採取充分的貿易整合，GATT即承認其為合法的區域整合安排，並可成為GATT最惠國待遇義務的例外。不過GATT僅針對「自由貿易區」及「關稅同盟」此二種經濟整合階段，至於更高層次的「共同市場」與「經濟同盟」並不在明文規範內。此或由於一方面GATT本身僅係針對貨品貿易事項，其他如勞力或資本等生產要素的流通原不在其規範範圍內；另一方面「共同市場」與「經濟同盟」仍須以「自由貿易區」及「關稅同盟」所強調的消除關稅及其他貿易障礙為基礎，故GATT規範仍可適用在相對應的部分，並無疏漏之處。

GATT第二四條第四項規定：「各締約國認知期待經由自發性的協定，發展各締約國間更密切的經濟結合關係，以增進貿易自由化。再者，各締約國亦認知關稅同盟或自由貿易區的設立，應係為促進各成員國間的貿易而不是為增加成員國與其他締約國間的貿易障礙。」由此規定可知，會員國間自願的區域經濟整合活動，應以促進貿易自由化為目標，且區域貿易組織不應採行增加區內與區外國家間貿易障礙的外部貿易政策。「GATT 1994第二四條釋義瞭解書」前言亦重申此要旨，並要求關稅同盟或自由貿易區的成立或擴張，應儘可能避免對其他WTO會員國之貿易造成不利的影響。

GATT規範體系所承認的關稅同盟及自由貿易區，其意涵依照第二四條第八項規定，係指「以一個單一關稅領域替代二個或多數的關稅領域（the substitution of a single customs territory for two or more customs territories）及「二個或多數的關稅領域集團」（a group of two or more customs territories），且不論是何種區域經濟整合安排，依照該項第(a)款與第(b)款規定，其成員國間關於絕大部分的貿易（substantially all the trade）[41]進口關稅及其他商業限制規範（duties and other restrictive regulations of commerce）均必須消除；另在關稅同盟的情形，盟員國間對於與非盟員國貿易所適用的進口關稅及其他商業限制規範，均應大部分相同（substantially the same）。至於區域經濟整合的外部關係，GATT第二四條第五項第(a)款與第(b)款規定要求關稅同盟或自由貿易區對非其整合區域內的其他會員國，無論是關稅或其他貿易限制，整體上均不得高於未進行區域經濟整合以前的待遇。若會員國為成立關稅同盟而必須提高關稅，且此一關稅提高措施並不符合GATT第二條的規定，GATT第二四條第六項規定要求該關稅同盟應依照GATT第二八條相關規範，對受影響的會員國提供補償。如在合理期間內無法達成協議，關稅同盟有權逕行修改或撤回其關稅減讓，反之受影響的會員國亦有權逕行撤回相等的減讓做為報復。

在程序上，不論是關稅同盟或自由貿易區，若其設立並非立即生效，而須經過一段期間逐步完成，GATT第二四條第五項第(c)款規定，任何過渡性協定（interim agreement）應包括成立關稅同盟或自由貿易區的計畫及時間表，且不應超過「合理期間」，如依「GATT

41 至於「絕大部分的貿易」所指為何，GATT並沒有詳加定義，區域內貿易自由化的比例固可作為一項判斷基準，但仍須視個案來檢討，例如當美加自由貿易協定（CUSFTA）接受GATT審查時，工作小組即表示雖然該協定將大多數的貿易障礙加以排除，但關於農業部門卻多所保留，引發其他GATT締約國的關切；GATT之所以要求區域經濟整合須涵蓋絕大部分的貿易，目的在於避免「並非真正欲在區域內實施自由貿易，而係為就某些特定產品形成優惠貿易安排，藉以排除或限制其他國家之產品進入其市場。」

1994第二四條釋義瞭解書」第三項規定，「合理期間」原則上是十年，但若該過渡性協定成員國認為十年期間不足時，可向貨品貿易理事會提出延長期限的充分理由。GATT第二四條第七項及「GATT 1994第二四條釋義瞭解書」第一一項則進一步規定，會員國欲成立關稅同盟或自由貿易區或訂定過渡性協定，應立即通知貨品貿易理事會，同時提交相關資料（如計畫書及時間表等）並將該區域經濟整合未來的運作及其將產生的改變等情形，向貨品貿易理事會報告。「GATT 1994第二四條釋義瞭解書」第七項及第八項規定要求貨品貿易理事會成立工作小組進行審查，小組可針對過渡性協定的期間安排及關稅同盟或自由貿易區的成立方法等事項，向貨品貿易理事會提出書面報告，並由貨品貿易理事會在適當時機對會員國提供建議。

### （三）GATS規範下的區域性經貿整合

GATS第五條亦有類似GATT第二四條關於區域經濟整合的規定，但由於服務貿易並無關稅問題，故無法稱為關稅同盟，且自由貿易區與關稅同盟的涵蓋範圍實在不夠廣泛，服務貿易包括服務的投資，亦包括人員與資金的流動，故會員國間從事服務貿易的經濟整合，通常均以「共同市場」為基礎，GATS第五條以經濟整合（Economic Integration）為名，實較能涵蓋所有可能的整合型態。由於服務貿易的特殊性，許多GATT第二四條的規範要件移植到GATS第五條時，即須做些許修正，但基本原則均屬相同。雖然經濟整合允許區域內國家相互授予優惠，而不將此些優惠授予區域外國家，將使區域外國家遭受歧視性的待遇，不過，GATS第五條第一項仍開宗明義表示不阻止會員國加入或成立使服務貿易自由化的區域經濟整合安排，換言之，GATS亦承認服務貿易集團化的現象可成為GATS最惠國待遇的例外情形。

依照GATS第五條第一項第(a)款與第(b)款規定，上述將服務貿易自由化的區域協定，必須符合下列二項要件：(1)涵蓋大多數的服務部門；(2)消除成員國間絕大多數不符合國民待遇義務的歧視性措施，包括現有的措施與禁止新的或更歧視的措施，但依GATS第一一條、第一二條、第一四條及第一四條之一等規定允許者，不在此限。消除歧視性措施的時間應於經濟整合協定生效時或在合理期間內，且由於服務貿易並無關稅問題，故其所須消除者係對服務貿易自由化形成較大障礙的國民待遇義務問題，本條規定亦即要求經濟整合成員國間應消除「絕大多數違反GATS第17條國民待遇義務的措施」。就服務貿易經濟整合的外部關係而言，與GATT第二四條第四項規定一樣，GATS第五條第四項亦規定服務貿易經濟整合之目的必須是為促進成員國間的貿易，而不是為提高經濟整合對外的整體服務貿易障礙。會員國如因經濟整合而須修改或撤回服務貿易的特定承諾，且不符合特定承諾表所載之條款或條件時，GATS第五條第五項規定，會員國應於90日前通知，並依照第二一條第二項、第三項及第四項規定的程序，與受影響會員國進行補償談判，如無法達成補償協議，受影響會員國可提交仲裁。

比較特別者，GATS第五條之一規定勞動市場的整合協定（Labour Markets Integration Agreements），此係GATT規範體系所無。GATS第五條之一規定：「本協定並不阻止任何會員國成為勞動市場充分整合協定的成員國，但該整合協定必須：(a)豁免該協定成員國公民關於居留及工作許可證的規範要求：(b)通知服務貿易理事會。」雖然GATS各國承諾關於自然人提供的服務，均限於專業人員的移動或關係企業內部或公司內部人員的派遣，通常不包括非專業人員的跨國界移動，但GATS第一條既規定所謂服務應包括政府行使公權力以外的一切服務，且該條所規定自然人派遣之服務貿易型態，並未限於專業人員或公司內部或關係企業內部人員的派遣，換言之，非專業人員或公司內部高級管理人員的一般勞動階層，亦屬GATS規範涵蓋之範圍。故若會員國之間就勞動市場（包括專業與非專業人員的勞動市場）達成充分整合的協定，同意相互免除對方公民的入境及居留或工作許可證等規範要求，GATS第五條之一規定允許整合成員國不將該等利益及優惠等賦予其他WTO會員國的服務供應者，而成為GATS第二條最惠國待遇義務的例外。

## 三、兩岸經濟整合的限制因素

### （一）兩岸政治意識的對立

兩岸間的敵對狀態一直難於緩和，長達近五十年的對立，雙方的敵對意識仍未消除。台灣認為中國當局至今仍未放棄對台使用武力，且處心積慮的封殺台灣國際活動空間，對台灣方面所做的各種努力置若罔聞，缺乏善意回應；中國則認為台灣當局對兩岸經貿交流處處設限，又不願開放兩岸「三通」，且在國際間大搞「兩個中國」、「一中一台」的分裂國家行為，根本毫無誠意可言。雙方互相對立的結果，不僅影響兩岸正常經貿互動關係，更不利於兩岸三地推動任何形式的經濟整合計畫。這種意識型態上的分歧，問題更在於中國方面所堅持的「一個中國、一國兩制」基調，再三強調中國是中央政府，台灣及香港均係地方政府，兩岸三地相互間具有垂直的隸屬關係，將兩岸三地經貿交流放在「一國兩制」的架構下來討論顯然和台灣期望以對等的「經濟實體」與中國進行經濟整合的構想相違背。

事實上，台灣政府早在一九九一年國統綱領中即明白宣示，兩岸在互惠互利的前提下，不否認對方為政治實體；並於一九九一年五月正式宣布終止動員戡亂時期，希望與中國當局建立良性的互動關係。雖然台灣承認中國為對等的政治實體，但中國在主權問題上仍然堅持其「一個中國」、「一國兩制」的主張，阻礙了當前兩岸三地經貿整合的關鍵。在兩岸間的政治定位問題未獲解決之前，談論兩岸三地任何層次的經濟整合，恐難有其戲劇的成果。

### （二）兩岸經濟制度的差異

除了政治對立造成兩岸三地經濟整合困難以外，經濟制度差異乃至於經濟發展水平差距，亦係限制兩岸三地經濟整合發展的重要因素。因為一方面區域經濟整合通常係由經濟制度相近的國家所籌設[42]；另一方面，參與國家的經濟發展水平愈接近，則消除區內商品與生產要素障礙的經濟整合活動愈容易成功[43]，歐洲共同體的經濟整合，即是一例證。若由總體經濟角度來觀察兩岸三地的經濟發展，不難發現中國地區的經濟發展程度仍落後台灣與香港，且兩岸三地的經

---

[42] 誠如經濟學者費景漢所言：「所有區域經濟整合成功的先決條件，是該區域內有一共同的經濟制度」。請參見謝昌生，〈兩岸三地經貿整合限制因素之分析〉，《共黨問題研究》，一九九八年八月第二四卷第八期，第四六頁。

[43] 一般傳統認為，參與經濟整合國家的經濟發展水平愈接近，則消除市場障礙與實行專業分工所帶來的經濟利益愈容易調和；相反的，若經濟發展水平差距懸殊，則將因各國對經濟整合計畫的期待目標不同及對經濟利益的要求差距過大，造成國家間的協商困難。兩岸三地的經濟發展程度，實際上就如同彼此經濟制度的差異一樣過於懸殊，故整體而言並不利於任何經貿整合活動的推展進行。請參見王和興，〈世界經濟區域集團化的新發展及問題〉，《國際研究》（北京），一九九三年十月第五〇期，第三二－三九頁。

濟結構亦顯著不同，即使勉強整合，日後亦難以協商出一套共同的經濟或產業政策。中國未採行「改革開放」政策以前，兩岸三地的經濟制度不同。台灣與香港兩地所採行的是市場經濟體制；中國地區則係實施中央計畫經濟制度，資源配置必須經由高層的計畫安排，不受市場價格機能引導。但一九七九年中國採行改革開放政策以來，經濟制度逐漸轉變，以往農村經濟體制在中國當局實施的「家庭聯產承包責任制」名義下，農村土地改由農戶承包，實質上由農民集體所有制轉變為個體所有制；再者，鼓勵城鄉個體經濟戶及私營工商企業發展，個體經濟與私營經濟，當然毫無疑問是私有制的一部分，甚至一直被中國當局認為係「社會主義公有制」組成部分的「集體經濟」（主要是「城鄉企業」）部門，實際上也漸趨近於私有制的性質。至於因對外開放而引進的外資企業[44]，就算形式上不將之認定為「資本主義」性質，至少也是屬於「私有部門」的一部分。此外，做為「公有部門」主體的國營企業（一九九二年「十四大」後改稱為「國有企業」），在工業總產值中所占的比重已逐年下降，由一九七九年的78%降至一九九二年的48%，且每年以2%的速度持續下降，預計到二十世紀末時國有企業的總產值比重將僅占27%，相反的私有部門產值比重則將逐年增加[45]。一九九四年以來，揚棄計畫經濟政策，逐步導進市場經濟理論，形成中國式的社會主義市場經濟制度。

事實上，國有企業近年來也逐漸朝向私有制的方向發展。經過擴大企業自主權、兩權（國家所有權與企業經營權）分開、小型國有企業由個人承包或租賃及企業「股份制」的推行，乃至於在「十四大」

---

44 參照王泰銓，《中共對外經濟貿易法》，五南圖書出版公司，一九九六年。

45 請參見董瑞麒，〈大陸國有企業轉換經營機制之研析〉，《中國大陸研究》，一九九三年八月第三六卷第八期，第一七頁。

中確認實施「社會主義市場經濟」制度並要求國有企業「轉換經營機制」，在在顯示出國有企業私有化的趨勢。雖然中國政府不斷重申其「社會主義公有制」仍居絕對的主導優勢地位，但在「社會主義市場經濟」制度下，隨著「兩權分離」[46]理論的實際推廣運用，國有企業公有制的屬性將逐漸消弭退卻。可以想見的，中國政府所實施的「社會主義市場經濟」制度，必將逐漸與自由市場經濟制度接軌，而與台灣及香港的現行經濟制度漸趨一致。因此現階段雖然兩岸三地所採行的經濟制度仍有相當差異，要勉強進行經濟整合實需承受很大的風險，但若中國政府加速其經貿體制改革及市場開放腳步，穩健的朝向市場經濟制度發展，兩岸三地經貿整合或仍有可觀的前景[47]。

### （三）兩岸經貿政策的影響

中國政府自從一九七九年元旦人大常委會發表「告台灣同胞書」以來，「和平統一、一國兩制」一直是中國對台工作的最高指導原則。一九九〇年底中國國家主席楊尚昆在全國對台工作會議上即表示：「要從祖國和平統一的戰略高度認識對台經貿工作的意義，發展雙方經貿往來、密切兩岸關係，是抑制台灣分離傾向、為促進和平統一的政治性任務而服務」。一九九一年七月中國國務院對外經貿部發布「直接雙向、互惠互利、形式多樣、長期穩定、重義守約」等「兩岸經貿交流五項原則」。一九九五年元月中共總書記江澤民就現階段發展兩岸關係，推動和平統一提出所謂「江八點」主張，認為應強化

---

46 詳參曾育裕，《公有土地所有權與使用權兩權分離理論之法律經濟分析》，東吳大學博士論文，二〇〇〇年；許光泰，《中國大陸城市國有土地使用制度之研究》，國立政治大學東亞所博士論文，一九九九年。

47 請參見張讚和，《兩岸關係變遷史》，周知文化事業股份有限公司（台北），一九九六年，第四二八－四二九頁。

兩岸經濟交流與合作、鼓勵台商投資、促進兩岸三通並簽訂台商投資保護協議等。

中國對台經貿政策一向是整體對台政策的一環，因之仍係以「和平統一、一國兩制」為最高政策指導原則；至於不惜動用武力，威嚇台灣就範。尤其當前中國在政治問題上幾乎不可能妥協讓步，堅持「一個中國」原則不惜使兩岸關係長期陷於低迷狀態，但其在兩岸經貿交流上運用「以民逼宮」、「以經圍政」的政策，往往出現某種程度的讓步。例如，一九九五年六月間李登輝總統訪美後，中國當局在政治上對台逐漸表現不友善的態度，如中斷海基與海協兩會的協商管道、舉辦軍事演習及飛彈試射等，似乎有意長期凍結兩岸的政治交流；但另一方面，在兩岸經貿交流關係上，卻表現較以往更大的善意，如中國交通部所公布的「關於實施台灣海峽兩岸間航運管理辦法有關問題的通知」、對外經貿部公布「台灣同胞投資保護法施行細則」及「兩岸貿易管理辦法」等，都是屬於這一類的替代性回應。

可以想見的中國方面在政治問題上幾乎不可能讓步，堅持「一個中國」原則的結果是使兩岸關係隨時有陷入緊張或低迷狀態的可能，不過其處理兩岸經貿交流問題時所展現的彈性空間，顯示想要以「政經分離」方式維繫兩岸互動關係不中輟的企圖，是有其政治背景因素的考慮。自一九九〇年代開始，中國領導高層即不斷在內部對台工作會議上指示，要加強對台經貿工作，並強調在經濟上要把台灣拖住，以利未來統一大業的推動，足見其對台經貿政策的高度政治意涵。在策略上，「以通促統」是當前中國對台經貿政策中最重要的一環，不論是「葉九條」或「江八點」等主張，均一再呼籲兩岸應立即實施「三通」。中國方面對促進兩岸三通的策略是相當積極的，不論係利用台商與外圍組織，或是規劃相關口岸、機場設施、制訂相關優惠法規及定期舉辦兩岸通航研討會等，其目的均在為兩岸三通做準備，等到時機成熟即可迅速展開三通作業，不須再經歷長期準備的過程。由於台灣希望發展成為亞太營運中心甚或成為全世界高科技製造、服務中心，未來兩岸三通是必要且無法迴避的問題，而中共事實上亦瞭解台灣當局在三通問題上承受相當大的壓力，內部的看法亦相當的分歧，因此，中國認為要早日實現三通，不僅要全方位的推動，更要培養利益團體來對抗台灣政府[48]。

至於台灣政府，為因應中國中止兩岸溝通管道及一連串文攻武嚇未能得逞後，所刻意採取的「以民逼官」、「以商圍政」及「以通促統」等手段，對於兩岸經貿議題曾先後提出兩項基本看法，一是我國亞太營運中心計畫並不以中國為唯一考量；另一是在「第三屆全國經營者大會」上，宣示將以「戒急用忍」為中國經貿政策基本原則，希望能降低對中國地區的經貿依賴與投資風險，並強調台商赴中國投資應同時顧及商業利益與國家安全。對於由政府決策者所主導的中國「戒急用忍」經貿政策，實施以來，雖然許多企業經營者表達了不同意見，但亦有許多企業領導者對政府此項政策表示支持。基本上，台灣的中國經貿政策是整體中國政策的一環，前者著眼於經濟利益，後者則在維護國家利益，所以應無經濟利益高於國家利益或經濟利益可以違背國家利益之理。然而，經貿政策與中國政策是一種「局部與整體」的整合關係，因而必然產生「政經結合或政經分離」的問題。在當前兩岸特殊環境之下，經貿政策與中國政策具有「客觀上區隔之必要」，也具有「主觀上不能分割」的特性。換言之，從經貿政策角度來看，中國政策應適度尊重市場自由法則，以追求最大經濟效益，但

---

48 請參見謝昌生，〈兩岸三地經貿整合限制因素之分析〉，《共黨問題研究》，一九九八年八月第二四卷第八期，第四九頁。

若從中國政策來看，為了維護國家與全民利益，經貿政策也必須適度配合中國政策[49]。其實台灣方面為因應兩岸加入WTO的條件，也必須在兩岸經貿關係上，作出適用的調整，使其符合現實情勢環境的需要。

對於現階段的兩岸經貿關係，由於台灣政府決策者與企業經營者在認知上仍有相當差距，無形中給予中國方面培養其在台「利益團體」以敦促兩岸早日三通的代言人機會，此實為台灣內部最大的隱憂[50]。在國家安全與企業利益之間，政府決策者與企業經營者間應多做溝通協調，建立良性的互動關係，在國家安全與企業利益之間取得一致的共識與平衡點，如此一來企業經營者不僅會全力支持政府當前的中國政策，更會將企業母體留在台灣生根。倘若政府決策者與企業經營者間，對於現今中國經貿政策意見相左而不能整合，進而導致市場與企業運作不受政府政策及法律規範，則台灣原有的強大經貿實力必將因內部意見分歧而逐漸削弱，使兩岸經貿政策與實務運作脫軌而相互矛盾，台灣在未來兩岸經貿談判中將喪失更多有力的籌碼。因此，面對廿一世紀全球經濟一體化及中國經濟快速成長的壓力，台灣唯有政府決策者與企業經營者相結合，才會產生一致的對外力量。政府決策者應運用其政治力量來培養與輔導企業，使企業的經濟實力蒸蒸日上，且對國家充滿信心；而企業經營者則應以其經濟實力做為政府對外談判工作的後盾，使政府決策者在處理對外關係（尤其是兩岸關係）時無後顧之憂。

因中共對台仍有強烈敵意，並不肯務實面對兩岸分治現實，在外

---

[49] 蔡宏明，〈「戒急用忍」降低大陸投資風險〉，《政策月刊》，一九九六年十月一日第二一期，第一四頁。

[50] 謝昌生，〈兩岸三地經貿整合限制因素之分析〉，《共黨問題研究》，一九九八年八月第二四卷第八期，第四八頁。

交上對台不理性的打壓封殺，基於政經風險及經濟安全考慮，有必要戒急用忍。而兩岸經貿互動已從產業互補走向競爭形態，中國對政治考量又多於經濟考量，台灣不得不要有所因應。

由於兩岸經濟資源互補，語言文化相通，兩岸加入WTO後，雙方互補互利的空間勢必增加，經貿往來也會更廣泛，但我們的企業將面臨更嚴酷的挑戰。中共不僅拉近兩岸出口的競爭實力，也逐步提高在美日市場的占有率，對我國產生競爭威脅。

中國將吸引相當規模的外商投資，促進中共對外貿易，對我國產品的國際競爭力造成影響，同時挾有資金優勢與技術能力的外國大型跨國企業，將大量湧入中國市場，改變市場的質量，對仍以中小企業為主的台商將造成競爭壓力。企業赴中國投資占我國對外投資總額的比例已逾四成，位居中國外資第三位。在兩岸貿易，我國對中國及香港出口已占總出口百分之二十三，顯示對外經貿過度集中於中國，由於中國政經情勢不穩定，對我敵意也未消除，無疑將影響台灣經濟的自主與穩定[51]。

---

51 《中國時報》，二〇〇〇年二月十二日，「兩岸三地新聞版。」

# 第四章　WTO架構下論兩岸經濟合作模式之展望——試以自由貿易法律機制為中心（代結語）

近十年來與台灣經貿往來日趨密切的中國也在2001年底順利成為WTO會員國，並逐漸在世界經貿舞台扮演起舉足輕重的角色。在成為WTO會員國之後，中國一方面將因各成員國的市場開放而獲益，但另一方面也因為國內市場對全球開放而面臨更多的競爭。

面對新情勢的發展，台灣以全球經貿第15大國，當然應審慎觀察動向，做好策略定位。但由於國際政治的現實及國民所得已臻一定水準，要明確釐定策略因應亦有其困難性。在發展雙邊或區域經濟整合（與他國洽簽自由貿易協定）籌組經濟盟友方面，由於我主要貿易夥伴皆與台灣無正式邦交關係，且對中國有所忌憚，推動洽簽工作不易進行：而在主要經貿議題方面，台灣就應站在已開發國家、或開發中國家立場，對國內產業具有不同層面的影響，也不易拿捏。以農業談判而言，台灣的入會承諾以對台灣農業經濟之調適造成極大衝擊，新回合談判若順利依時程完成，台灣之農業部門將難以喘息，甚至無法因應，但對台灣最重要之貿易盟友——美國而言，台灣亦不能太偏離其議題立場。另一方面，由於台灣順利成為WTO會員，而使得台灣此次能在「新加坡議題」（貿易與投資、貿易與競爭、政府採購透明化及貿易便捷化等四項議題）選擇立場與我接近的會員國做成有效的結盟，在會場上毫無窒礙地與其他會員會員國折衝及陳述台灣的立場。因此，維持多邊貿易體制架構的穩定發展應仍是台灣最好的選擇。

但面對藉由自由貿易協定行程的新經濟集團，台灣則明顯的欠缺著力點，雖然台灣經濟部在2003年8月與巴拿馬完成了台灣在亞洲之區域經濟整合形勢而言，只要在兩岸關係未見冰釋前，似難有突破性作為。

WTO、APEC原本均提供了台灣一個公平的市場進入平台，但近年來FTA加速的發展，使得台灣的產品及產業進入他國因欠缺經濟結盟而面臨較不利的門檻。因此，在全球競相進行區域經濟整合的過程中，台灣當然難以接受缺席的事實。以台灣的處境，固然希望WTO、APEC之多邊平台能順利運作，但面對新情勢的發展亦不能沒有預備方案及配套措施。個人認為台灣行政部門應致力於策略性的布局，並研擬具體可行方案，俾能因應此一新局勢演變。

## 第一節　背景與問題討論——WTO架構下台灣因應新情勢之道

經濟全球化的巨輪滾轉不停，世界貿易組織（WTO）在香港會議的挫敗又將引來新的經濟競合，面對如此的新情勢，本文擬分從一、經濟全球化之發展；二、經濟全球化及區域經濟整合之趨勢；三、台灣加入WTO之機遇與挑戰；及四、後坎昆時代全球經濟的可能演變面向，提出幾點觀察意見。最後也就個人延續撰寫性因應做法，盼能對我涉外經貿關係的開展稍有助益。

### 一、經濟全球化之發展

#### （一）經濟全球化緣起

運輸及通訊技術的進步、以比較利益為基礎的國際分工機制普遍被接受、跨國公司在經濟活動的角色日益活絡、以及國際經濟組機機制的建立，為經濟全球化奠定發展的基礎。80年代初，大批開發中國家紛紛加入國際經貿體系，各國間經濟關係漸趨緊密，相互依存度大幅提高，使經濟全球化之雛形逐漸趨於完備。時至今日，由於資訊科技的長足進步、生產要素跨國流動的便利性提高、全球產業分工體系大幅發展，更加速了經濟全球化急速發展，並蔚為強勁的時代潮流，所謂「地球村」、「世界公民」在本世紀前已是耳熟能詳的詞彙。

（二）經濟全球化之意義

經濟全球化儘管配用以形容當前國際經紀之情勢與潮流，但卻未有統一及明確的定義。有些人認為，所謂的全球化即為現在化及西方體制的全球性擴張；也有人認為，全球化主要是跨國企業活動的擴張，是一種由下而上的經濟行為，其結果為國家政府權力的削弱。一般說來，經濟全球化可解讀為發展經濟力向衝破國境藩籬。實施全球經濟及市場的一體化，其目標則在於重新配置世界整體資源，使其發揮最大的效用。在生產要素及世界市場進行整合的過程中，各地的生產、消費、投資、貿易、科技傳播等主要經濟活動，表面上因文化、語言、歷史及地理環境等因素仍呈多元化，但本質上這些經濟活動的差異性已逐漸降低，而商業操作模式及遊戲規則也漸趨一致。市場經濟及資本主義是驅策經濟全球化的根本動源，因此推動市場自由化、開放經濟、鬆綁政策等以減少干涉為基礎的經濟法則在全球化風潮下被期望推行到全球每個角落，以重組各國在經濟上之生產消費關係，建立全球產業分工體系及同質化的消費模式。

（三）經濟全球化之衝擊

經濟全球化的實現建基在貿易與投資的自由化，以及全球經濟秩序之確定與管理。自由化的作用在於使資源配置合理化，令各項要素能發揮最大的效用；而創造公平且運作順暢的體制及環境則需依靠經濟秩序的確立即有效運行。然而，目前經濟全球化的進程僅僅著重在自由化的推展，由已開發國家主導的國際經濟組織一味地要求開發中國家加速落實自由化的措施。而未能針對各國發展程度的歧異建立一套公平合理的制度，使得全球化所帶來的成長及復育未能合理地分配給所有參與者。這項缺失使得以輸出原物料為主要貿易活動的第三世界國家在國際經濟關係中無可避免地被推至邊緣地帶，而那些在全球工業品市場占有一席之地的國家則因自由化所帶來的好處而發展更形茁壯，形成了今日所謂「南北關係」的問題。WTO西雅圖會議及坎昆會議的失敗不僅將這項問題表面話，也令人意識到，經濟無國界化造成的問題如果不加以妥善解決，即有可能衍生新的不安與動盪。

（四）國際經濟秩序之建立

第二次世界大戰後部分有識之士已意識到有必要為國際經濟創造－共同的法律基礎，並成立相關執行機構，以維持自由市場的秩序。1944年「布列敦森林會議」的召開即視為達成此項目的，在開次會議中確立了國際貨幣基金（IMF）及世界銀行（World Bank）之設立，前者對國際收支出現問題的國家提供協助，後者則為促進各國經濟穩定發展做出貢獻，分別為全球金融體系及經濟發展提供了穩定的運作機制。然而，「布列敦森林會議」並未直接討論貿易問題，也未如願完成「國際貿易組織」（International Trade Organization；ITO）的籌組。儘管如此，在經過多次複雜的會談後，美、英、法、加及台灣等23個國家終於在1947年10月簽訂了「關稅及貿易總協定」（GATT），建立規範國際貿易秩序的多邊架構組織。

## 二、經濟全球化及區域經濟整合之趨勢

### （一）多邊貿易體制之挑戰

WTO會員體雖已囊括95%以上的全球貿易，並企圖建立一套更完善的貿易體制，但因會員體眾多且發展程度不一，使得多邊談判要達成協議也日趨困難。

香港會議因為窮國與富國對包括農業在內的多項重要議題各持己見而宣告破裂收場，這是自四年前的WTO西雅圖談判不歡而散後，WTO部長會議第二次破裂。在談判過程中，窮國希望富國取消農業補貼，使他們的農產品得以打進國際市場，部分窮國並希望其他國家降低農產品進口關稅，然而歐洲國家與日本卻在會中提出新加坡議題，窮國指其企圖轉移焦點，以致會議無法達成共識。許多窮國認為，美國與歐洲國家迄無脅迫他們接受不公平的貿易規則，儘管並未如願達成改革全球貿易體制的目標，但他們已找到足以對抗已開發國家的立足點。

開發中國家雖獲得表面上的政治勝利，時則可能成為實質經濟層面的輸家。談判破裂可能促發另一波國與國、區域與區域之間的市場開發談判熱潮。然而，許多國家可能因為經濟規模太小或過度貧窮，無法引起美、歐、日等經貿大國的興趣而被摒於門外。即使富國表現對區域或雙邊自貿協定的興趣，他們也可以運用本身實力為允許他國以優惠條件進入本國市場取得可觀的代價。像墨西哥加入北美自由貿易協定時，美國就堅持有關環境的多項條件。美國最近陸續與智利、新加坡簽署自由貿易協定，又獲得資本控制方面的讓步。如今看來，透過WTO達成全球貿易自由化的目標可能遙遙無期。儘管部分國家認為曾經引起災難的1930年代貿易保護壁壘不致再次出現，但在自由

貿易的目標與精神受挫下，未來很可能出現更多的雙邊貿易摩擦。

### （二）全球化下開發中國家重新集結

實則，多邊貿易體系推動全球化的挫敗，並非給自坎昆會議。早在1999年西雅圖WTO部長級會議時，即有反全球化人是策動激烈抗爭，導致局面失控，造成開次會議草草收場的結果。這場抗爭可說是反全球化人士及非政府組織首次成功地且組織地表達對全球化風潮極速發展的不安與抗議。

反全球化的議題雖獲得各國政府的相當關注，但全球化的發展在商業競爭布局全球之動力驅使下並未遲滯。不過，有別於西雅圖會議之抗爭，本次坎昆會議之挫敗，係由開發中國家（如中國、印度、巴西、印尼等國）以「臨時」組成之G22集團（事實上，加入的國家在坎昆會議期間每天都在增加，早已不只22個國家），針對開發中國家與已開發國家因發展程度不同所產生之摩擦，在向來由歐、美兩大集團主導之WTO議題上與已開發國家進行對抗。G22之多數成員國在過去僅能在南北發展議題發出雜音，而無法產生太大的影響力，其主因為缺乏大國的領導。此次G22運作之結果則為開發中國家再多邊貿易架構下開創了一個全新的局面——「開發中國家團結整合V.S已開發工業國」。G22在中國、印度、巴西等大國帶領下，開發中國家憑藉其新興的市場潛力，有效地整合了低度開發國家伐展及生存的議題建立共識立場及抗衡主軸，迫使多邊貿易議題不再如往昔僅由已開發國家片面主導。G22這個非正式組織，未來盟友是否增加，影響力是否加大，以及對多邊貿易體制之潛在衝擊，實值得吾人密切關注。至於歐、美兩大集團在無法完全主導多邊體制的情況下，又將如何合縱連橫，也將是研究國際經貿秩序新走向的新興課題。

### （三）區域經濟整合新局面

坎昆會議的失敗，印證了在現行WTO多邊架構下達成各項議題目標的困難。原本WTO的創設已然為一體化的國際貿易秩序及制度奠定堅實的法律基礎，並且建構了國際經濟相關議題交流平台，消弭不同國家與地區間的貿易保護與相互抗衡，為會員國創造互利互惠的公平貿易機會。倘若WTO的運作機制順暢，經濟全球化將可透過多邊架構加以落實，而全球化的利益也可達成。盱衡目前世界情勢，各國仍偏執於本身之利益，開發中與已開發國家間的衝突未見消弭，再加上「反全球化」勢力的崛起，透過WTO多邊架構達成經濟全球化的途徑勢將困難重重。有鑑於此，各國均重新思索藉由雙邊協議的方式來達到提前貿易自由化的目標，因此在可預見的未來，洽簽雙邊或區域自由貿易協定2之風潮將會更為興盛，而成為21世紀初國際經濟社會所向披靡的一股浪潮。

目前區域經濟整合可分為下列幾種式：

一、自由／區域貿易協定（FTA/RTA）：締約國間互免商品及服務貿易之障礙，但對非締約國仍保有各自之關稅及對外經貿政策。

二、關稅同盟（Customs Union）：除締約國間互免商品及服務貿易之障礙，各締約國對外採取一致的關稅政策及貿易措施。

三、共同市場（Common Market）：各締約國除對外採取一致的關稅政策及貿易措施外，區域內各生產要素，如：人員、資本貨品及勞務等均自由流通。

四、經濟同盟（Economic Union）：在共同市場的基礎上，經濟整合之最高境界，統一各締約國的經濟、財政及貨幣政策，締約國對外成為單一經濟區域。

自由貿易協定是區域經濟整合的最初形式。從法律面的角度來看，自由貿易協定是WTO規範中最惠國待遇原則的例外，此項例外主要透GATT 1994第24條及GATS第5條的規定加以確認。另外，GATT 1994第24條釋義書對協定所需遵循的規定做了較為詳盡的解釋。上述法條構成了合組自由貿易區的法律基礎，據此，自由貿易協定成員國間相互給予的優惠待遇，無須適用於其他非成員國，不受所參與國際經貿組織中最優惠國待遇的制約，且自由貿易協定的簽署國必須遵循對內促進貿易，對外不增加貿易障礙的原則。

截至2005年底將有接近300個自由貿易協定（各國送交WTO備查的自由貿易協定）生效實施。

傳統的自由貿易協定以關稅調降為主，而現行所發的自由貿易協定所包含的議題是「WTO-PLUS」，也就是WTO的進一步深化及廣化，其內容朝向「貿易自由化」、「貿易便捷化」及「貿易合作」方式發展，具體的涵蓋範圍有投資、原產地規定、產品標準及進出口檢驗與檢疫措施、智慧財產權保護、相互認證、自然人移動、競爭政策、關務合作及通關程序簡化、金融合作、電子商務、政府採購、環境保護、勞工待遇、人力資源、中小企業、廣播、教育、旅遊等。由於自由貿易協定涵蓋的範圍廣泛，協定的名稱已不侷限於Free Trade Agreement，而有Closer Economic Relations（CER）、Closer Economic Partnership（CEP）、Association等不同的稱呼。

## 三、台灣加入WTO之挑戰（台灣入世之效益與影響）

WTO是參與全球化最佳的平台，因此重新推動返回國際多邊貿易體制，一向是台灣政府努力的目標。歷經12年之折衝，台灣終於在2002年元月1日成為WTO的會員。加入WTO後，台灣除可進入國際經濟體系、提高國際能見度外、更能改善與各國進行貿易時所受到的不平等待遇；另一方面，也能增加與各國進行交流與結盟之機會，對穩定台灣在全球化後產業競爭的優勢具有正面影響。儘管若干因競爭力較不足的部門因入會而產生較不利的衝擊，但加入WTO後可享受無障礙地進入其他會員國的市場、降低國內物價等好處，就中長期來看，入會後國內經濟資源可作更有效率的運用，並能提升國際競爭力及國民福祉。另外，透過WTO參與制定國際經貿規範、利用WTO爭端解決機制，將可使台灣產業可以在一個安全穩定的國際經貿環境求取發展，掌握有利的商機，進而可拓展台灣之經貿空間，因此，加入WTO對我經濟長期發展絕對是有正面的效益。但入會同時也會衝擊某些產業，尤其是若干內銷產業之調適以及轉型的問題亦須加以重視，如何協助其面對國際化、自由化之競爭壓力，是台灣未來產業政策調整之重要課題。近十年來與台灣經貿往來日趨密切的中國也在2001年底順利成為WTO會員國，並逐漸在世界經貿舞台扮演起舉足輕重的角色。在成為WTO會員國之後，中國一方面將因各成員國的市場開放而獲益，但另一方面也因為國內市場對全球開放而面臨更多的競爭。

雖然中國是以開發中國家名義加入WTO，關稅減稅的項目與幅度都較小，但因原來的國內市場十分封閉，在開放之後所面臨的挑戰不小。加入WTO固會為外貿體制、市場機制帶來衝擊，但也帶動財政、金融、投資及價格政策等體系運作的改革，大幅改善經濟環境。根據中國國務院的分析，中國進入WTO後，對先進國家及亞洲新興工業國家較為有利，而資源蘊藏結構與中國類似的開發中國家，如：南亞及東南亞等國的勞力密集型產品的輸出將面臨激烈競爭。這些國家的生產要素很多還在農業部門，農產品的淨輸出將增加。因此，中國加入WTO後，對世界的勞力密集型產品輸出市場及初級產品輸入市場已產生重大的影響。

中國自開放以來，經濟體制就不斷地轉型，希望早日與西方先進國家接軌，以加強經濟發展。雖然其區域展失衡、失業增加及銀行體系的巨額呆帳等問題仍未獲致解決，但由於外資挹注及各項經濟政策的改革有成，長期以來的穩定的高度經濟成長已使得中國逐漸成為世界經濟舞台的新巨人，兩岸經貿之互動更是動見觀瞻。如何為兩岸經貿交流建立一套穩定的機制，將成為台灣制訂對外經貿政策的重要的課題。

中國近幾年來在經濟上的崛起，不但早已有了「世界工廠」之名，且本身市場成長的龐大潛力亦成為其最佳利器。早在加入WTO前，中國即開始縝密地在亞洲規劃了一個綿密的經貿網路。中國一方面藉由「南海行為準則」平息與東協國家對南海領土紛爭之疑慮，一方面主動提供了熱帶農產品免關稅銷往中國的「提早收穫計畫」（Early Harvest），成功地誘使東協十國簽署了所謂「東協加一」自由貿易區的談判架構協定；在東北亞方面則結合南韓迫使日本宣布成立「中、日、韓自由貿易區共同研究」；此外，藉由「上海合作組織」及「曼谷協定」，逐步推動與俄羅斯、中亞國家、以印、巴等國家之緊密經濟夥伴關系；2003年6月29日又與香港簽訂了「內地與香港緊密經濟貿易合作安排」（CEPA），迅速完成了中港自由貿易區的構建；同年10月17日，復參考港版條文與澳門政府簽署CEPA，2004年亦與香港同步施行。

綜前可知，由中國主導打造的亞洲經濟板塊已漸次成形中。而原有意與台灣洽簽FTA之日本、新加坡、紐西蘭自二〇〇二年元月中國外貿部長石廣生公開反對後，均打消洽簽意願，使得台灣在亞洲地區被邊緣化的情勢愈趨險峻。

## 四、台灣因應新情勢之道

面對新情勢的發展，台灣以全球經貿第15大國，當然應審慎觀察，做好策略定位。但由於國際政治的現實及國民所得已臻一定水準，要明確釐定策略因應亦有其困難性。在發展雙邊或區域經濟整合（與他國洽簽自由貿易協定）籌組經濟盟友方面，由於我主要貿易夥伴皆與台灣無正式邦交關係，且對中國有所忌憚，推動洽簽工作不易進行；而在主要經貿議題方面，台灣究應站在已開發國家、或開發中國家立場，對國內產業均有不同層面的影響，也不易拿捏。以農業談判而言，台灣的入會承諾已對台灣農業經濟之調適造成極大衝擊。另一方面，由於台灣順利成為WTO會員，而使得台灣能在「新加坡議題」（貿易與投資、貿易與競爭、政府採購透明化及貿易便捷化等四項議題）選擇立場與我接近的會員國做成有效的結盟，在會場上毫無窒礙地與其他會員會員國折衝及陳述台灣的立場。因此，維持多邊貿易體制架構的穩定發展應仍是台灣最好的選擇。但面對藉由自由貿易協定形成的新經濟集團，台灣則明顯的欠缺著力點，雖然經濟部在二〇〇三年八月與巴拿馬完成了台灣首個自由貿易協定之簽署，為台灣與他國洽簽FTA建立了指標作用，但就台灣在亞洲之區域經濟整合形勢而言，只要在兩岸關係未見冰釋前，似難有突破性作為。

WTO、APEC原本均提供了台灣一個公平的市場進入平台，但近年來FTA加速的發展，使得台灣的產品及產業進入他國因欠缺經濟結盟而面臨較不利的門檻。因此，在全球競相進行區域經濟整合的過程中，台灣當然難以接受缺席的事實。以台灣的處境，固然希望WTO、APEC之多邊平台能順利運作，但面對新情勢的發展亦不能沒有預備方案及配套措施。筆者認為台灣行政部門應致力於策略性的布局，並研擬具體可行方案，俾能因應此一新局勢演變。

根據前述之觀察與分析，本研究計畫延續碩士論文之研究架構之經驗對目前最新的國際經濟發展情勢提出下列策略性的思維以開展博士論文研究計畫，謹供各位參考：

（一）原則上仍應尋求並鼓吹各國在多邊貿易架構下推動貿易自由化，避免自由貿易協定成為國際經貿主流規範，扼阻台灣際經濟命脈。

（二）在維護國家尊嚴及體制的前提下，徐圖改善兩岸關係，建立穩定的雙向經貿交流機制，甚或研訂合作的貿易協定。

（三）建立與主要經貿夥伴共同利基，爭取洽簽自由貿易協定，化解被邊緣化的負面影響。

（四）因應全球化發展的趨勢，改善國內投資環境，加速體制的鬆綁與體質的再造，以提升國家整體競爭力。

（五）針對區域經濟整合潮流的新局面，評估各項經濟整合對台灣之衝擊及機會，輔導產業升級或轉型（特別以金融服務產業為中心），並強化台灣企業之全球競爭力。

## 第二節　全球化脈絡下兩岸四地經貿架構之鉅視與微觀

儘管兩岸在WTO架構下談判的高度敏感性，使得兩岸難像一般正常會員國之間的關係一樣，透過WTO談判或爭端解決機制，來處理兩岸經貿爭議。但面對兩岸貿易關係日趨密切，兩岸亟需思考如何以更廣泛的經貿關係架構，全面性處理兩岸頻繁經貿互動所衍生的種種問題（以筆者為例，筆者任職於行政院金融監督管理委員會，對於台灣金融服務業會投注較多的關心；相對於碩士論文關注於兩岸貿易與投資行為課題，博士論文研究關懷觸角亦隨之變動並延續碩士研究論文以來的關懷課題，併予敘明）；隨著台灣製造業的海外投資日益興盛，台灣金融業海外投資的腳步也逐漸加速。尤其在中國於2001年加入WTO後，其國內金融市場逐步開放，更是造成了對台灣金融業的磁吸效應，可否在WTO架構下引進類如CEPA區域經濟一體化的法律機制，引發本書之研究動機。

兩岸加入WTO後（參閱筆者碩士論文資料），兩岸貿易額已增加一倍（成長100.52%）。依據經濟部國際貿易的統計資料，在二〇〇一年底兩岸入會前的貿易額為299.63億美元，貿易成長年增率原為-7.4%（受全球泡沫經濟破滅及911恐怖事件影響），但入會次年，即由負轉正成為24.9%。2004年雖然在中國實施緊縮性宏觀調控措施、國際油價走高及主要國家利率調升等不利因素下，但因中國經濟及對外出口仍持續成長，產生對台灣進口需求，致台灣對中國貿易總額大成長為616.39億美元，較2003年成長33.1%，占台灣對外貿易總額18%；其中台灣對中國輸出金額估計449.6億美元，成長27.2%，占出口總額25.8%。在進口方面。由於台灣對外出口暢旺，產生對中國相關原料、電子零組件及半成品之需求，特別是自中國進口鋼胚、煤及鋁等礦物原料大幅增加。台灣自中國輸入金額為166.79億美元，成長52.2%，占台灣進口總額9.9%。

另根據中國商務部統計，2004年兩岸貿易額為783.2億美元，成長34.2%；其中中國對台灣出口135.5億美元，成長50.4%；中國自台灣進口647.8億美元，成長31.2%；中國對台逆差為512.8億美元。目前，中國是台灣第一貿易夥伴、第一大出口市場和最大的貿易順差來源地。台灣是中國第五大貿易夥伴、第二大進口市場、最大的貿易逆差來源地。

在對中國投資方面，由於中國生產要素低廉，市場商機廣大，兩岸加入WTO後台商中國投資熱度不減，2001年核准中國投資1,186件，金額27.84億美元；中國加入WTO後陸續調降關稅及取消部分產品進口限量管制，擴大市場開放，2002年38.58億美元；2003年經濟部核准赴中國投資（含補辦案件）77億美元，占我國海外投資比重66%；2004年中國雖然面臨能源供需仍持續失衡、持續採行宏觀調控措施及人民幣升值壓力等不確定因素，但政府核准之中國投資件數為2,004件，核准金額為4,066萬3千美元，建數成長9.09%，金額則成長51.05%。

但值得注意的是，根據中國商務部統計，2004年中國共批准台商投資項目4,002個，下降11.0%含同台資金額93.1億美元，成掌8.7%；實施使用台資金額31.2億美元，下降7.7%。按實際使用外資統計，台資在中國吸收境外投資中排第六位。就其原因。除台商通過維京全島、開曼群島與百慕達等對中國投資外，中國採取宏觀調控政策，在一定程度上影響到台商在中國的投資布局。2004年，中國為防止經濟過熱特別是投資過熱現象，採行宏觀調控政策，限制鋼鐵、水泥等產業投資，緊縮銀行信用，成為影響台商中國經營活動的重要變數。

就投資行業而言，兩岸加入WTO後，高科技產業已成為中國投資的主流。93年核准對中國投資案件中，電子電器產業製造業占43.86%，其次分別為基本金屬製造業（10.68%）、化學製品製造業（6.51%）、非金屬製造業（6.07%）及精密器械製造業（4.44%），合計約占本期核准對中國間接投資總額的71.56%。

台商在中國高科技產業發展之地位，也日益重要。根據中國商務部2004年五月底公布的資料顯示，中國去年出口額前200家企業中，台商就占28家，多數為IT企業，而且榜上前三名都是台商。

至於服務業，隨著台商中國投資多操化發展趨勢，與中國服務業發展，服務占中國投資總額之比重則較84至88年的7.96%，有所提升，92年和93年分別為10.5%和8.14%。其中，商業物流和一般工商服務業，則是主要行業。

國人所關切之證券、銀行、保險業，雖然90年以來，台灣保險公司開始在中國設立辦事處，91年以來中國也先後批准數家台灣銀行在中國設立辦事處，但是由於中國在審批規則中，對外方合資者之資格，除訂有需符合「其所在國之證監管機構已與中國大陸證監會簽訂券監管合作諒解備忘錄」、「銀行業總資產不少於200億美元、保險業總資產不少於50億美元」等門檻外，也涉及中國對台灣銀行、保險監管制度之認可，致目前即使台灣銀行、保險在中國境內設立代表機構已有兩年以上經驗，但未來能否設立銀行分行或設立外資保銀公司，仍是值得觀察之課題。

理論上，依據WTO相關規範與運作機制，兩岸在WTO架構下之互動機制包括：

一、兩岸參與多邊回含談判，針對關心之議題提出談判立場，期間或可參與相關團體，或共同提出立場相同之主張。

二、利用WTO貿易政策檢討機制或中國加入世貿組織議定書規定之「過渡性審議機制」檢討兩岸之貿易政策與措施及其對多邊貿易體系之影響，並要求改善彼此關心之議題。

三、透過WTO市場進入委員會、技術性貿易障礙委員會、反傾銷委員會、關稅估價委員會、原產地規則委員會等，進行互動。

四、運用WTO「爭端解決規則及程序」之諮商、斡旋、調解及調停，運用爭端解決小組審議及上訴程序，解決貿易磨擦及保障我國廠商之利益。

五、透過雙邊經貿諮商，解決彼此關心之議題。

就實質互動而言，目前兩岸在關稅待遇上都給予對方最惠國關稅。其中，中國雖已依承諾逐年調降關稅，但對於部分我方關切的產品如石材、陶瓷等關稅，仍較普遍亞洲國家高（石材平均稅率約14.3%，陶瓷產品稅呂則高達30%-40%）。

在貿易管理上，雖然在我加入WTO過程中，並非與中國當局就中國物品輸入台灣的相關問題，進行任何協商，且考量中國物品因地緣、文化背景等因素有大量輸入台灣的可能性，但未避免台灣產業受到過大衝擊，不得不採取過度性的限制措施。唯加入WTO後我也擴大開放中國貨品進口，從一九九七年開放貨品項數僅占總進口貨品項數之55.11%，增至二○○四年10月止，台灣對中國產品進口比例已占全部貨品78.17%，且為方便報關手續，開放產品中免簽證項目已占全貨品之93.81%，開放貨品已達11,001項。由於我對中國貨品逐年快速開放，也是中國貨品進口逐年成長，有助於消除過去兩岸貿易失衡之現象。

在服務貿易方面，雖然台灣對於陸貿之定位，係比照其他WTO會員國之投資，但對於陸資來台投資服務業，係採「分階段開放」策略，優先開放從事營利事業、由公司組織型態提供服務，不具有經濟上之壟斷性、政治、社會、文化上之敏感性，以及不致對國內經濟發展、金融穩定造成影響之行業投資。至於以自然人型態提供服務之行業，包括律師、會計師、建築師、專業技師等專門職業人員提供之服務，則配合各項專業服務發展政策、專門職業人員考試政策、證照制度等進行規劃。

相對地，由於中國在中外合營證券公司審批規則中，對外方合資者之資格，訂有需符合「其所在國之證券監管機構已與中國大陸政監會簽訂證券監管合作諒解備忘錄」之限制，對我商較為不利。

至於，兩岸在WTO架構下之互動情況與貿易爭議問題包括：

## 一、過渡性審議機制

中國入會議定書第18條規定，WTO總理事會及所屬各級機構應於中國入會後逐年審查其入會各項承諾執行情形，此一過程稱為「過渡檢討機制」（Transitional Review Mechanism, TRM），為期十年。91年10月21日在WTO金融服務業委員會議對中國進行的「過渡性檢討」中，台灣駐WTO代表團詢問中國規定外國金融業進入中國時，必須由兩國主管機構簽定「監理合作備忘錄」，未來台灣金融業進入中國，這項備忘錄應如何簽定？中國代表答覆時強調，監理合作備忘錄是屬於「雙邊」性質，有雙邊管道可以利用，不必再WTO進行雙邊磋商。此外，台灣也在WTO市場進入委員會，針對中國進口配額管理、調降關稅和從量稅或複合稅之實施，提出質疑。中國在此一機制下，亦無從迴避與台灣之接觸，充分彰顯台灣與中國在WTO架構下互動之事實。

## 二、防衛措施之互動

中國在91年5月對48項進口鋼品採取臨時防衛措施，同年11月對其中5項進口鋼品採取正式防衛措施。根據WTO「防衛措施協定」第12條第3款規定：「擬議採行程延長防衛措施之會員，應提供與出口涉案產品而具有實質利益之會員事先諮商的機會。」但是中國不但未依據WTO防衛措施協定對我履行通知義務，且多次宣示兩岸經貿係屬「國內事項」，拒絕與我進行雙邊諮商。在台灣數度向中國代表團及WTO防衛措施委員會去函，指中國違反相關協定義務下，迫使中國駐世界貿易組織（WTO）代表團正式通知「台澎金馬關稅領域駐世界貿易組織經濟辦事處（economy trade office）」（非常駐世界貿易組織代表團之正式名稱）及WTO秘書處，願就中國的鋼品進口「防衛措施」，與台灣進行雙邊諮商。最後，雙方終於在當年12月在日內瓦與台灣進行諮商，而此為雙方首度在WTO架構下之官方互動。

## 三、反傾銷措施之互動

中國入會後至2004年底，共發動22件反傾銷調查（入會前12件），顯示其積極使用反傾銷措施，以保護國內產業。其中，台灣產品涉及中國反傾銷調查者包括冷軋扁軋鋼品（Cold Rolled Steel Products）、聚氯乙烯（Polyvinyl Chloride）、苯酚（Phenol）、乙醇胺（Monoethanolamine）、尼龍絲及尼龍加工絲等7件。

根據1994年關稅及貿易總協定第6條執行協定第5條第5項規定：「在進行發動調查前，主管機關應通知有關之出口國政府。」同時第12條第1項規定：「主管機關如認為有足夠證據依第5條規定發動反傾銷調查，應通知受調查涉案產品之會員及其已知之利害關係人，並公告之。」大陸反傾銷條例第19條第2款也規定：「主要調查決定一經公告，外經貿部應當將申請書文本提供給已知的出口經營者和出口國（地區）政府。」

然而，中國對台灣鋼品、PVC展開反傾銷調查時，卻迴避通知台灣政府主管部門，僅透過相關公會間接知會。對此，台灣強調兩岸既然都是WTO的會員，就應該依據WTO的規範加以處理，中國方面如果本於WTO相關國際協定的義務，有意派員來台進行反傾銷調查，主管部門將同意他們來調查，並表示如果影響到我國對外貿易的實質利益，將會盡速透過駐日內瓦WTO代表處尋求雙邊諮商、爭端解決等機制，保護廠商權益。顯示我國與中國在WTO架構下已逐漸展開對等互動。

### 四、爭端解決之互動

自2004年起，美國等WTO成員就中國「對半導體課徵17%加值稅，但本地設計製造的產品可享高達14%的退稅待遇」措施，違反「國民待遇」原則為由，要求和中方進行雙邊諮商：台灣繼歐盟、日本及墨西哥之後，要求以第三國身分來加入諮商。台灣在通知信中表示，台灣在這項爭端中有實質貿易及系統的利益。根據台灣海關統計，台灣二○○二年出口到中國的半導體總值高達18億美元，是中國最主要的供應者之一，而過去三年出口成長率分別為13.9%、181.6%即105.1%。其後，中國與美國最終達成諒解，決定於93年9月1日起停止執行國內設計，國外流片加工的積體電路產品進口環節增值稅實際稅負超過6%的部分即徵即退政策，九十四年四月一日起停止執行境內生產的積體電路產品內銷增值稅超過一定稅負部分即徵即退政策。此發展，使得兩岸到目前為止尚無在WTO進行爭端解決之互動。

### 五、多邊回合談判互動

理論上，積極參與多邊回合談判，共同提出立場相同之主張，對兩岸經貿發展至為重要。目前兩岸仍然缺乏參與全球貿易談判之合作機制。

2005年是中國加入WTO過渡期的最後階段，由2005至2007年將全面完成WTO承諾，則被稱為是「後過渡期」。在「後過渡期」，中國按照入式承諾的要求，將近一步開放市場，並逐步取消外資進入的地域限制、數量限制和股權限制，勢必將進一步帶動兩岸經貿。由於兩岸在WTO架構下談判的高度政治敏感性，使得兩岸難像一般正常會員國之間的關係一樣透過WTO談判或爭端解決機制，來處理兩岸經貿爭議。在此情況下，固然兩岸仍然可依照各自的立法或規則（如敏感性農工產品之開放方式與數量等）、海關作業程序、食品衛生檢驗及動植物檢疫措施、技術性貿易障礙等相關問題，有必要安排一定的貿易關係管理架構。

在台灣開放陸資來台時，兩岸對於特定領域之市場開放原則（如電信、銀行、保險與證券）與管理原則、商業人士之短期停留、服務業貿易自由化的處理方式，甚至於爭議解決，均亟待有合理的安排。

另兩岸貿易投資關係深化後，智慧財產權保護、政府採購、競爭政策、環保、防衛措施，反傾銷稅及平衡稅、原產地規定等制度的相互適用與調和問題，均有賴雙方進行協商。

換言之，面對兩岸貿易投資關係日趨密切，兩岸必須思考如何以更廣泛的經貿關係架構全面性處理兩岸經貿衍生的各項問題。對此，陳水扁總統呼籲「從兩岸經貿與文化的統合開始著手，逐步建立兩岸之間的信任，進而共同尋求兩岸永久和平、政治統合的新架構」。

相對地，中國在「517」聲明中，提出包括「實現全面、直接、雙向『三通』，以利兩岸同胞便捷地進行經貿、交流、旅行、觀光等活動」和「建立緊密的兩岸經濟合作安排」等推動兩岸經貿發展的主張，也反映其在兩岸加入WTO、中國與香港和澳門開始實施CEPA之後，有意藉由「建立緊密的兩岸經濟合作安排」之建立，確立兩岸在WTO架構下之關係。

然而，由於中港澳CEPA模式強調「符合一國兩制」原則，台灣若想和中國推動類似CEPA之安排，以爭取中國市場利益，勢必將如同兩岸直航、金融監管和其他協議之協商一樣，都將面對「一個國家內部事務、直接雙向、互惠互利」原則在台灣內部所衍生的爭議。特別是兩岸CEPA安排之層次，遠超過兩岸民間行業組織可以推動之個別經貿議題，尤其需要有更大的政治互信基礎。對此，如何讓兩岸在「一中」和「台灣主體性」間找到平衡點，進而坐上談判桌進行有意義的協商？仍將是實現「兩岸經濟合作架構」最大的難題。

正如歐盟經濟逐步深化，帶來經濟版圖擴大與全球影響力提升的借鏡，如果兩岸能擺脫意識形態之爭鋒、相互尊重，並將「經濟整合」作為提升競爭力的共同努力目標，則將可以找到可以「務實」推動、逐步實踐「兩岸經濟合作架構」目標的具體推動策略。

特別是二〇〇五年兩岸春節包機直航有關「澳門協商模式」的確立，也提供兩岸以「民間對民間」的方式，由「雙方有關業務主管部門人員可以民間名義參與商談」方式，就有關兩岸往來中之貨幣清算、投資保障、金融監理、避免雙重課稅、貨品進口、智慧財產權保護、司法互助、商務仲裁、漁事糾紛仲裁、人身安全、觀光、偷渡犯遣返、海漂垃圾、漁工協議等議題，進行協商，進而建立兩岸制度化協商機制與良性互動關係。

2003年7月中國與香港簽訂「更緊密經濟伙伴關係協定（CEPA）」，並於2004年元月一日正式生效，大多數的香港產品不但可以免關稅的自由CEPA主要分為兩大部分：貨物貿易及服務貿易。在貨物貿易方面，內地給予香港製造的產品零關稅的對待，只要該產品部分生產工序在香港進行，即可享有此等對待。服務貿易方面，CEPA開放十多各行業的限制，包括分銷、法律、會計、管理諮詢、醫療、建築房地產、保險、證券、視聽、銀行、物流、會展、旅遊、增值電信及廣告服務等。這些領域過去要求企業有較多的資本或營業額，可以涉及的業務範圍較少，或需要與內地企業合資經營。這些限制都在CEPA的框架下被取消或減少。

中國在2001年加入WTO，在未來數年將降低關稅及開放市場。中國政府為了讓國內企業可以嘗試接受開放市場的衝擊，所以與香港簽訂CEPA，提早讓港商進入內地市場。換言之，其他國家可以在數年後享有大部分CEPA的條款，港人的優惠必非長久。隨著台灣製造業的海外投資日益興盛，台灣金融業海外投資的腳步也逐漸加速。尤其在中國於2001年加入WTO後，其國內金融市場逐步開放，更是造成了對台灣金融業的磁吸效應。一般而言，台灣金融業赴海外投資有幾個特色：(1)由於金融業赴海外投資目的大都屬於擴大其海外市場股屬於擴張型投資。(2)許多金融業赴海外投資的主要目的之一，是提供海外當地僑民或海外企業的相關金融服務，故可看成是一種引伸性的投資。(3)金融業赴海外投資設置分行，可以藉吸引當地資金，達到規模經濟的效果。同時，有分散資金風險的作用。(4)金融業赴海外投資規模遠大於製造業與其他產業的規模：然而，金融業赴中國投資的規模卻遠小於製造業與其他產業，主要原因在於國內對於金融業赴中國投資嚴格限制的結果。

雖然，目前國內對金融業赴中國投資有很嚴格的限制，但仍然有7家銀行、17家證券商、與14家保險公司及1家保險經紀公司赴中國設置辦事處，顯示台灣金融業對於赴中國設置分行有很迫切的需求。尤其是在中國加入WTO以後，其國內金融市場正對外商金融業逐步開放，而在金融業的先占先贏情況下，外商銀行與中國本地銀行正逐漸的建立起與台商的關係。從目前發展情況來看台灣的銀行進入中國的利基正逐漸消失當中，台灣決策當局應及早設法因應。

尤其中國與香港簽署的CEPA已於2004年元月生效，對於台灣的金融業又將造成另一項嚴峻的考驗，一方面會吸引更多台灣金融業透過香港進入中國，一方面也會吸引更多中國台商利用香港的金融服務，從而造成台灣金融業的邊緣化。因此，我們建議政府部門應儘早開放台灣的金融業赴中國設置分行，包括銀行、證券、與保險。如果需要對等開放中國金融業來台，也應列入考慮，因為中國金融業相對落後許多，我們並不需要擔心他們的競爭。另一方面，兩岸金融監理機制必須盡快建立，尤其兩岸資金流動較為敏感，因此一個公開、透明、與對等的兩岸金融監理機制是有其存在的必要性，以此建構本文之研議結論與政策建議，供決策者及兩岸經商貿易投資者參考，此乃本書之目的。

本研究計畫的進行，在初始階段，並不企圖提出一個理論和解是觀點，而是希望透過整合性的研究，從宏觀、中距、微觀的三個角度，分不同計劃以及不同理論取向來研究。期望在三年的博士論文研究計畫完成之後，未來能夠提出一個比較全面的解釋。我們認為對於台灣金融產業的發展，以及為何須以自由貿易區法律機制建構經濟合作模式現象，必須從國際環境、國內產業制度環境、金融機構組織策略的角度來研究，以下分項說明。

● 宏觀層次：國際環境與台灣產業發展

不可否認，台灣的資本主義發展過程中，受到世界產業分工趨勢，以及經濟環境的影響。而在1980年代的全球化和區域化趨勢下，台灣產業所占的位置逐漸改變。歐美外資撤離，國內廠商外移（中國占大部分），但日系企業則在日幣升值的壓力下，往台灣投資某些原來在日本生產的產業，而台灣的電子業則逐步擴大規模，到底在全球化／區域經濟興起之後，台灣所面對的挑戰和可能的位置轉變為何，這個國際環境如何影響台灣資金需求者與資金提供者之命運，對不同產業有何影響，值得探究。

● 中距層次：政經制度與產業部門發展

任何國家的產業發展都與制度有關。而對於後進國家而言，國家科技和產業發展政策，包括國家資金（金融體系）之間的關連，在產業發展中具有巨大的影響力。而這些制度，直接地也影響到個別產業部門，包括產業網路，國營、大型和中小金融企業之間的關係。在1980年代的全球化和區域化之後，國家和社會制度作了哪些與過去不同的調整，又如何面對新的挑戰。新經濟與舊經濟的體制有何途徑在WTO架構下影響兩岸三地經濟合作突破現狀的作法？

● 微觀層次：兩岸產業策略、國際趨勢與相映的法律對策

CEPA當然是本研究計畫最主要的分析核心單位，除了以上的國際環境、制度因素外，中資、港資、台資業者本身的發展策略，包括組織運作和市場行銷策略等，在在都影響其在兩岸共同市場的地位。這些因素在過去如何影響業者的策略選擇，在現今全球化和區域化的過程中，WTO架構關係，是否可能改變或為何不改變？主要的癥結為何？中國是否曾經企圖給予台資企業特殊的待遇關係，又不違反WTO原則，未來如要改變，關鍵將為何。

## 第三節　不公平貿易與大型自由貿易協定趨勢

### 一、台灣宜加速爭取加入大型自由貿易協定例如TPP

2017年1月，美國正式退出「跨太平洋夥伴協定（The Trans-Pacific

Partnership, TPP）」；至11月11日，TPP 11國達成新共識，將TPP更名為「跨太平洋夥伴全面進步協定（The Comprehensive and Progressive Agreement for Trans-Pacific Partnership, CPTPP）」，以開放市場，打擊貿易保護主義、促進經濟整合做為協定宗旨，且參與門檻可望降低，企業之調適較易達成。

台灣係一小型開放經濟體，須以世界為市場，惟台灣洽簽FTA落後，致出口高度集中於資訊科技協定（Information Technology Agreement, ITA）免關稅貨品；加入CPTPP，可擴大及分散出口市場，且有助經濟成長動能。台灣宜把握CPTPP新架構的契機，儘速爭取加入；提出相關說明，供各界參考。

### （一）台灣須積極加入區域經濟整合，以維繫經濟成長動能

1. 台灣係一小型開放經濟體，輸出入相對 GDP 比率達 140.2%；且經濟規模不到美國的 3%（表 1），無法達到規模經濟之效，內需難以支撐經濟成長。

表1　2016年亞洲主要國家貿易依存度及相對美國經濟規模比率

單位：%

| | 台灣 | 南韓 | 新加坡 | 香港 | 中國 | 日本 | 美國 |
|---|---|---|---|---|---|---|---|
| 輸出／GDP | 73.3 | 54.4 | 198.4 | 193.7 | 35.0 | 16.1 | 12.7 |
| 輸出入／GDP | 140.2 | 104.4 | 367.0 | 385.5 | 71.1 | 33.0 | 28.9 |
| 各國名目GDP相對美國GDP的比率 | 2.8 | 7.6 | 1.6 | 1.7 | 60.0 | 26.5 | 100.0 |

註：輸出入相對GDP比率係國民所得帳中之實質數字；各國經濟規模採名目GDP相對美國GDP比率。

資料來源：主計總處、各國統計局、IHS Global Insight

新加坡前資政李光耀曾提及，像新加坡這樣小型經濟體，國內市場有限，須以世界為市場，依賴出口帶動成長[1]。

2. 無論傳統算法或合理算法均顯示，外需是台灣經濟成長的主要動力。

(1) 2001年迄今，無論以傳統算法或合理算法（將GDP各組成項目扣除其輸入部分），外需對經濟成長的淨貢獻均大於內需（表2）。

(2) 台灣出口與民間投資連動性高，2000至2016年實質出口（輸出）年增率與民間投資年增率相關係數為0.88(0.89)，顯示出口表現與民間投資具高度相關。

表2　台灣經濟成長及國內外需求之貢獻

單位：百分點

| 期間 | 經濟成長率(%) | 傳統算法 | | 合理算法* | |
|---|---|---|---|---|---|
| | | 國內需求 | 國外需求 | 國內淨需求** | 國外淨需求** |
| 2001-2016年平均 | 3.54 | 1.60 | 1.94 | 1.33 | 2.21 |
| 2017年(f) | 2.58 | 1.05 | 1.53 | 0.32 | 2.26 |

說明：* 合理算法係將C、I、G、X所含之輸入扣除後，計算貢獻度，而主計總處在改用連鎖法後，已取消公布合理算法之貢獻度，故僅列央行自行估算之合理算法。

** 淨需求係依據主計總處2011年產業關聯統計表推估，其中民間消費、政府消費、投資、輸出之輸入需求係數分別為0.29、0.13、0.50及0.51。

資料來源：主計總處、中央銀行

[1] 新加坡前資政李光耀於2009年10月19日Forbes “Changes in the wind”乙文中，提及“Small economies such as Singapore have no alternative but to export and grow, because their domestic markets are too small.”

## （二）台灣洽簽FTA進度落後，不利出口競爭力，且使得出口產品高度集中，亦不利吸引外資直接投資

1. 南韓與美國及東協 FTA 生效後，在美國的市占率明顯上升，領先台灣市占率的差距擴大，在東協市占率則後來居上，顯示台灣 FTA 洽簽落後，不利出口競爭力。
2. 台灣加入區域經貿整合的進度嚴重落後競爭對手，出口產品高度集中於 ITA 免關稅的貨品，致經濟易受單一特定產業榮枯影響，不易分散及轉型。
   (1) 2016年電子資通訊產品占台灣出口比重達44.3%（南韓僅27.1%）。
   (2) 台廠為蘋果公司重要供應商，近5年占蘋果供應鏈廠商家數約24[2]%；台股上市公司總市值中，蘋果供應鏈廠商市值的比重達35%左右，致台股表現及整體電子零組件出口深受iPhone銷售影響。
3. 外資評估在台投資的重要考量之一為其出口是否面臨較低關稅，而台灣簽訂之 FTA 少，將影響外資來台直接投資（FDI）意願。各大外僑商會如美國商會、歐洲商會及日本工商會等，皆在其政策白皮書呼籲我政府儘速融入區域經濟體系[3]。

---

[2] 資料來源：IEK。

[3] 參考監察院2016年「政府改善投資環境吸引外國投資之施政措施及績效專案調查研究報告」。

### （三）CPTPP門檻較TPP寬，台灣宜加速爭取加入

台灣經濟發展相當仰賴外需，惟洽簽FTA落後，不利經濟成長動能，且使得出口及產業發展高度集中於ITA產品，易受單一特定產業榮枯影響。美國退出TPP後，CPTPP強調包容性，協商更具彈性，可望放寬生效條件，台灣宜積極爭取加入，有助於擴大及分散出口市場，並補強台灣在供應鏈的角色。

1. TPP 11 國達成新共識，將「跨太平洋夥伴協定」（TPP）更名為「跨太平洋夥伴全面進步協定」（CPTPP）。
   (1) 二〇一七年1月23日美國總統川普簽署總統備忘錄（Presidential Memorandum），美國正式退出TPP協定 其餘11個會員國組成TPP 11（圖1），由日本主導協商。

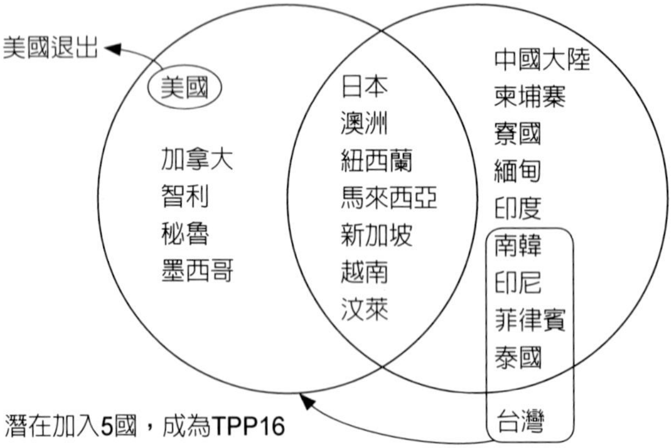


圖1　TPP及RECP國家

(2) 二〇一七年11月11日TPP 11國部長於越南峴港APEC會議期間，就新協定之核心要素達成協議，並應加拿大總理Justin Trudeau要求，將TPP協定名稱加入“Progressive”，改稱為CPTPP[4]。

(3) CPTPP強調包容性，為使合作架構擴大，會員國多表達歡迎新成員加入之意願，並對APEC成員國之加入採開放態度。

2. CPTPP 協商較 TPP 更具彈性，台灣宜把握契機爭取加入。

(1) CPTPP暫時擱置部分條款，使其協商更具彈性，亦保留美國未來重返的可能性。

－各會員國同意以原TPP協定為基礎，但暫緩實施20項條款[5]（主要為智慧財產權保護），使協商更具彈性；媒體報導，前述安排旨在替未來美國重新加入CPTPP談判預留伏筆[6]（TPP與CPTPP之比較詳附表1及附表2）。

－目前僅剩4項議題尚待達成共識[7]，一旦共識形成，便能簽署協定[8]。

---

[4] 加拿大總理Justin Trudeau認為在原TPP名稱加入Progressive是加拿大的勝利，並強調該國承諾開放及進步的國內外貿易從未改變（參見Reed, John, Shawn Donnan (2017), “ Pacific Rim Nations Agree Core Elements' of New Trade Pact,” *The Financial Times,* Nov. 11）。

[5] 20項暫緩條款主要涉及11項「智慧財產權保護」，其餘則與「投資人及地主國爭端解決機制」及「政府採購」等章節相關。

[6] Stevenson, Alexandra, Motoko Rich (2017), “Trans-Pacific Trade Partners Are Moving On, Without the U.S.,” *The New York Times,* Nov. 11。

[7] 4項議題包括馬來西亞有意調整國營事業清單、汶萊對開放投資煤炭產業之保留措施、越南偏好應更緩慢地導入違反勞動承諾的貿易制裁措施、加拿大欲排除文化服務業納入規範。

[8] 詳2017年11月11日經濟部「台灣樂見跨太平洋夥伴全面進步協定(CPTPP)達成共識」新聞稿。

(2) CPTPP生效之條件可望放寬。

－CPTPP之生效需經過協議內容定案、簽署協議以及正式批准三個階段。

－在正式批准階段，可能捨棄「占所有會員國GDP 85%以上」之條件，僅需任何6個會員國完成國內正式批准即可，大幅放寬生效要件。

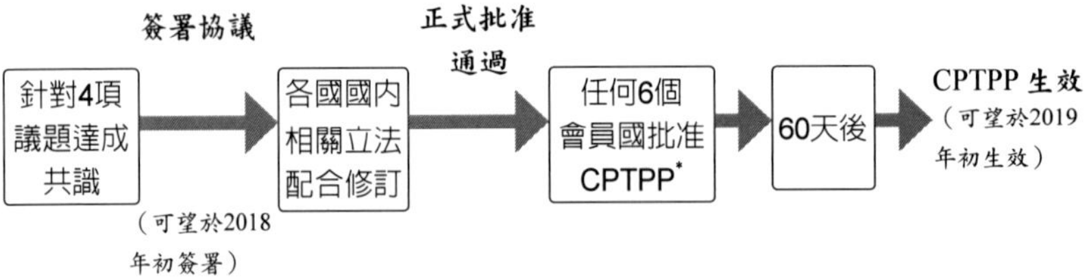


圖2　CPTPP生效之過程

* 根據本（2017）年11月11日經濟部新聞稿，「CPTPP將於簽署後，俟『6個以上的會員完成國內批准後60天生效』，惟正式條文尚未公布」；若保留原TPP「6個批准國之GDP須達所有會員國GDP85%」之條件，則6國中須包含日本及加拿大等大國。

(3) 美國退出TPP後，台灣、南韓、印尼、菲律賓及泰國等，均曾表達加入TPP的意願，可望形成TPP 16（即CPTPP＋前述5國），均為台灣重要貿易夥伴，若能加入，將具龐大經濟效益。

－TPP 16成員包括日、韓等重要貿易夥伴，以及澳、紐與東協等新南向國家，加入CPTPP有助台灣新南向政策的推動，並擴大及分散出口市場。

－CPTPP暫緩適用20項條款，條件較TPP寬鬆，國內企業調適較易達成，且無美豬、美牛等議題。

3. 台灣加入 CPTPP 可提高與貿易夥伴的互補互利，並強化台灣在亞太供應鏈的角色，避免被邊緣化。

(1) 台灣與多數CPTPP會員國產品互補性高，加入CPTPP可提高彼此互利的效果。

－FTA洽簽對象的選擇，以雙方有互補性、能共創雙贏的主要貿易夥伴國為主。

－兩國各產品貿易專業化指數（Trade Specialization Index, TSI）[9]之相關係數值愈大表示產品同質性愈高，值愈小表示異質性或互補性愈高。

－圖3顯示紐澳、秘魯、智利、加拿大與台灣產品之互補性相當高，台灣加入CPTPP可提高彼此互利的效果。

(2) 強化台灣在亞太供應鏈的角色

－TSI相關係數顯示台灣與南韓、日本、馬來西亞及新加坡之產品的同質性較高，反映亞太國家高度參與區域內ICT產業分工。

－台灣雖為亞太供應鏈的一環，但並非唯一的供應者，多數零組件均有其他競爭者。故若加入CPTPP，可強化台灣在供應鏈的角色，避免被邊緣化。

---

[9] TSI係衡量各國相互貿易之比較利益，亦兼具產業內貿易值指標之特性，產品$i$之TSI公式為$TSIi=(Xi-Mi)/(Xi+Mi)$，其中，$Xi$、$Mi$分別表示該國產品對全球之出進口。本文參考Ciuriak and Xiao (2014)計算各國各HS2位碼之TSI，並進一步計算兩國各產品TSI之相關係數。

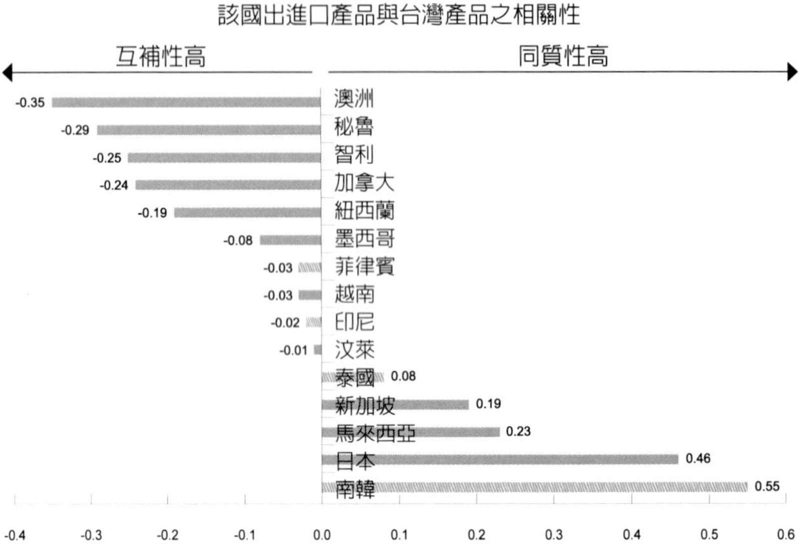


註：斜線表示南韓、泰國、印尼、菲律賓等潛在加入CPTPP之國家。

資料來源：聯合國國際貿易中心（International Trade Centre），經央行經濟研究處計算。

**圖3　2016年台灣與CPTPP各國貿易化指數（TSI）之相關係數**

## （四）TPP 16對台灣最有利，RCEP（不含台灣）對台灣負面衝擊最大

若干國家擔憂，美國退出TPP，恐削減亞太地區經濟整合的力道，亞太地區勢須尋找替代方案，例如TPP 11、TPP 16、「區域全面經濟夥伴協定」[10]（Regional Comprehensive Economic Partnership, RCEP）等，藉

[10] RCEP係由東南亞國協（ASEAN）所推動，以亞洲為中心的經濟整合；目前中國在RCEP協商中扮演要角，台灣被排除在外。相較於TPP，RCEP更強調彈性（flexibility），RCEP對於開發中國家給予具差異化的待遇，並避免觸

此建立新的合作模式，從而促進亞太地區之經濟整合。

彼得森國際經濟研究所（Peterson Institute for International Economics, PIIE）以「未簽署任何新貿易協定」做為比較基準，模擬2030年時，各方案對各國實質所得及出口之影響[11]。以下謹引用PIIE報告說明對台灣最有利及最不利之方案：

1. TPP 16 對台灣最有利，且可提高各會員國的效益

(1) TPP 16所創造的實質所得經濟效益，就全球觀點，高達4,491億美元（表3）；若單就TPP 16而言，更高達4,856億美元，且有助於在亞太地區建立新的供應鏈。

－迨至2030年，台灣實質所得將增加605億美元（其占總實質所得之比率達7.8%，遠高於其他國家）。

－TPP 16對會員國所增加的總經濟效益，並非全數由新加入的5國獲得，而是每一會員國的效益均較TPP 11提高，對日本、馬來西亞、越南及墨西哥之實質所得經濟效益更分別提高100億美元以上。

－台灣的實質出口亦將增加1,699億美元（其占總出口之比率為33.6%），且日本、越南、馬來西亞、墨西哥、加拿大及澳洲實質出口效益亦分別提高100億美元以上。

(2) TPP 16能讓日本、南韓及台灣3個彼此間未簽署雙邊FTA

---

及如勞工及環境等相關規範；近來因印度不願對關稅做出更多讓步，RCEP協商似陷入僵局；惟受CPTPP達成共識影響，中國可能加快推動RCEP協商之進展。

[11] Petri, Peter, Michael G. Plummer, Shujiro Urata, and Fan Zhai (2017), "Going It Alone in the Asia-Pacific: Regional Trade Agreements without the United States," *PIIE Working Paper*, Oct.。原文尚包括美國退出TPP後，另建立美日FTA之評估。

的國家，共同遵守、採取高品質的規範，故可創造鉅額經濟效益，受惠最多的為南韓，其次為台灣、日本，以及其他東南亞合作夥伴。

2. 不包含台灣在內之 RCEP，對台灣負面衝擊最大

(1) RCEP會員國的經濟結構多屬競爭而非互補，加上先前已生效的貿易協定均已涵蓋在RCEP內（會員國與ASEAN重複性高），且種種因素使RCEP談判陷入困境，其對全球實質所得的經濟效益不如TPP 16，僅為2,856億美元（表3）。

(2) 一旦RCEP通過，台灣為受負面衝擊最大的國家，實質所得與出口，將分別減少31億美元與74億美元。

表3　TPP各方案及RCEP在2030年之實質所得、出口及其效益

單位：億美元

| | | 2023年之實質所得* | 經濟效益 | | | | | 2023年之實質出口* | 經濟效益 | | | | |
|---|---|---|---|---|---|---|---|---|---|---|---|---|---|
| | | | TPP 12 | CPTPP | | | RCEP | | TPP 12 | CPTPP | | | RCEP |
| | | | | TPP 11 | TPP 16 | TPP 16較TPP 11增額 | | | | TPP 11 | TPP 16 | TPP 16較TPP 11增額 | |
| | 全球 | 1,338,013 | 4,918 | 1,472 | 4,491 | 3,019 | 2,856 | 361,493 | 11,061 | 2,869 | 10,315 | 7,447 | 6,769 |
| | 會員國 | | 4,646 | 1,572 | 4,856 | 3,284 | 2,011 | | 10,252 | 3,085 | 11,017 | 7,933 | 5,457 |
| TPP 11 | 日本 | 49,243 | 1,253 | 464 | 979 | 516 | 563 | 11,898 | 2,762 | 970 | 2,251 | 1,281 | 1,362 |
| | 越南 | 6,749 | 516 | 208 | 362 | 154 | 2 | 3,566 | 1,074 | 313 | 837 | 523 | -16 |
| | 馬來西亞 | 21,687 | 219 | 156 | 335 | 179 | 60 | 4,911 | 987 | 422 | 707 | 285 | 169 |
| | 加拿大 | 27,174 | 366 | 218 | 291 | 73 | 25 | 8,349 | 583 | 385 | 563 | 177 | 174 |
| | 墨西哥 | 4,973 | 405 | 107 | 255 | 147 | 2 | 6,697 | 318 | 232 | 452 | 220 | -10 |
| | 澳洲 | 4,851 | 187 | 131 | 185 | 54 | 21 | 5,890 | 290 | 234 | 370 | 135 | 30 |
| | 新加坡 | 25,896 | 155 | 120 | 171 | 51 | 54 | 4,699 | 351 | 290 | 330 | 40 | 139 |
| | 祕魯 | 4,416 | 114 | 99 | 111 | 13 | 16 | 1,353 | 140 | 122 | 146 | 24 | 26 |
| | 智利 | 2,644 | 57 | 29 | 52 | 23 | 1 | 1,470 | 78 | 63 | 84 | 21 | -7 |
| | 紐西蘭 | 4,629 | 42 | 32 | 49 | 17 | -1 | 844 | 86 | 49 | 78 | 29 | -3 |
| | 汶萊 | 312 | 19 | 8 | 12 | 4 | 3 | 160 | 14 | 6 | 8 | 2 | 1 |
| 潛在5國 | 台灣 | 7,760 | 12 | -2 | 605 | 607 | -31 | 5,056 | 40 | -3 | 1,699 | 1,702 | -74 |
| | 南韓 | 22,429 | -78 | -32 | 844 | 876 | 238 | 10,888 | -113 | -61 | 2,031 | 2,092 | 618 |
| | 泰國 | 8,123 | -65 | -46 | 295 | 341 | 26 | 5,610 | -91 | -71 | 675 | 746 | 242 |
| | 菲律賓 | 6,797 | -9 | -2 | 132 | 134 | 12 | 1,836 | -7 | -3 | 294 | 297 | 40 |
| | 印尼 | 21,923 | -23 | -13 | 178 | 191 | 6 | 4,462 | -43 | -28 | 494 | 522 | 171 |

* 2030年之實質所得與出口，為PIIE假設在「無任何新的貿易協定」的情況下，所做之預測值，金額以2015年之價格表示。

資料來源：Petri, Peter et al. (2017), "Going It Alone in the Asia-Pacific: Regional Trade Agreements Without the United States", PIIE Working paper, Oct.

### （五）建議：台灣宜加速爭取加入CPTPP

1. 台灣為小型開放經濟體，外需是經濟成長主要動力，加入 CPTPP 有助維繫經濟成長動能。

   台灣洽簽 FTA 進度落後，而 CPTPP 條件較 TPP 寬鬆，國內企業調適較易達成，加入 CPTPP 不僅可補強台灣在供應鏈的角色，避免被邊緣化，亦有助新南向政策推動，擴大及分散出口市場，降低出口產品過度集中的問題。就策略布局而言，台灣或可透過成員身分參與其他區域整合機制，因此，宜掌握此契機爭取加入。

2. 台灣爭取加入 CPTPP 亟須會員國的支持，因此應強調台灣加入將增進會員國經濟利益，俾提高加入的可能性。

   (1) 台灣是全球第18大貿易國，已與亞洲價值鏈高度整合，台灣加入CPTPP可強化該生產網絡，擴大亞太地區貿易及投資之區域經濟整合效益，將帶來重要驅動力。此外，台灣加入CPTPP，亦有助於會員國透過台灣與中國所簽訂的ECFA，進入中國市場[12]。

   (2) 按PIIE評估，若TPP 11加入台灣等5國，2030年對會員國實質所得及出口的總經濟效益將超過TPP 12；對個別會員國而言，TPP 16所創造的經濟效益均高於TPP 11。

3. 台灣已簽訂 ECFA，如能加入 CPTPP，等於我國主要貿易夥伴（除美國）均已涵蓋在 FTA 之內，經濟效益極大。

---

[12] 參考 Bush, Richard C. and Joshua Meltzer (2014), “Taiwan and the Trans-Pacific Partnership: Preparing the Way,” Brookings Center for East Asia Policy Studies, *East Asia Policy Paper*, Jan.。

4. 雙邊 FTA 因洽簽對象明確，協商項目相對聚焦，其潛在效益亦不容忽視，為推動多邊協議之重要輔助工具。台灣除積極爭取加入 CPTPP 以外，宜持續同時進行雙邊 FTA 協商，藉由各種管道消除貿易障礙，朝向國際化發展。

（六）現階段台灣加入CPTPP的準備與不確定因素

1. 準備工作：積極爭取 CPTPP 其他會員國之支持，並加快國內產業調整的腳步，俾利於與國際接軌。
   (1) 根據原TPP會員國之共識，新成員須經現有成員國共識決同意後始得加入[13]，儘管CPTPP可望放寬加入條件，惟尚未公布新成員加入的要件，台灣仍需積極以各種管道爭取其他會員國之支持。
   (2) 除紐西蘭及新加坡外，台灣尚未與其他CPTPP國家簽署雙邊FTA，須在全新的基礎上展開談判。
   (3) CPTPP以原TPP協定為基礎，而TPP為高標準的區域經濟整合協定，追求貨品高度自由化，甚至標榜無排除項目，因此，台灣仍將面臨經貿體制與產業大幅調整之挑戰。
   －行政部門已參考TPP的標準規範進行經貿體制調整，包括藥事法、專利法、商標法、著作權法等8項法案已送至立法院待審[14]。
   －儘管CPTPP暫時擱置部分條款，惟國內仍需針對相關

---

[13] 根據經濟部（2015）「我國推動加入「跨太平洋夥伴協定（TPP）」策略」，新成員加入需先獲得現有成員國之同意外，亦須承諾能實踐TPP成員所建立具企圖心之開放政策，且須全盤接受TPP成員達成之協定。

[14] 同註201。

法規進行盤點、檢視與調整[15]，儘速落實國內法規與國際接軌。

－台灣加入CPTPP仍將面對市場開放及制度改革，企業須強化產業競爭力，政府須預先擬定以因應大幅度市場開放對部分國內產業產生之可能衝擊[16]，並完善受影響產業的支援機制，做好事前準備。

(4) 國內廣宣及溝通方面，宜持續辦理不同分眾溝通活動，以凝聚公眾共識。

2. 不確定因素：須持續關注日本對於解禁核災食品與中國在國際上對我的態度。

(1) 日本是台灣加入CPTPP最重要的支持國，或可藉由與日本的友好關係，尋求透過CPTPP積極融入區域經濟整合，惟須持續關注日方要求我方解禁核災食品的態度[17]。

(2) CPTPP不只有利台灣加入，亦有利中國加入，且會員國中不乏與中國經貿關係密切的國家，或為一帶一路政策的受惠國，加上中國啟動「睦鄰外交」，主動改善與周邊國家的關係，恐透過國際層面壓縮我方的外交空間，為台灣能否順利加入增添不確定因素。

---

[15] 包括服務貿易開放、移除99%貨品關稅、檢驗檢疫（SPS）、國營事業、資訊跨境移動以及法規程序導入影響評估機制等，詳顏慧欣（2017/12），「CPTPP成形，臺灣要奮力一搏」，中經院（國貿局委託），區域經貿觀測站第9期。

[16] 參考吳玉瑩（2017/12），「臺灣如何面對沒有美國的亞太區域經濟整合發展」，中經院（國貿局委託），區域經貿觀測站第9期。

[17] 食藥署2017年11月初公布之「日本水產品輻射風險評估」仍維持現行管制，全面禁止進口，未來是否解禁仍得視整體食安政策評估考量。同月21、22日在日本東京舉行第42屆台日經濟貿易會議雖未將核災食品列入議程，會議期間，日本千葉縣知事亦來台拜訪，積極爭取開放核食進口。

附表1　TPP與CPTPP之比較[18]

| 比較項目 | TPP | CPTPP |
|---|---|---|
| 中文名稱（英文名稱） | 跨太平洋夥伴協定（The Trans-Pacific Partnership,TPP） | 跨太平洋夥伴全面進步協定（The Comprehensive and Progressive Agreement for Trans-Pacific Partnership,CPTPP） |
| 會員國 | 美國、日本、澳洲、紐西蘭、汶萊、加拿大、智利、馬來西亞、墨西哥、秘魯、新加坡及越南（共12國） | 日本、澳洲、紐西蘭、汶萊、加拿大、智利、馬來西亞、墨西哥、秘魯、新加坡及越南（共11國） |
| 協定主旨 | ● 促進亞太貿易自由化、要求100%廢除關稅<br>● 強化智財權保護（美國要求） | ● 維持TPP高標準、整體平衡及完整性<br>● 開放市場、打擊貿易保護主義、促進經濟整合 |
| 協定架構 | ● 包含30章節（詳附表2）、各國關稅減讓表、非符合性措施（NCM）清單及各會員間之附帶協議 | ● 暫定7章節，包含導入TPP協定條款，但容許成員國延後履行部分義務（詳附表2）<br>● 暫時擱置原有TPP 20項條款（其中11項與智財權有關）<br>● 協定生效、會員國退出、新加入及協定檢討條款 |
| 匯率條款 | ● 透過共同聲明（Joint Declaration）方式，促使各國實質匯率水準反映該國經濟基本面 | ● 目前無相關資訊 |

18 Petri, Peter et al. (2017), "Going It Alone in the Asia-Pacific: Regional Trade Agreements Without the United States," *PIIE Working paper*, Oct.;「TPP 11達成框架協議」日經中文網，2017年11月10日。

| 比較項目 | TPP | CPTPP |
|---|---|---|
| 預計生效條件及日期 | ● 6國（含）以上同意後，且2013年其GDP占所有會員國GDP85%以上（美國一定要同意才能通過）<br>● 因2017年1月23日美國正式退出TPP，故不易生效 | ● 6國（含）以上同意後，60天可生效<br>● 最快2018年可生效 |
| 每年會員國新增總利益 | 4,650億美元（2030年） | 1,570億美元（2030年） |
| 會員國GDP全球占比 | 37.5% | 12.9% |
| 會員國貿易全球占比 | 25.7% | 14.9% |
| 會員國貿易全球占比 | 11.3% | 6.9% |

附表2　TPP與CPTPP協定架構比較[19]

| 比較項目 | 跨太平洋夥伴協定（TPP） | | 跨太平洋夥伴全面進步協定（CPTPP） |
|---|---|---|---|
| 概述 | 共計30個章節（506個條文）及4項附錄，因篇幅龐大，相關文件逾8,000頁 | | 目前部長協定大綱（outline）共有7項 |
| 協定本文 | 序言<br>1. 初始條款及一般定義<br>2. 貨品之國民待遇與市場進入<br>3. 原產地規則與原產地程序<br>4. 紡織品成衣<br>5. 關務主管機關及貿易便捷化<br>6. 貿易救濟<br>7. 食品安全檢驗及動植物防疫<br>8. 技術性貿易障礙<br>9. 投資<br>10. 跨境服務貿易<br>11. 金融服務業<br>12. 商務人士短期進入 | 13. 電信<br>14. 電子商務<br>15. 政府採購<br>16. 競爭政策<br>17. 政府控制事業及指定的獨占企業<br>18. 智慧財產<br>19. 勞工<br>20. 環境<br>21. 合作與能力建構<br>22. 競爭力與企業促進<br>23. 發展<br>24. 中小企業<br>25. 法規調和<br>26. 透明化及反貪腐<br>27. 管理及制度條款<br>28. 爭端解決<br>29. 例外規定<br>30. 最終條款 | 1. 導入跨太平洋夥伴協定<br>2. 暫緩適用部分條款（其中11項與智財權有關）<br>3. 生效<br>4. 退出<br>5. 加入<br>6. 協定檢討<br>7. 文本 |

19 http://www.tpptrade.tw/。

## 第四節　WTO是否名存實亡？中美貿易戰下夾縫中之兩岸經貿

### 一、美國主導企圖孤立中國的貿易戰

美國總統川普與歐盟執委會主席容克二〇一七年七月廿五日在會談後共同宣布，雙方達成協議，美歐結盟抗中。最有意思的是，之前中國要聯歐抗美，被歐盟拒絕；這次歐盟答應進口被中國課以重稅的美國黃豆，破解中國打擊支持川普的選區。加上七月十七日歐盟與日本簽署了範圍廣泛的自由貿易協定；美國與日本亦將簽署，意味著世界最大的幾個經濟體將中國踢出局，自組新群，世界貿易組織（WTO）或將名存實亡。白宮首席經濟顧問庫德洛受訪表示，這份協議讓中國的處境相當艱難，中國正在被孤立。

毛澤東在抗日戰爭期間制定了發展進步勢力、爭取中間勢力、鼓勵頑固勢力的統戰策略。現在正被美國「以其人之道，還治其人之身」。現在擔任川普顧問的白邦瑞就專門研究中國如何欺騙美國的古今策略予以反制。

其實，在經濟上孤立中國以前，美國已經開始在政治上孤立中國。歐巴馬的「重返亞洲」就是從中東抽身回到亞洲對付中國，只是歐巴馬的軟弱性格，說多做少，在哥本哈根與杭州還被中國領導人欺凌也不敢聲張，縱容了中共的氣焰，把目光當紙老虎，導致這次在經貿戰中的誤判。

二〇一六年十一月上旬川普出訪中國時，美國就推出「自由印太戰略」，這比「重返亞洲」範圍更加廣泛，明顯也是反制習近平的「一帶一路」。配合這個政治戰略，美國在軍事上也空前活躍，與這個戰略的四個頂端國家日本、印度、澳洲展現軍事合作，並且得到法、英歐洲國家的支持。二〇一七年五月更把一月已經邀請的中國踢

出環太平洋軍事演習，受邀參加的國家卻新增以色列、巴西、斯里蘭卡與越南，等於納入印度洋與中東國家。因此同時也將美軍的太平洋司令部擴大為印太司令部。這是在軍事上真正孤立中國[20]。

這個行動對中國是巨大的震撼。可能成為習近平下一個中美經貿戰犧牲品的中國駐美大使崔天凱七月三十一日在駐美使館為慶祝中國建軍節的酒會上講了一句無厘頭的話：「推動兩軍關係成為兩國關係發展的『穩定器』。」

這等於把中國外交部的責任推給中國軍方。難道是軍方鷹派綁架了外交部？但是不管外交還是軍隊，其中央的「委員會」主席都是習近平啊。

民主國家的經濟聯盟因為「孤立中國」而政治化；自由印太聯盟也從政治軍事開始而經濟化。美國商會二〇二二年七月三十一日舉行「印太企業論壇」，國務卿龐皮歐發表演說指出，美國退出跨太平洋夥伴協定（TPP），但與印太地區的交往並沒有中斷，因為經濟安全就是國家安全。他宣布美國將為「印太倡議」投入一億一千三百萬美元的頭期款，以推動數位經濟、網路安全與基礎建設，這是美國政府對印太地區的承諾，但真正的資金必須來自私部門。

如果這個趨勢發展下去，TPP將被規模更大的跨印太夥伴關係所取代。不但WTO將被架空，聯合國也會被架空。因為從安南擔任秘書長以來，聯合國幾乎被中國半控制。二〇一八年六月十九日，美國正式退出聯合國人權理事會，美國對WHO偏幫中國、排斥台灣的不滿也顯而易見，加上還有許多聯合國屬下組織都被中國以種種不當手段侵蝕介入，因此不排除未來將會有新的國際組織出現與聯合國分庭

---

[20] 2018.8.6.自由時報A16版〈美國的印太戰略能否奏效？〉，林保華　文。

抗禮，進而取代聯合國[21]。

川普的中國政策得到民眾與企業界的支持，所以兩份重要民調上升到四成五與四成的支持度。這對習近平絕對是噩耗。「孤立中國」，還是把它當地球村的一員希望它改惡從善，融入國際社會。如果中國堅持其頑固立場，一旦矛盾激化而爆發戰爭，那就不是孤立的問題，而是你死我活誰消滅誰的問題。

## 二、台灣對CPTPP還是沒準備好

二〇一八年一月二十六日世界經濟論壇（WEF）在瑞士達沃斯召開期間，美國總統川普（Donald Trump）說，如有更好的條件，美國不排除重新加入《跨太平洋夥伴協定》（TPP）。此言一出，對日本及各TPP協議國，無疑是個震撼，也是利基。

二〇一七年一月川普簽署行政命令退出TPP後，日本與越南於亞太經合會（APEC）峰會期間召開TPP十一國議，決議改組為《跨太平洋夥伴全面進展協定》（CPTPP），繼續推動協議生效，並暫緩實施「智慧財產權保護」、「投資人及地主國爭端解決機制」、「政府採購」等二十個章節。

目前CPTPP十一個會員國經濟規模為十兆美元，占全球GDP約13%，人口占全球7%，占全球貿易總額15%，更占我國外貿總額四分之一，不管有沒有美國，這對我國台灣依然是無比重要。

台灣於二〇〇二年加入世貿組織（WTO），在最惠國待遇下獲得了經貿好處。但〇八年迄今，多邊談判延宕，WTO帶動全球化發展的效果銳減，各國轉向以雙邊或多邊投入區域經貿整合。區域經貿

---

21 同前註，林保華 文。

整合在WTO架構下特許的差別待遇，使各國藉此拓展國家市場及經貿影響力，更做為大國政治外交的延伸。

長期以來，台灣受限於國際政治現實而缺席重要國際組織，對於國際建制的參與程度，不如周邊國家及其他經濟體。我國爭取加入各區域經貿協議的成功與否，影響著未來在區域經貿事務的話語權與外貿條件。

2019年一月底CPTPP東京會議決議，將於三月八日在智利簽署，並可望於隔年率先落實實施。雖然目前尚未具體公布入協條件，但在安倍政府對台相對友善，政治條件有益我國，加上中國缺席的前提下，申請加入CPTPP正是台灣大好機會。

對台灣而言，加入CPTPP是國家安全的經濟戰略之一，而不僅是基於多邊貿易談判的思維。我國應積極遊說日本，及與我簽訂經濟夥伴／合作關係的新加坡、紐西蘭，並在美國印太戰略的框架下，更積極尋求澳洲對我國支持，增加加入CPTPP的機會；同樣的，而新南向政策也應視為強化我國入協進程的策略布局。

台灣要付出何種代價以加入CPTPP？這必須盡快做出決策，而不是以拖待變。

## 三、CPTPP新情勢，台灣當自強

跨太平洋夥伴全面進展協定（CPTPP）已經在智利正式簽署，是二〇一八年區域經濟整合最重要的亮點。雖然少了美國的光環，但CPTPP十一國GDP仍占全球百分之十三，也算是一個大型自由貿易協定（FTA）。而且包括台灣已有不少國家表達第二波加入的意願，顯示未來CPTPP還會持續擴充，與成員不增加甚至縮減的其他區域貿易協定，例如歐盟，CPTPP的影響力不容忽視。

日本堪稱是最大的贏家，除了CPTPP本身帶來的經貿效益外，日本成功將因美國退出而瀕臨瓦解的TPP轉換為CPTPP，日本成為全球推動區域經濟整合的中堅力量。另外日本一歐盟FTA也會在二〇一八年七月十七日簽署，日本也正在談判幾個雙邊FTA，與以往保守的立場大不相同。

川普總統推動美國優先的公平貿易政策，使美國幾乎與全世界所有國家為敵，全球貿易烽火四起。各國必須應付美國排山倒海的措施，建構與美國新的雙邊經貿關係。各國雖然有諸多不滿，但目前只有大型經濟體如歐盟、中國敢與美國相抗衡，可能會有具體措施報復；其他國家在忌憚美國影響力下，大多仍然只是抱怨並維持觀望的態度。

美國貿易政策趨向保護，各國為了降低衝擊，積極尋求其他區域結盟機會，反而催化出更多的FTA，形成另一波區域經濟整合的高潮。另外，對於過去已經生效的FTA，由於許多規定已經過時，也沒有納入對新興產業及新型商業模式的規範；所以不少國家也開始啟動重新修訂FTA的談判，希望可以打造與時俱進的FTA，未來FTA在質與量方面均會同步提升。

台灣不能在此波區域經濟整合下缺席，對此政府應有整體性策略。台灣當然希望在準備充分下，一舉可以順利加入CPTPP，成為區域經濟整合的受益者。但未來CPTPP開放第二波成員加入，新成員估計最快也要二〇二〇年後才可能加入，所以台灣應先妥善因應CPTPP的衝擊。

CPTPP生效開始降稅，首先會影響到台灣出口，台灣目前出口約有22%集中在CPTPP十一國，如何降低貿易排擠效果並提振出口，必須有所評估與因應。

CPTPP極為重視強化區域內產業鏈發展，台灣產品在亞太產業分工體系中扮演不可或缺的關鍵角色，是區域中間材及零組件的重要供應來源。但台灣因為國際政治因素，建構FTA會比其他國家挑戰性更高，若短期無法加入CPTPP，台灣恐將因關稅弱勢而影響在產業供應鏈上的地位。政府應如何進行損害管控，將對國內產業及經濟傷害降到最低，也應該有完善規畫。

## 四、中美貿易戰擾動經貿新秩序

美國貿易代表辦公室給國會的報告稱，二〇〇一年支持中國加入WTO「是一個錯誤」，指責中國仍是國家主導經濟，利用WTO資格成為國際貿易主導者，WTO規則並無法制約中國扭曲市場的行為。總統川普聲稱要對中國實施「巨大的制裁」，白宮很快就對光伏板（太陽能板）和洗衣機徵收懲罰性關稅，一時間貿易戰烽煙突起，成為一八年最大的幾個全球不確定因素之一。

一八年是美國中期選舉年，川普的民意支持度已跌到近四十年來總統任職首年的最低水準，共和黨更差，幾次地區選舉慘敗已經為白宮敲響警鐘。敲打中國，是美國選舉年的例牌大戲，川普高舉「美國優先」，轉移選民注意力，自然並不令人感到意外。

加入WTO令中國的世界貿易份額，由4%飆升到一六年的11%，外匯儲備由〇．二兆美元升到三兆美元，的確讓中國掘到了第一桶金，為經濟騰飛奠定了基礎。反觀中國在履行WTO承諾上，的確許多地方值得改善。

川普的貿易政策，在歷任總統中算得上奇葩，他照搬從商時候的恫嚇、訛詐和無底線交易等作法，放在國與國的談判上。他一度對中國表現友好，暫時不提貿易制裁，希冀中國幫助遏制朝鮮的核擴張。

期望落空後，制裁大棒立即揮起，頗有山雨欲來的感覺。

目前的中美關係必然帶有川普的個人烙印，也勢必受到美國國內政治週期的影響，但大故事遠不止於此。翻開世界四百年近代史，基本上就是世界老大收拾老二的歷史，日本和蘇聯就是最新的兩個例子，今天中國已歷史性地坐在老二位子上了。

美國對華大約在一〇年前後轉向遏制，過去試圖通過開放市場引導計畫經濟的中國轉向市場經濟，近期則更多懲罰和封堵。遏制是美國對華的新國策，過今天的中國已非吳下阿蒙了。經濟重心轉向內需。貿易順差對GDP增長的拉動，從〇七年的1.5%下降到一六年的-0.4%。同時內需膨脹了4.8倍，不僅拉動中國經濟，也是全球增長生力軍。二〇一八年全球增長預計為3.3%，其中1.1%來自中國。

中美經濟早已你中有我，我中有你，打擊中國出口固然傷害中國製造者，同時也傷害美國消費者和跨國企業。更重要的是，以目前增速，十年後中國需要美國市場，還是美國需要中國市場，還真的不好說。十年前，中國人還在買盜版光碟，如今中國電影院收入已超過美國了[22]。

---

[22] 《今周刊》，2018.01.29／16 陶冬 專文（陶冬看世界）。https://udn.com/news/story/11321/3025347

# 附註：名詞定義

## 一、WTO與CEPA（FTA）

CEPA全名為「Closer Economic Partnership Arrangement」，中文為《內地與香港關於建立更緊密經貿關係的安排》。簡單而言，這是一個香港與內地的雙邊自由貿易協定（Free Trade Agreement，FTA），大幅減除兩地之間的貿易障礙——關稅及資格限制等。

CEPA主要分為兩大部分：貨物貿易及服務貿易。在貨物貿易方面，內地給予香港製造的產品零關稅的對待，只要該產品部分生產工序在香港進行，即可享有此等對待。服務貿易方面，CEPA開放十多個行業的限制，包括分銷、法律、會計、管理諮詢、醫療、建築房地產、保險、證券、視聽、銀行、物流、會展、旅遊、增值電信及廣告服務等。這些領域過去要求企業有較多的資本或營業額，可以涉及的業務範圍較少，或需要與內地企業合資經營。這些限制都在CEPA的框架下被取消或減少。

中國在2001年加入WTO，在未來數年將降低關稅及開放市場。中國政府位了讓國內企業可以嘗試接受開放市場的衝擊，所以與香港簽訂CEPA，提早讓港商進入內地市場。換言之，其他國家可以在數年後享有大部分CEPA的條款，港人的優惠並非長久。在CEPA下，香港公司將被容許獨資經營進出口、物流、倉儲、配送、陸上運輸、貨運代理等業務。香港公司可以投資經營一條龍服務，或伙拍其他熟悉的香港經營者，做出長線部署和投資。港資銀行亦可在中國境內經營人民幣業務。這對香港投資者將提供很大的便利。另一方面，CEPA也提供了港商和外國公司建立伙伴關係的機會。外國公司可以透過與港商合作，以香港為基地，在WTO時間表以前，搶占中國市場。在CEPA下，香港公司合作，把高增值的生產程序從外國轉移至香港。以製衣業為例，廠商們應積極與外國成衣商連絡，在香港成立合作公司，爭取把設計和部分原料的製造工序移至香港。香港無論商標、知識產權、商業貿易法律、仲裁、會計等等都可以給予外商世界最頂級的服務，這些替香港及外國公司合作提供了良好的基礎。其實，在開拓國內市場以外，香港更可做為這合作公司在亞洲甚至全球的物流配送基地。

在WTO的條款下，中國很多行業和市場都會逐漸開放予外國投資者，但CEPA給予港商更早的搶灘機會。CEPA提早開放國內市場給予港商，實是極為寶貴的機會。

WTO與CEPA可說是一脈相承，WTO其實是一個多邊自由貿易協定，各國共同商討如何開放市場，但由於各國之間的不同利益，WTO會議難以使多國達成協議。因此，近年國與國之間更多達成的是雙邊自由貿易協議，主要由國與國之間簽訂，CEPA正是其中一例。不論是多邊還是雙邊的自由貿易協議，期本質都是一致：消除資本流動的障礙。更糟糕的事，WTO與FTA互為影響。例如CEPA給予港商的優惠比WTO條項要多，所以WTO成員必會要求得到一視同仁的對待，進一步開放中國（及香港）市場。

## 二、NAFTA及FTAA

雙邊／多邊（及兩個或以上的國家／地區之間的）自由貿易協定近年越來越盛行。其中最著名的就是北美自由貿易區（North

American Free Trade Agreement，NAFTA）。NAFTA於1995年簽訂，成員國包括加拿大、美國及墨西哥。成立之時就像CEPA一樣，承諾會為區內帶來經濟繁榮。為自由貿易令美國的玉米及其他農產品可以以超低價入侵墨國的農業市場，打垮本土的小農經濟。農業難以維持生計，則農民只好跑到城市打工，為廠家提供大量的廉價勞力。製造業方面，大量的工廠由美國南移到墨西哥令出口加工區的就業人數由五十多萬上升至一百二十多萬。但墨國的工人待遇卻沒有得到多少提升，墨國製造業工資下降兩成，全國貧窮人口由50%上升至58%。此外NAFTA亦鼓勵美國重工業於墨西哥設廠，造成嚴重環境汙染。而資本流動則令墨西哥金融市場波動性更大，1994年的金融風暴令數十億外資一夜間撤離墨西哥。

美國方面，工廠外移造成大量製造業工人失業。據統計，美國流失近百萬個職位。很多老闆以遷移工廠為威嚇理由，阻止工人爭取集體談判權及其他應權利。加拿大的原材料則以平價進口到美國，國內的工廠亦南移到墨西哥。而仍然留在美國及加國的職位，工資亦受到削減。

美國（企業）在NAFTA之下，盡享原材料及人力的優惠。因此，美國期望可以將自由貿易區範圍，由北美擴展至全美洲，建立「美洲自由貿易區」（Free Trade Agreement of America，FTAA）。但拉丁美洲國家不願意接受新一輪的殖民及剝削，FTAA還有拉鋸的談判階段。

總括而言，雙邊自由貿易協議（CEPA，NAFTA等等）所採取的理念跟WTO如出一轍：消除國與國之間的「貿易障礙」，企業可以更自由進出不同國家的市場，加劇競爭及壟斷，造成貧富懸殊，立了（跨國）企業卻苦了人民。香港的製造業在八十年代末已經開始北移，造成製造業職位流失。現在CEPA的落實則加速服務業的北移。

## 三、自由貿易協定（Free Trade Agreement）

自由貿易協定（Free Trade Agreement）意指兩個或兩個以上的經濟體或主權國家，藉由降低彼此關稅、或減少其他規費，或排除妨礙比次進行自由貿易的障礙，盡而促進彼此貿易活動之協定，依其促進經濟整合程度，又可分成「優惠性貿易」、「自由貿易區」、「關稅同盟」、「共同市場」、「經濟同盟」等型態。相較於世界貿易組織（WTO）在多邊貿易自由化談判的緩慢結果，各經濟體遂尋求在雙邊架構下，進行雙邊或區域型的經濟整合，簽署自由協定之工作自此如火如荼地展開，這包括涵蓋美洲三十四各國家的美洲自由貿易區（FTAA）、歐盟（EU）、北美自由貿易區（NAFTA）、南方共同市場（MERCOSUR）、中美洲共同市場（cacom）、安地諾集團（ANDEAN GROUP）以及攸關未來「中國－東盟自由貿易區」之「中國－東盟全面經濟合作框架協議」等等。型訴這些自由貿易區的前提便是簽署雙邊或多邊的自由貿易協定。

自由貿易協定目前必須注意不可違背GATT第二十四條之規定：自由貿易區之成員國相互同意消除期間之關稅及非關稅貿易障礙。但成員國仍可保有其各自對外關稅及貿易政策，亦及自由貿易區之成員並無共同之對外關稅及貿易政策。

傳統的自由貿易協定著重於調降關稅，但是，現在趨勢已經成為深化及廣化WTO協定的內容，約分三大類：（一）總論部分：這包括前言、目的、一般定義、總則、例外規定、附則等等；貿易通則部分：這包括貨品貿易、原產地規定、分關稅措施、禁止數量限制、服務業貿易、投資、電信金融服務業自然人移動、政府採購等等；（二）貿易便捷化部分：這包括關務程序、無紙化貿易、相互承認、技術標準及檢驗檢疫之貿易障礙；其他貿易規範部分：這包括智慧財產、競爭政策及國營事業、環保、勞工、爭端解決、國內稅負國民待遇、反傾銷與平衡稅措施、進口救濟措施、短缺條款、補償貿易；（三）合作議題部分：這包括金融服務合作、電子商務、資訊與通信技術、科學與技術、人力資源發展、貿易與投資促進、中小企業、廣播、旅遊、技術合作。

簽署自由貿易協定所可能產生的影響概分五類：（一）產生貿易創造效果，（二）產生貿易轉向效果；（三）增強經濟體強化貿易財金政策之透明度；（四）增加外人投資的誘因；（五）增強經濟體非經濟的好處：增強國際合作下的政經穩定。其所造成的正面或負面效果決定於本身經濟的個別產業國際競爭力排除條款的設計，以及國內配套措施的設計。

我國經貿實力雖名列世界前茅，但是，我國目前只有和巴拿馬正式簽署自由貿易協定，並於2004年元月一日正式生效，未避免產生負面的經濟影響，我國政府目前將美國、日本、紐西蘭及新加坡等四國列為我國第一階段優先推動洽簽自由貿易協定之對象，而根據全國工業總會所發表的2004年企業對於洽簽自由貿易協定（FTA／RTA）之意見調查報告指出：74%的業者表示我國簽署FTA／RTA對於國內產業之影響利大於弊；而關於我國應優先簽署自由貿易協定的國家分別為：美國（23%），東南亞地區（22%），歐盟（18%），日本（10.6%），中國（9.7%），其他地區（16.7%）。

# 參考文獻
（Reference）

王儷容，《加入關貿總協之衝擊與調適：加入關貿總協與我國金融服務業之調適》，財團法人中華經濟研究院，（1996）

李淑娟，〈世界貿易組織達成全球金融服務業自由化協議概述〉，《國際經濟情勢週報》，第1226期。

陳春山，《資本市場國際化與國際合作之發展》，元照，（1996）。

逢美珍，〈全球金融服務業自由化協議及WTO之亞洲主要會員國金融發展簡介〉，《國際經濟情勢週報》，第1101期。

經濟部，《我國加入世界貿易組織參考資料（三）：服務業篇》，（1995）。

薛琦，「金融自由化與金融風暴」，中美經濟合作策進會演講稿，（1998）

鄭濟世、陳開元、彭金隆，〈我國保險業組織型態之演進及其發展：兼論加入世界貿易組織WTO之影響〉，《保險專刊》第51輯。

朱浩民，《大陸金融制度與市場》，台北：三民書局，（2002）

林祖嘉，〈大陸加入WTO後市場開放所面臨的競爭與挑戰〉，《民國92年大陸經濟發展研討會論文集》，中華經濟研究院，第3-27頁，（2001）

王文娟，杜巧霞，《自由貿易協定的最新發展及我國因應之道》，行政院經濟建設委員會、中華經濟研究院，（2001）

香港中銀集團，《全球經濟調整中的香港經濟前景》，（2001）

陳麗君，《加強香港與內地經濟合作是香港經濟走出困境的最好選擇》，廣州中山大學港澳珠江三角洲研究中心，（2002）

段樵、黃熾森、羅麗卿，《香港與大陸經濟整合對香港經濟之影響》，行政院經濟建設委員會委託，（2002）

香港貿易發展局研究部，《EPA對香港影響分析概要》，（2003）

林則宏，〈CEPA與香港經濟發展契機〉，《中華經濟研究院台商電子報》，0309期，（2003）

Ariff M. et al. (1996), AFTA in the Vhanging Intetrnational Economy, Singapore:Institute of Southeast Asian Studies.

ASEAN Secretariat, ASEAN an overview, 3 Ed. Jakarta (December 1991).

Imada, P. (1993), "Production and Trade Effects of ASEAN Free Trade Area," The Developing Economies, XXX-1, pp. 3-23.

Edwards, S. (1984), "The Order of Liberaliztion of the Current and Capital Account of the Balance of the Balanace of Payments," N.B.E.R. Working Paper no. 1507.

Frenkel, J. (1982), "The Order of Economic Liberalization: Lessons from Chile and Argentina:a comment," Carnegie-Rochester Conference Series on Public Policy, 17:199-202

Jones, R. W. (1998.4), "Protestion and the Harmful Effects of Endogenous Capital Flows," Econemic Letters, 15:325-330.

Krongkaew, Medhi (1998.4), "Thai land, Its Economic Crisis, and the ASEAN Implications," Paper presented at the International Workshop on Southeast Asia Under Globalization, held at Academia Sinica, Taiwan, 10. April, 1998.

Martin, P. L., Mason, A. and C. L. Tsay (1995), "Labour Migration in Asia", Asean Economic Bulletin, special focus, vol. 12, no. 2.

McKinnon, R. I. (1982), "The Order of Economic Liberalization: Lessons from Chile and Argentina," Carnegie-Rochester Conference Series on Public Policy, 17:159-186.

Rieger, H. C. (1991), ASEAN Economic Cooperation: Handbook, Singapore: Institute of Southeast Asian Studies.

Wong, J. (1998), "ASEAN Economies: Present Crisis and Future Prospect," paper presented at the Conference Toward the Next Century: Taiwan and Overseas Chinese in Economic Development, 13-14 April 1998, Taipei, Oversesa Chinese Affairs Commission, and Taiwan Institute of Economic Research.

Yeung, Y. M. (1998), "To the Precipice and Back: Asia's Financial turmoil," paper presented at the International Workshop on Southeadt Asia Under

Globalization, held at Academia Sinica, Taiwan, 10 April, 1998.

First Report of PECC Financial Markets Development Project "Financial Markets Development-A Road to Pacific Economic Growth", Feb. 1997, p.102。

PBEC International Wording Committee on Services, "Financial Services Liberalization and Regulatory Reform in the Asia Pacific: Summary Report and Recommendations," May, 1998.

社會科學類　PF0354　Viewpoint 67

# WTO下的兩岸經貿（1990-2023）

作　　者 / 鍾守宏
責任編輯 / 吳霽恆
圖文排版 / 陳彥妏
封面設計 / 嚴若綾

發 行 人 / 宋政坤
法律顧問 / 毛國樑　律師
出版發行 / 秀威資訊科技股份有限公司
114台北市內湖區瑞光路76巷65號1樓
電話：+886-2-2796-3638　傳真：+886-2-2796-1377
http://www.showwe.com.tw
劃撥帳號 / 19563868　戶名：秀威資訊科技股份有限公司
讀者服務信箱：service@showwe.com.tw
展售門市 / 國家書店（松江門市）
104台北市中山區松江路209號1樓
電話：+886-2-2518-0207　傳真：+886-2-2518-0778
網路訂購 / 秀威網路書店：https://store.showwe.tw
國家網路書店：https://www.govbooks.com.tw

2025年5月　BOD一版
定價：450元


讀者回函卡

國家圖書館出版品預行編目

WTO下的兩岸經貿（1990-2023）/鐘守宏著 .-- 一版.
-- 臺北市：秀威資訊科技股份有限公司, 2025.05
面； 公分. -- (社會科學類 ; PF0354)(Viewpoint ; 67)
BOD版
ISBN 978-626-7511-69-5(平裝)

1.CST: 兩岸經貿 2.CST: 兩岸政策 3.CST: 經貿關係

558.533 114001716